CCTA

中国棉纺织行业协会

CHINA COTTON TEXTILE ASSOCIATION

中国棉纺织行业2022年度发展研究报告

中国棉纺织行业协会　编著

中国纺织出版社有限公司

内 容 提 要

本书介绍了 2022 年我国棉纺织行业运行情况，并对棉纺织原料、色纺纱、棉纺织集群等方面的情况进行了分析；同时，特邀行业专家围绕中国纺织工业现代化发展进程以及 2022 年我国家用纺织品、服装产业的运行情况进行解读；还对 2022 年棉纺织行业重大事件、会员风采及国内外相关统计资料等内容进行了整理汇编。

本书涵盖棉纺织行业发展的多个方面，是相关企业了解行业发展现状、趋势的重要读物，也可供国家宏观部门、纺织院校以及棉纺织上下游企业相关人员阅读参考。

图书在版编目（CIP）数据

中国棉纺织行业 2022 年度发展研究报告／中国棉纺织行业协会编著. -- 北京 ：中国纺织出版社有限公司，2023.6

ISBN 978-7-5229-0710-9

Ⅰ . ①中… Ⅱ . ①中… Ⅲ . ①棉纺织工业－工业发展－研究报告－中国－2022 Ⅳ . ①F426.81

中国国家版本馆 CIP 数据核字(2023)第 114419 号

责任编辑：范雨昕　　　责任校对：高　涵　　　责任印制：王艳丽

中国纺织出版社有限公司出版发行
地址：北京市朝阳区百子湾东里 A407 号楼　邮政编码：100124
销售电话：010—67004422　传真：010—87155801
http://www.c-textilep.com
中国纺织出版社天猫旗舰店
官方微博 http://weibo.com/2119887771
廊坊市瀚源印刷有限公司印刷　各地新华书店经销
2023 年 6 月第 1 版第 1 次印刷
开本：787×1092　1/16　印张：14.25
字数：238 千字　定价：260.00 元
京朝工商广字第 8172 号

前　言

2022 年，世界产业结构和布局持续深度调整，国际贸易形势扑朔迷离，新冠肺炎疫情散发频发，全球经济增速持续放缓，我国经济也面临巨大压力和挑战。2022 年我国棉纺织行业受各种超预期因素影响，承压发展，企业开机率明显下降，利润降幅加大，亏损面扩大。

进入 2023 年，随着国内经济生活回归正轨，我国居民消费活力逐渐显现，各项政策效果陆续落地，经济社会恢复发展明显好于预期，行业也将逐步恢复到正常运行轨道。

当前，在全党上下开展学习贯彻习近平新时代中国特色社会主义思想主题教育和推进大兴调查研究工作的重要时期，纺织全行业全面贯彻落实党的二十大精神，以习近平新时代中国特色社会主义思想为指引，打造完整且有韧性的产业链供应链，把建设纺织现代化产业体系作为最关键的"胜负手"，瞄准世界科技革命和产业变革方向，立足行业实际，打好产业基础高级化、产业链现代化的攻坚战，全面建设现代化产业体系，推动棉纺织行业向着高端化、智能化、绿色化、时尚化的方向发展。

从国家发展战略出发，为更好把握行业发展现状，明确行业发展方向及措施，全书从以下五方面对 2022 年我国棉纺织行业发展情况进行了梳理。

专家论坛篇：梳理了新冠肺炎疫情三年我国纺织工业经济运行情况，并对纺织产业在现代化产业体系建设中发挥的作用进行了分析归纳。此外，棉纺织与纺织产业链各环节的平稳健康发展息息相关，因此重点对纺织原料、家纺及服装行业等的经济运行进行了分析与展望。

专题研究篇：梳理了 2022 年我国棉纺织行业经济运行基本情况和特点，并分析未来重点发展方向。另外，对纤维原料、色纺纱产品以及棉纺织产业集群的发展情况进行了归纳总结。

政策文件篇：收录了 2022 年与棉纺织行业相关的重要政策文件，为企业把握宏观政策、制定发展战略提供指导和依据。

统计篇：收录了国内外棉纺织行业有关重点统计数据，供读者查询。

风采篇：对行业重大事件、优秀会员单位风采以及协会相关活动等进行汇总展示。

本书可供国家宏观部门、纺织院校以及棉纺织上下游企业相关人员阅读参考。

编者

2023 年 6 月

编 委 会

编写顾问

孙瑞哲　端小平

编委会主任

董奎勇　朱北娜

编委会委员

李　杰　王　耀　景慎全　郑洁雯　叶戬春

执行编辑

欧阳夏子

编写人员（按姓氏笔画排序）

马　琳　王　冉　王　耀　宁翠娟　朱北娜　朱晓红　刘　静
齐元勋　孙瑞哲　李　杰　杨金纯　杨秋蕾　冷景钢　张子昕
范轩云鹏　欧阳夏子　胡高帆　侯　锋　贺文婷　盖丽轩
董奎勇　靳昕怡　端小平

目 录

专家论坛篇

稳中求进　高质量发展
在中国式现代化进程中开新局

中国纺织工业联合会会长　孙瑞哲

　　党的二十大提出以中国式现代化全面推进中华民族伟大复兴的新时代使命，开启了全面建设社会主义现代化国家的新时代征程，为纺织行业进一步推动高质量发展指明目标方向。为贯彻落实党的二十大精神，中国纺织工业联合会已启动《建设纺织现代化产业体系行动纲要（2022～2035）》研究编制工作。2023 年，我国新冠病毒感染防控进入新阶段，纺织行业迎来全面释放发展韧性的新契机。站在历史使命转换与宏观经济形势转折的重要历史节点，纺织行业要坚定信心，稳中求进，在中国式现代化的新征程中建功立业。

一、经历三年新冠肺炎疫情考验，行业逐步恢复至正常运行轨道

（一）2020～2022 年纺织行业运行情况

　　新冠肺炎疫情持续三年，纺织行业面临市场需求不足、供应链运转不畅、大宗原料价格震荡、贸易环境风险上升等一系列不确定、不稳定因素的严峻考验。在复杂的外部形势下，行业发展韧性充分释放，完整产业体系的优势持续显现。2020～2022 年，我国纺织品服装出口总额每年均超过 3000 亿美元，2022 年达到 3409.5 亿美元。与新冠肺炎疫情前相比，2022 年规模以上纺织企业不变价工业增加值与 2019 年基本持平，营业收入三年年均增长 0.5%，行业产销规模稳中有进。纺织业、化纤业固定资产投资完成额三年年均分别增长 2.9%和 8.8%，企业仍然坚持扩大转型升级投入。纺织行业持续发挥了稳定经济运行、平衡国际收支、促进民生改善等重要作用，是我国国民经济和社会发展的稳定器、压舱石。

　　2022 年，纺织行业供需两端同时承压。需求端整体表现疲弱，特别是内需市场受疫情

影响，消费潜力难以充分释放，限额以上服装鞋帽、针纺织品类商品零售额同比减少 6.5%，网上穿类商品零售额仅增长 3.5%，较 2021 年放缓 4.8 个百分点。生产端原料价格持续高位，成本压力向消费端传导困难，造成企业资金周转压力加大，产销放缓，盈利下滑，规模以上企业工业增加值、营业收入、利润总额同比分别减少 1.9%、0.9% 和 24.8%。

（二）2023 年纺织行业运行情况

2023 年一季度，随着对新冠病毒感染防控较快平稳转段，纺织行业实现平稳、有序恢复。从出口看，尽管国际环境依然复杂，市场压力依然较大，行业外贸韧性得到彰显。1～3 月，我国纺织品服装出口总额 672.3 亿美元，同比下降 6.8%，较 1～2 月同比下降 18.6%，降幅明显收窄。从国内市场看，各项稳增长稳就业稳物价政策举措靠前发力，消费企稳回升。1～3 月，限额以上服装、鞋帽、针纺织类商品零售额 3703.0 亿元，同比增长 9.0%，较上年同期增长 9.9 个百分点。随着生产生活秩序恢复，供应链运转效率也在显著提升，纺织行业正迎来更多作为空间。特别是在消费升级、文化自信增强的背景下，中国纺织服装企业通过充分挖掘国潮、绿色等消费热点，产需良性互动的格局加快形成。纺织行业稳中有进，逐步回复到转变发展动能、优化产业结构、推进高质量发展的正常轨道上。行业开启建设纺织现代化产业体系新局面，为国民经济和社会发展做出重要贡献。

二、行业必将在中国式现代化进程中发挥不可替代的作用

党的二十大报告指出，从现在起，党的中心任务是实现第二个百年奋斗目标，以中国式现代化全面推进中华民族伟大复兴。纺织行业是国民经济与社会发展的支柱产业和重要民生产业，始终与国家富强、民族振兴、人民幸福同频共振。创造物质财富、树立文化自信，繁荣区域经济、促进内外循环是中国式现代化的重要推动力量。

（一）以现代化产业体系服务我国巨大规模人口

纺织行业的现代化之路是紧系民生、增进福祉的发展过程。在以产业体系平稳安全运行保障人民衣着家居需求的基础上，肩负着不断满足人民群众美好生活需要的重要使命。

在有效满足更加多元化、个性化、功能化的消费升级需求之外，纤维制品在医疗卫生、安全防护、交通建筑等领域扩大应用，为人民生活品质的持续改善提供了更多创新空间。更好融入人口规模巨大的现代化进程，构建与之匹配的体量规模和供给体系，现代化的纺织产业体系将立足科技创新，适应新发展阶段国情需要，努力将我国人口优势进一步转变为现实市场优势。

（二）以现代化产业体系推动全体人民共同富裕

纺织行业的现代化之路是持续发挥增收致富、繁荣区域经济功能的发展过程。纺织行业始终是创业就业的先驱产业，提供了逾千万个高质量就业岗位。产业在县域、镇域集聚，对推动城镇化进程和乡村振兴具有重要意义；跨地区分工融合的产业体系，传承推广非物质文化技艺，在脱贫富民、稳边兴边领域发挥重要作用；都市时尚产业与消费的发展，在推动现代制造业与城市群经济有机融合中具有重要价值。未来，纺织行业致力经济繁荣、助推共同富裕，具有广阔空间。

（三）以现代化产业体系承载物质文明和精神文明

纺织行业的现代化之路是不断融合物质创新成果与精神文化财富的发展过程。作为率先进入制造强国梯队的现代化产业，纺织产业通过强化高端制造、智能制造、绿色制造基础，持续提升产品品质、丰富品种供给、提高创新附加值，推动物质文明迈上新高度。与此同时，纺织服装创意设计水平的提升和自主品牌的培育，将推动中华文化的创造性转化和创新性发展，为推进文化自信自强、铸就社会主义文化新辉煌贡献应有之力。

（四）以现代化产业体系履行人与自然和谐共生责任

纺织行业的现代化之路是构建生产、生活与生态之美相融共生形态的发展过程。作为中国最早提出实施碳中和路径的工业部门之一，纺织行业在绿色制造、再生循环、可持续管理创新等方面走在前列，是全球产业链可持续治理的重要推进者。站在人与自然和谐共生的高度，现代化的纺织产业将着力构建绿色供应链体系，更好实现绿色纤维材料、绿色制造、再生循环与需求端绿色消费的有机衔接，全面形成绿色低碳的生产方式和生活方式。

（五）以现代化产业体系践行和平发展道路

纺织行业的现代化之路是践行构建人类命运共同体使命的发展过程。中国纺织纤维加工总量占全球 50% 以上，出口总额占比超过三分之一，对外直接投资累计过百亿美元。行业以规模庞大、稳定顺畅、高度开放的产业循环，带动全球资源要素高效流动。作为国际化布局的先行产业，纺织行业在东南亚、非洲等"一带一路"沿线国家打造诸多标志性项目。在产品、技术、品牌、资本的往来交流中，纺织行业实现全球化配置资源，在开放合作中创造共同价值、服务人权事业。

三、以高质量发展推动质的有效提升和量的合理增长

在新冠肺炎疫情暴发前，我国纺织行业已经进入以质量和效率提升为核心的转型发展阶段。2020～2022 年，随着宏观形势的发展变化，纺织行业处于高质量发展攻关期的特征更加显著。推动产业升级、向价值链高端延伸，建设现代化产业体系，是实现行业高质量发展的必然要求。

（一）提高全要素生产率

提高全要素生产率是通过要素升级、结构优化和规则调整，形成高效能、高品质、高责任、低成本的投入产出关系。

1. 强化科技创新驱动力

科技创新是形成新投入产出关系、打造新发展范式的根基。以智能制造、增材制造为代表的制造创新，以高性能纤维、生物基材料为代表的材料创新，以功能性和智能化纺织品为代表的产品创新，都是技术变革驱动的系统性发展。纺织行业实现科技高水平自立自强，应把握产业技术前沿趋势，聚焦关键技术攻关，促进基础创新到应用创新的有效转化。

2. 延展融合创新空间

打破边界，万物可织。技术创新、场景延展加速了产业边界消融和资源要素重组。从以合成生物学、现代育种为代表的生物经济，到以医用纺织品、健康功能性纺织品、智能

纺织品为代表的大健康领域，再到以海洋生物基纤维材料开发为代表的海洋经济，融合创新成为推动产业结构调整走向深化的重要驱动力量，塑造着产业未来、未来产业。

3. 提升设计创新价值

纺织服装具有文化属性，设计是集中体现。创意设计将情感价值、美学价值和体验价值转化为产品价值与品牌价值，是引领产业向价值链高端攀升的关键。近年来，在全球文化与本土文化的交汇中，文化的系统性发掘、创造性转化正成为时尚产业新的价值来源。纺织行业要把握住文化自信提升的历史时机，深化文化挖掘与转化，激活中华民族文化的独特基因，以具有中国深度、全球广度、时代特征的设计，打造风格、形成价值。

4. 推动数字创新融合

数字经济推动要素、资源更新和流程、场景再造，个性化定制、数字化管理、智能化生产、网络化协同、服务化延伸等生产模式革新成为产业升级新引擎。数字化条件下，市场主体与商业场景实现广泛精准连接，跨境电商、直播电商、兴趣电商等新业态持续涌现，制造端与消费端链接的模式更加丰富，效率加速提升。数据驱动创新，深刻改变着知识创造流程、创新创意范式。纺织行业要以全流程、全场景、全触点、全生命周期的数字化转型，重塑发展新动能、新优势。

5. 构筑绿色创新未来

当前，要素资源加速向绿色经济集聚，绿色发展成为提升全要素生产率的必然选择。绿色能源、绿色材料从源头改变要素结构，生物基、可降解纤维材料的开发应用丰富了原料供给。高性能纤维及复合材料逐步在新能源、交通工具轻量化等领域发挥作用，从制造到管理的系统性绿色转型正在重塑产业竞争优势。纺织行业需要统筹好理念与实践、现实与未来，加快提升绿色全要素生产率，实现经济效益与生态效益、社会效益的统一。

（二）提升产业链供应链韧性和安全水平

在要素变化与体系变革相互交织的背景下，供应链成为产业发展核心。产业链、供应链的安全稳定运行，是保障经济平稳、供需平衡的重要支撑，是高质量发展的基础。只有实现产业链供应链的稳定，才能适应变化，赢得主动。

1.适应要素格局新变化

俄乌冲突发生以来，原料、能源对全球供应链稳定作用持续凸显，围绕资源要素强化产业链、供应链布局成为重要趋势。作为制造大国和人口大国，我国对原油、棉花、羊毛、亚麻等初级产品的进口依存度较高。特别是原油对外依存度超过70%，"炼化纺一体"成为近年来纺织产业链延伸的重要方向。纺织行业要更好融入"一带一路"进程，加强要素资源领域的国际合作，不断优化产业布局，增强资源整合能力。

2.顺应实力要求新变化

在科技革新背景下，劳动力成本对于产业链供应链布局的影响弱化，完整的产业体系、完备的基础设施、完善的创新生态成为影响产业布局的重要因素和发展韧性的重要来源。经过多年发展，我国纺织工业产能结构持续优化，高端化、智能化、绿色化制造能力稳步提升，基础创新与应用创新协同并进，劳动生产率明显高于东南亚、南亚等新兴产业国家。面向未来，保障供应链稳定，需要进一步巩固规模优势、体系优势，增强自主创新和高端制造能力，提升产业链供应链现代化水平。

3.应对国际合作规则新变化

世界格局与力量对比正在发生深刻改变，在大国博弈、地缘政治冲突增多背景下，各国产业、贸易政策密集调整。以"涉疆法案"为代表的贸易单边主义、保护主义抬头，严重影响了全球供应链的稳定合作。与此同时，数字经济、绿色经济等新经济发展带来全球规则重塑，数字贸易成为双边、多边国际合作的重要内容，可持续发展信息披露被发达国家纳入企业供应链管理要求，碳关税正在进入实施。纺织行业在复杂形势下要坚持积极融入国际合作，应对规则调整。

（三）推进产业和区域协调发展

生产力布局调整是产业优化结构、整合资源、延展市场的重要途径。新时期，纺织行业要加快融入国家重大区域经济战略，适应经济发展空间格局变化，在产业升级发展与转移、承接中构筑发展新优势。

1. 在区域协同中推进布局转移

我国正在加快推动长江、黄河流域经济协同发展，深入实施长三角一体化、长江经济带以及黄河流域生态保护和高质量发展等区域重大战略。资源禀赋互补、文化传统关联、生态保护协同，使流域经济成为产业跨区域布局的重要场景。纺织行业要在流域经济战略框架下，推动以大型企业、重大项目为牵引的跨区域转移，以产业布局优化带动区域协调发展。另外，城市群成为现代产业体系的重要空间载体，随着城市功能和定位更新，一批以中小企业为核心的优质产业资源逐步向周边区域加速迁移。要结合城市更新、产业更替的进程，打造世界级产业集群、高端制造中心，形成全球影响力和引领力。

2. 在城乡融合中发展现代集群

纺织产业集群是连接城乡的关键节点，在构建工农互促、协调发展的新型产业关系中具有特殊作用，对于巩固拓展脱贫攻坚成果具有战略价值。2021 年，中国纺联 211 个试点产业集群的纺织工业产值达 3.8 万亿元，就业人数超 700 万人，企业总数超过 25 万户，为地方稳增长、保民生、稳就业做出突出贡献。全面推进乡村振兴是着眼全面建成社会主义现代化国家的重要战略。纺织行业现阶段约 70% 的产业集群仍集中在东部经济发达省份。未来要利用好城乡要素流动基本打通、乡村资源逐步激发的有利条件，促进产业向中西部、边疆省份县、镇域地区加强转移布局，以民生产业服务民生改善，推动共同富裕、边疆稳定。

在全面贯彻落实党的二十大精神的开局之年，在中国式现代化的新征程上，纺织行业需要聚焦高质量发展要求，加快建设纺织现代化产业体系。

2022 年我国化学纤维在棉纺领域的应用情况及分析

中国化学纤维工业协会　宁翠娟　靳昕怡　张子昕

棉纺织行业作为纺织服装行业中具有相对竞争优势的产业链环节，其持续发展与转型升级离不开化学纤维的支持。相比于传统的棉毛丝麻，化纤行业能够提供更多的原材料选择，化学纤维作为标准化的产品，更好的均匀性也让纺纱效率不断提升；差异化、功能性化纤产品则为棉纺行业产品创新提供了更多可能；可持续、环境友好等纤维的开发，则进一步降低了纺织产业链对自然资源的依赖。本文将从化纤行业运行概况、纺纱原料概况、产品创新、行业展望等方面，对化纤行业发展进行梳理，旨在为棉纺企业运营决策、产品开发提供参考。

一、化纤行业运行概况

（一）产量概况

作为纺织工业的基础原料，化纤工业的发展有力支撑着我国纺织工业的进步，并取得了辉煌成就。中华人民共和国成立初期，面对纺织纤维原料严重不足的难题，我国逐步发展粘胶纤维、引进和发展维纶，再到锦纶、腈纶、丙纶、涤纶、氨纶等化学纤维，布票逐步成为历史，我国也在 20 世纪末成为全球最大的化纤生产国。如今，我国化纤年产量约 6500 万吨，占到全世界的 70% 以上，占我国纺织纤维总量的 85% 以上。

根据中国化学纤维工业协会（以下简称中国化纤协会）统计，2022 年化纤产量为 6488 万吨，同比微减 0.55%（表 1），其中，除粘胶长丝、腈纶产量分别同比增加 7.45%、16.70% 外，其他主要产品的产量均呈现负增长。值得说明的是，这是近四十年来化纤产量首次出现负增长。

表1 2022 年中国化学纤维产量

产品名称	2022 年产量（万吨）	同比（%）
化学纤维	6488	−0.55
人造纤维	423.5	−3.67
其中：粘胶纤维	385.3	−4.42
短纤	368	−4.91
长丝	17.3	7.45
合成纤维	6064.8	−0.33
其中：涤纶	5343	−0.38
短纤	1067	−0.93
长丝	4276	−0.24
锦纶	410	−1.20
腈纶	56.6	16.70
维纶	8.3	−4.34
丙纶	41.3	−3.50
氨纶	86.0	−0.92

数据来源：中国化学纤维工业协会。

注　涤纶短纤中包含部分再生涤纶短纤；涤纶长丝中包含部分加弹产品。

　　国家统计局化纤产量数据为 6697.84 万吨，同比减少 0.96%。二者数据存在一定差异，可能是由于统计口径不同而造成的，如 POY 和 DTY。

（二）进出口概况

海关数据显示，2022 年化纤进口量为 61.60 万吨，出口量为 565.45 万吨，化纤出口增长反映出国际市场需求增加以及我国化纤产品竞争力的提高（表2）。

表2 2022 年化纤主要产品进出口情况

主要产品	进口量			出口量		
	2022 年（吨）	2021 年（吨）	同比（%）	2022 年（吨）	2021 年（吨）	同比（%）
化学纤维	615972.4	834545.7	−26.19	5654455.3	5199134.2	8.76
其中：涤纶长丝	88333.6	122881.6	−28.11	3353747.8	3050754.5	9.93
涤纶短纤	90620.6	163703.2	−44.64	1017213.4	947139.4	7.40
锦纶长丝	56995.8	68704.1	−17.04	381042.1	335840.4	13.46
腈纶	45586.3	74851.5	−39.10	66800.3	22703.6	194.23
粘胶长丝	2385.2	4035.9	−40.90	122697.7	118111.2	3.88
粘胶短纤	185508.5	212962.7	−12.89	334927.9	328612.9	1.92
氨纶	25896.5	36805.9	−29.64	87417.1	95975.4	−8.92

数据来源：中国海关总署。

（三）2022 年化纤行业总体运行分析

2022 年，化纤行业产销压力加大，总体开工负荷较 2021 年明显下降。前三季度，行业在 3~4 月和 7~8 月出现两个比较明显的降负荷时期，前一阶段是由于多地出现散发新冠肺炎疫情，特别是对上海和长三角地区影响较大，主要体现在物流交通及内循环消费需求上。后一阶段是由于传统淡季，高库存和弱需求的压力不断增大，同时还叠加部分地区高温限电，产品库存持续上升，基本在 7 月中下旬达到高位。进入"金九"传统旺季，限电措施放松、取消，产业链对旺季均抱有一定期待，因此下游需求有所改善，行业开工负荷出现回升，但 9 月下半月重回谨慎，总体来说旺季表现不如往年。11 月中旬以后，随着新冠肺炎疫情防控政策的调整，工厂工人感染增加，导致产业链上下游行业开工负荷均出现明显下降。

从经营效益角度看，2022 年化纤行业经济效益指标同比下降明显。国家统计局数据显示，化纤行业营业收入仍保持万亿元级别，为 10900.74 亿元，同比增长 5.32%；实现利润总额 241.29 亿元，同比减少 62.22%，化纤行业仅为纺织全行业贡献约 12% 的利润，较 2021 年下降了 13 个百分点；行业亏损面 31.93%，较 2021 年扩大 14.63 个百分点，亏损企业亏损额同比增加 102.67%。

从投资角度看，化纤行业固定资产投资增速较 2021 年有所下降，但仍保持了稳定增长。国家统计局数据显示，2022 年化纤行业固定资产投资额同比增加 21.4%，较 2021 年下降 10.4 个百分点。但这种增长很大程度上属于惯性增长，新增产能仍主要集中在头部企业，随着惯性减弱，叠加 2022 年的高基数，2023 年化纤行业固定资产投资增速有可能明显回落。这也预示着化纤行业高速增长周期的结束，企业将更加关注经营管理及产品创新领域。

二、棉纺用化纤原材料

（一）涤纶短纤

涤纶短纤是棉纺行业的主要原材料之一，主要通过纺纱应用于纺织服装行业，近年来，随着常规品种竞争激烈，行业差异化品种发展较为迅速，用于非织造布、填充及功能性纺织品等领域的份额逐步扩大。

1.产能概况

2018～2022 年，随着民营大炼化装置的陆续投产，聚酯成本得以降低，直纺涤纶短纤价格优势一度超越其替代品再生涤纶短纤，拓展了行业需求领域；与棉花、粘胶纤维相比，涤纶短纤依托较高的性价比优势在棉纺行业中的应用逐渐扩大。在此背景下，我国涤纶短纤行业产能也持续扩张，除 2020 年受全球新冠肺炎疫情影响产能增长率出现下滑外，其他年份产能增长保持在 5%～7%，从 2017 年不足 700 万吨快速扩张至 920 万吨以上（图1）。新增产能的释放导致行业供应压力不断增加，使行业盈利水平逐步萎缩。尤其是 2022 年，在能源供应偏紧带来的高油价背景下，成本压力叠加供应压力，行业盈利能力大幅下滑。

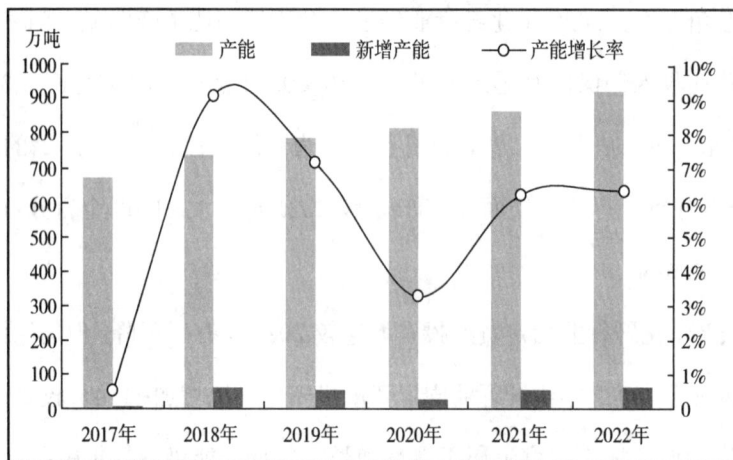

图 1 2017～2022 年中国涤纶短纤产能趋势

数据来源：隆众资讯。

2.产量概况

据中国化纤协会统计，2022 年涤纶短纤（含再生）产量 1067 万吨，同比微减 0.93%。主要原因在于 2022 年新冠肺炎疫情仍然阶段性发酵，以及在国外纺织服装库存历史高位下，减少采购清理库存措施使需求普遍进入低迷，也抑制了涤纶短纤的需求。从应用领域看，我国涤纶短纤的主要应用领域为纱线（如纯涤纱、涤棉纱、涤粘纱）、纯涤缝纫线、水刺非织造布以及填充等。2022 年，纺纱、非织造布、制线、填充料等领域对涤纶短纤（不含再生）的消费占比分别为 67%、11%、10%、11%（图 2）。

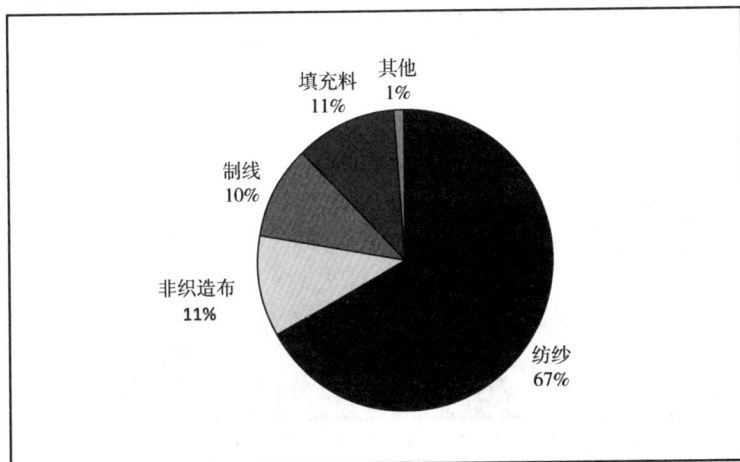

图 2　2022 年我国涤纶短纤下游消费占比

数据来源：隆众资讯。

3.进出口概况

进出口方面，2022 年涤纶短纤进口量降幅较大，同比减少 44.64%，主要原因：一是年内国内需求低迷，且部分终端纺织企业出口订单多回流至越南地区；二是我国低熔点等差别化产品投产迅速，需求得到自给。近几年，随着我国涤纶短纤企业积极开拓外销市场，涤纶短纤出口量基本维持高位震荡走势，虽然 2020 年受新冠肺炎疫情影响，出口量略有萎缩，但自 2021 年开始恢复，2022 年基本回归至疫情前水平（表 3）。

表 3　2018～2022 年涤纶短纤产量与进出口情况

项目	2018 年	2019 年	2020 年	2021 年	2022 年
进口量（万吨）	19.1	21.9	18.7	16.4	9.1
出口量（万吨）	103.9	99.5	80.6	94.7	101.7

数据来源：中国化学纤维工业协会、中国海关总署。

4.行业运行

2022 年上半年国际油价持续震荡攀升，涤纶短纤成本上涨明显，下半年成本端则明显转弱。因此涤纶短纤价格全年呈现"震荡攀升—震荡下滑"的态势（图 3），涤纶短纤市场价格也呈现出先涨后跌的态势，2022 年高点为 6 月上旬的 9145 元/吨，至 12 月则已跌破"7000

元"大关。从聚酯产业链利润分配来看，利润多集中在 PX、聚酯切片、聚酯瓶片市场，而涤纶长丝、涤纶短纤等多呈现亏损态势。

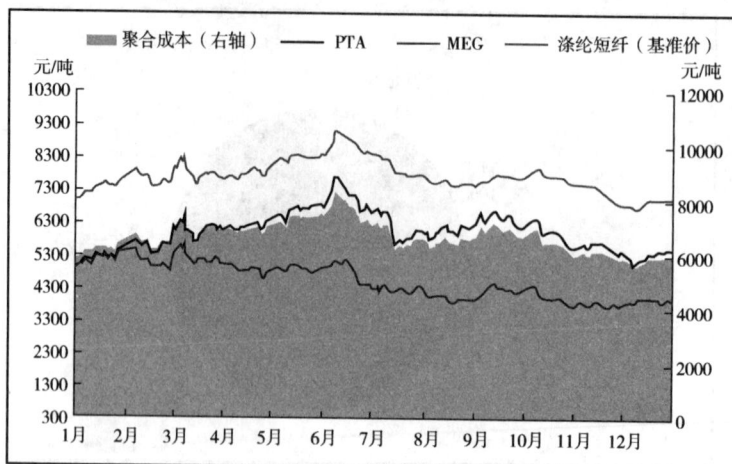

图 3　2022 年涤纶短纤聚合成本趋势

数据来源：隆众资讯。

（二）再生纤维素纤维

再生纤维素纤维主要包括粘胶短纤维、粘胶长丝、莱赛尔短纤维三个品种，其中粘胶短纤维、莱赛尔短纤维主要作为纺纱原材料使用。近年来，随着国产莱赛尔纤维技术突破，莱赛尔纤维受到上下游产业链的广泛关注，粘胶短纤维则在 2018 年前后经历了一轮较大的扩张后处于相对稳定的阶段。

1. 产能概况

粘胶短纤维产能高点出现在 2020 年，约 520 万吨。新冠肺炎疫情期间，随着行业经营压力的增加，行业落后产能逐步淘汰出清，目前维持在 500 万吨，有效产能约 480 万吨。粘胶长丝产能近年来保持稳定约 22 万吨，莱赛尔纤维除 2021 年增速较慢外，其他年份均维持快速增长态势，目前产能约 38 万吨，2025 年有望达到 60 万～70 万吨（图 4）。

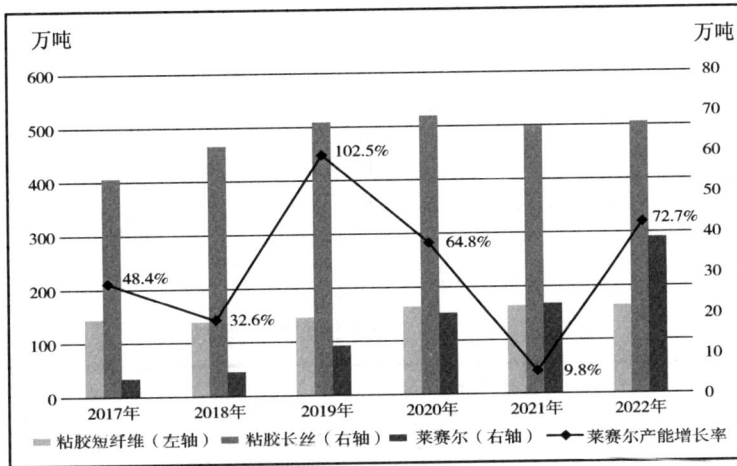

图4 我国再生纤维素纤维产能概况

数据来源：中国化学纤维工业协会。

2. 产量概况

根据中国化纤协会统计，2022年粘胶短纤维年产量368万吨，同比下降4.9%；粘胶长丝年产量17.3万吨，同比上涨7.5%；莱赛尔纤维产量继续保持快速增长态势，2022年产量14.1万吨，同比增长38.2%（表4）。

表4 2022年再生纤维素纤维产量表

分类	2022年（万吨）	2021年同期（万吨）	同比（%）
粘胶短纤维	368	387	-4.9
粘胶长丝	17.3	16.1	7.5
莱赛尔纤维	14.1	10.2	38.2

数据来源：中国化学纤维工业协会纤维素纤维分会、莱赛尔纤维分会。

注 未包含用于非纺织领域的醋酸纤维。

从产品结构看，粘胶短纤维下游主要为纺纱、水刺非织造布两个领域。水刺非织造布用粘胶短纤维主要使用高白纤维，年需求量略约60万吨。传统纺纱领域则应用了多种粘胶短纤差异化产品，包括莫代尔、有色纤维、竹纤维、功能化纤维等，各类产品的年产量在1万～10万吨级，总产量在25万吨左右。莱赛尔纤维的下游也主要以纺纱用为主，占总需求的93%～95%；国产的交联型、半交联型产品也逐步投向市场，下游的认知度和认可度也在不断提升。

3.进出口概况

2022 年，从再生纤维素纤维出口情况看（表 5），粘胶短纤出口保持稳定，2022 年出口量为 31.3 万吨，同比下降 1.8%；莱赛尔纤维出口达到 2.0 万吨，较 2021 年增长 155.7%，这可能是由于外棉价格持续维持高位，凸显了莱赛尔纤维的性价比优势。随着外销市场的进一步扩展，其将一定程度上缓解国内的销售压力。

表 5　2022 年再生纤维素纤维出口情况统计

项目	出口数量			出口金额		
	2022 年 （吨）	2021 年同期 （吨）	同比 （%）	2022 年 （万美元）	2021 年同期 （万美元）	同比 （%）
粘胶长丝	119310.5	115217.4	3.6	66672	54330	22.7
粘胶短纤维	312916.5	318575.4	−1.8	60056	58359	2.9
莱赛尔短纤维	19994.2	7820.5	155.7	4750	1792	165.0

数据来源：中国海关总署。

注　粘胶长丝统计税号为 54031000，54033110，54033190，54033210，54033290，54034100；

　　粘胶短纤统计税号为 55041010，55041021，55041029，55041090；

　　莱赛尔纤维统计税号为 55049000，其并非均为莱赛尔纤维。

2022 年，粘胶短纤进口出现大幅度下降，由 2021 年的 12.3 万吨下降到约 9.3 万吨，降幅 24.2%，这主要是由于欧洲能源成本上涨导致的开工率下降；莱赛尔纤维进口量则基本保持稳定，达到约 9.1 万吨。见表 6。

表 6　2022 年再生纤维素纤维进口情况统计

项目	进口数量			进口金额		
	2022 年 （吨）	2021 年同期 （吨）	同比 （%）	2022 年 （万美元）	2021 年同期 （万美元）	同比 （%）
粘胶长丝	263.1	1076.4	−75.6	254.6	607.1	−58.1
粘胶短纤维	93268.5	122973.4	−24.2	25798.2	27724.2	−6.9
莱赛尔短纤维	90655.3	88892.6	2.0	26458	17731	49.2

数据来源：中国海关总署。

4.行业运行

粘胶短纤维在 2022 年上半年表现较好，春节后在销量、成本支撑下价格逐步反弹，至

6 月价格冲高至年内高点，约 15400 元/吨。此后棉花价格的跳水也让纺纱行业观望情绪增长，粘胶价格逐步走低，至 12 月价格下跌至约 12800 元/吨。尽管全年出现明显周期，但受成本端制约，全年全行业均处于深度亏损状态，可以说粘胶短纤行业经历了近来最艰难的一年（图 5）。

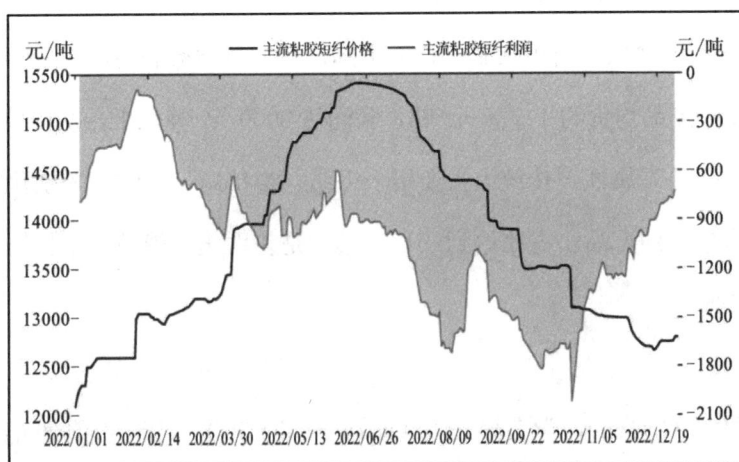

图 5　2022 年粘胶短纤利润走势

资料来源：化纤信息网。

莱赛尔方面，2022 年上半年得益于棉花价格维持高位，下游对相对低价的莱赛尔纤维需求持续走强，莱赛尔从年初的不足 15000 元/吨，上涨至 6 月约 17500 元/吨。但随着 6 月棉花价格跳水，莱赛尔纤维下半年持续走弱，至年底价格下降至约 16500 元/吨（图 6）。

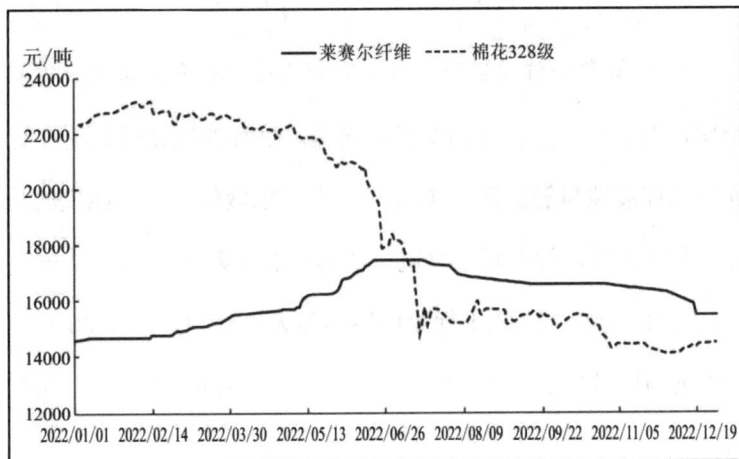

图 6　2022 年莱赛尔纤维价格走势曲线

资料来源：化纤信息网。

（三）其他化纤原材料

1. 腈纶

腈纶是传统的三大合成纤维之一，但受纤维价格、产品性能及应用领域限制，腈纶用量总体处于萎缩态势。2022 年我国腈纶总产能约 79 万吨，年产量约 57 万吨。从行业运行情况看，2022 年因主要原材料丙烯腈价格的下降，行业总体盈利情况较好，为多年来利润最好的一年，全年产品均价约 17775 元/吨，利润达 3000 元/吨以上。从应用领域看，腈纶纤维主要体现"仿毛"属性，传统上主要用于毛纺、半精纺、棉纺、差别化等领域。目前毛纺依旧是需求较大的产品，占比达到 51%。其次是差别化、棉纺、半精纺，占比分别为 18%、17% 以及 14%。

2. 锦纶

锦纶又称尼龙（Nylon），学名聚酰胺（Polyamide, PA）纤维，锦纶性能优良，被广泛地应用于衣料服装、产业用布和装饰地毯等领域，是目前第二大合成纤维产品。锦纶产品以民用长丝为主，另有少量的锦纶短纤维和工业丝。据统计截至 2022 年底，我国锦纶纤维总产能约 444 万吨，短纤产能仅 33 万吨左右，锦纶短纤企业产能仅为 1 万～3 万吨，受应用领域限制，未呈现扩张态势，行业也未进行有效统计。

3. 氨纶

氨纶（Spandex）也被称为弹性纤维，其具有极高的弹性和回弹性，能够在拉伸后迅速恢复到原来的形状，而不会产生明显的变形或松弛。这种弹性使得氨纶在纺织品中广泛应用，用于增加面料的伸展性和舒适性。2022 年，在需求疲软和新产能投放的双重作用下，氨纶行业整体处于下行态势，行业再难复现疫情初期的火爆行情。2022 年氨纶总产能突破 110 万吨，总产量约 86 万吨。2022 年行业价格出现大幅度回落，以 30 旦氨纶为例，价格从年初的约 69000 元/吨下降至年底约 34600 元/吨，降幅接近 50%，当前价格也基本回复至 2022 年前的水平。

三、化纤产品创新

自 2012 年起，中国化纤协会每年进行中国纤维流行趋势的研究与发布活动。中国纤维流行趋势以纤维为载体，旨在带动全纺织产业链产品创新开发。以下梳理了近五年中国纤维流行趋势入选纤维品种，纤维创新可归纳为以下五方面。

（一）化纤原材料创新

传统的化学纤维原材料主要来自石油，然而随着环境保护意识的增强、微塑料话题的出现，选用生物基原料、循环再利用原料来制造纤维成为最热的风口。市面上出现了包括循环再利用涤纶、锦纶、氨纶、粘胶纤维等一系列产品，用竹子、菌草、废旧纺织品生产的再生纤维素纤维也值得关注。

（二）功能性化纤产品

随着生活水平的提高，人们对纤维产品的功能性需求越来越高。例如通过在纤维生产过程中添加阻燃剂，可以使纤维具有阻燃性能，提高纺织品的安全性；抗菌纤维的研发使纺织品具备抗菌、抑制异味等特性，提高了纺织品的卫生性和舒适性；石墨烯、太极石、艾草等成分的加入也让纤维具有独特的性能。

（三）原液着色纤维

传统纺织品印染过程中需要消耗大量的水资源并产生废水，而原液着色纤维通过在纺丝过程中直接加入颜料，使纤维在制造过程中就具备颜色，避免了传统染色带来的污染问题。随着技术的发展，原液着色纤维的调色、判色技术将持续进步，未来行业将能够生产更多色系的产品供下游选择；各类产品也将逐步出现"标准色"，带动整个产业规模的快速增长。

（四）环保纤维概念

随着终端品牌的追溯能力提升，纤维企业逐步推出了一系列"环保纤维"产品，企业通过完成一系列环境认证，推动产品全生命周期（LCA）碳足迹追溯，打造具有"环保"内涵的差异化产品品类，受到了越来越多的品牌认可和定向采购订单。

（五）纤维品牌化

随着行业格局趋于稳定，我国的化纤企业开始投入更多的精力推动纤维品牌化，其通过品牌营销和设计，进一步凸显自身的纤维质量、环保或功能性优势，让产品具有品牌稀缺性，从而突破传统的大宗原材料的竞争赛道，以追求品牌溢价。

四、化纤行业展望

根据我国化学纤维行业发展现状，可以预见，未来化纤行业体量将不会呈现过去二十年的快速增长态势，化纤企业总体格局也将趋于稳定。依托化学纤维较好的均一性及更高的性价比，同时考虑目前我国棉花行业面临的挑战，未来化学纤维在棉纺行业的原料占比有望进一步提升。另外，化纤企业体量较大，未来行业关注重点将更加聚焦于品牌建设维度。产品是品牌的载体，化纤新产品的开发、推广、应用会越来越受到化纤企业重视。此外，随着产业链透明度的提升，终端品牌对化纤原材料的关注度也在不断提高，品牌对化纤产品可持续属性的需求成为化学纤维产品开发的重要方向。

2022年我国家用纺织品行业运行报告及趋势展望

中国家用纺织品行业协会　王　舟　朱晓红

2022年，受新冠肺炎疫情频发反复、地缘政治冲突长期化及通胀高企等不利因素影响，全球经济趋于下行态势，市场需求疲弱，贸易环境更趋复杂。我国家纺行业总体承受较大压力，行业产销规模有所收缩，出口下行趋势明显，内销维持稳定。盈利总体能力维稳，展现行业发展韧性。

一、行业全年运行承压缓进

2022年，在国内外疫情散发频发等不利因素影响下，市场需求动力整体不足，供应链严重受阻，家纺行业产销规模较上年同比有所收缩。国家统计局数据测算，规模以上家纺企业营业收入同比下降4.11%。与此同时，行业技术改造转型升级和成本控制初见成效，规模以上家纺企业营业成本和期间费用大幅减少，利润保持了2.11%的小幅增长，行业总体呈现承压缓进的发展态势，行业质效逐步改善。2022年规上家纺企业经营情况如图1所示。

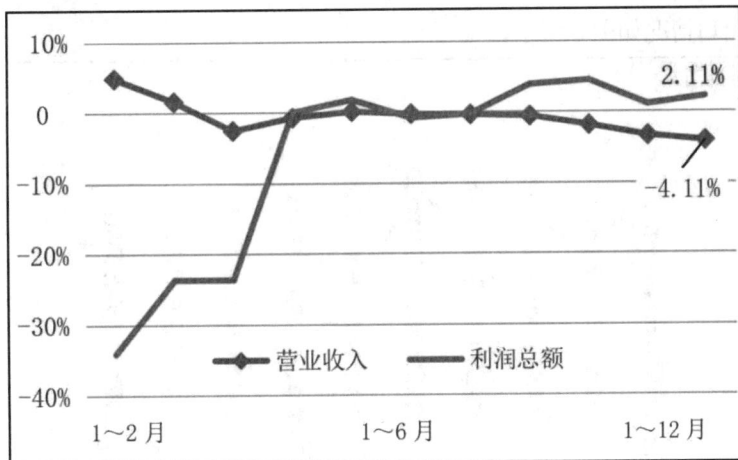

图1　2022年规模以上家纺企业营业收入与利润总额增长走势

数据来源：国家统计局。

（一）内外贸压力与机遇并存

1. 出口下行趋势明显

由于全球经济低迷、消费疲软加之订单回流、红利消失等诸多因素给家纺外贸企业带来较大压力，2022 年家纺出口下行趋势明显，如图 2 所示。

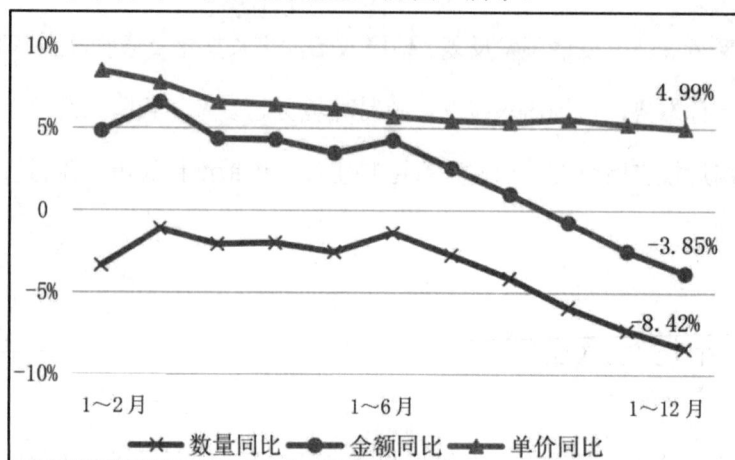

图 2　2022 年我国家纺出口数量、金额、单价同比走势

数据来源：中国海关总署。

据我国海关数据，全国全年出口家纺产品共计 460.48 亿美元，同比下降 3.85%；其中，出口数量同比下降 8.42%，产品单价同比增长 4.99%，且维持在高位水平，出口额单月同比增速逐月收窄，自 8 月以后环比增速连续收窄，量减价增局面致使外贸企业压力逐渐攀升。我国家纺产品分月出口情况如图 3 所示。

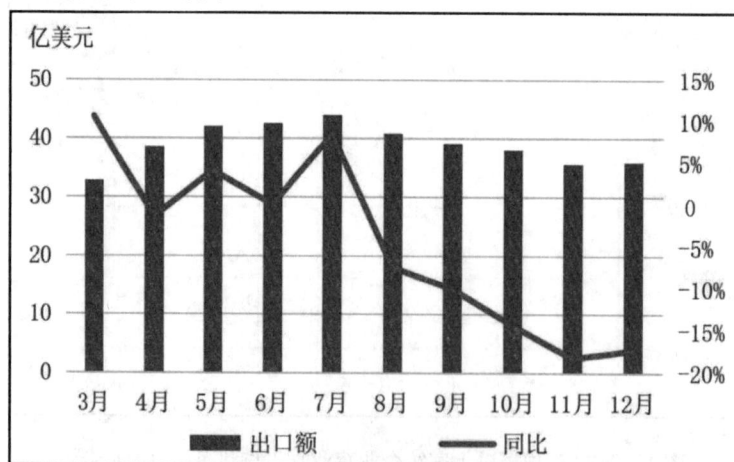

图 3　2022 年单月我国家纺产品出口额及同比增速

数据来源：中国海关总署。

从主要出口市场看，美国、欧盟及日本等发达经济体发展疲态进一步显现。中国海关数据显示，2022年我国对传统市场美、欧、日出口家纺产品同比分别下降16.85%、14.19%和5.44%。新兴东盟市场总体则保持稳定增长。据统计，2022年我国对东盟市场出口家纺产品共计82亿美元，同比增长13%，其中数量同比增长8.28%，单价同比增长4.35%，见表1、图4。

表1　2022年我国家纺产品对主要市场出口情况

主要出口市场	出口额（亿美元）	数量同比（%）	金额同比（%）	单价同比（%）
美国	102.61	−22.70	−16.85	7.57
欧盟	58.93	−14.28	−14.19	0.11
日本	29.88	−8.56	−5.44	3.41
东盟	82.22	8.28	13.00	4.35

数据来源：中国海关总署。

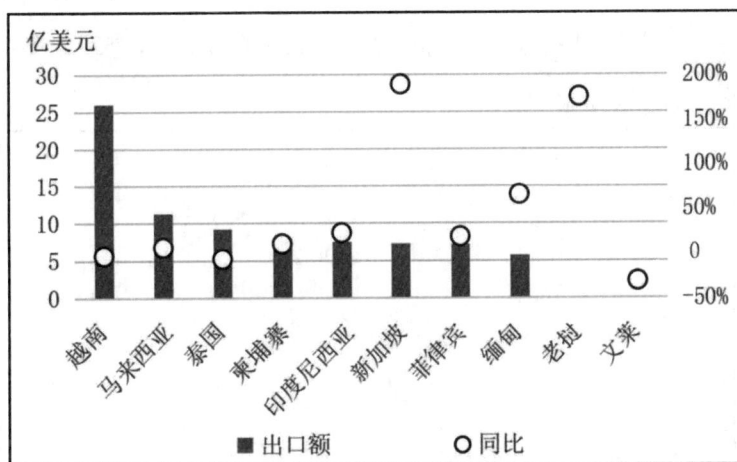

图4　2022年我国家纺产品对东盟十国出口额及同比

数据来源：中国海关总署。

2. 内销总体趋于平稳

2022年国内疫情几经反复，物流压力陡增，供应链严重受阻，前期原料成本高企等不利因素给家纺企业的生产运营带来极大压力。加之消费场景恢复缓慢、居民收入增长放缓等因素，国内市场需求总体偏弱，给家纺行业企业内销带来较大挑战。家纺内销情况如图5所示。

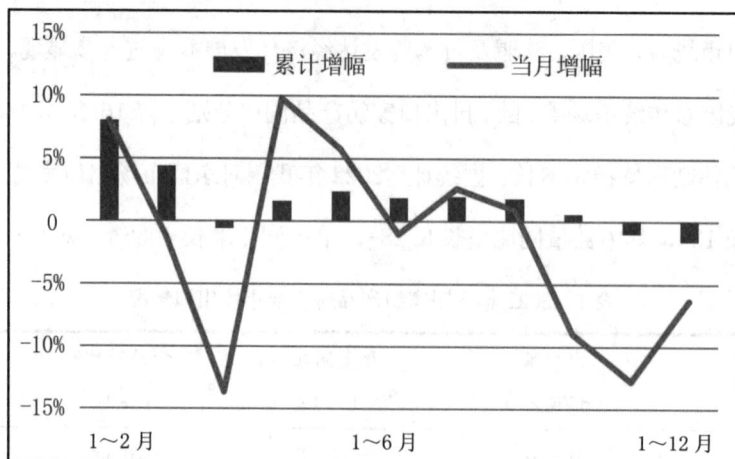

图 5　2022 年规模以上家纺企业内销产值增长趋势

数据来源：国家统计局。

与此同时，行业骨干企业加快转型升级步伐，积极拓展智能化、品牌化改造，注重研发与成本控制，行业质效水平得到进一步改善。国家统计局统计的规模以上家纺企业全年内销产值基本与上年持平；协会跟踪统计的 253 家家纺企业和 13 个重点产业集群内销产值均实现小幅增长，如图 6 所示。

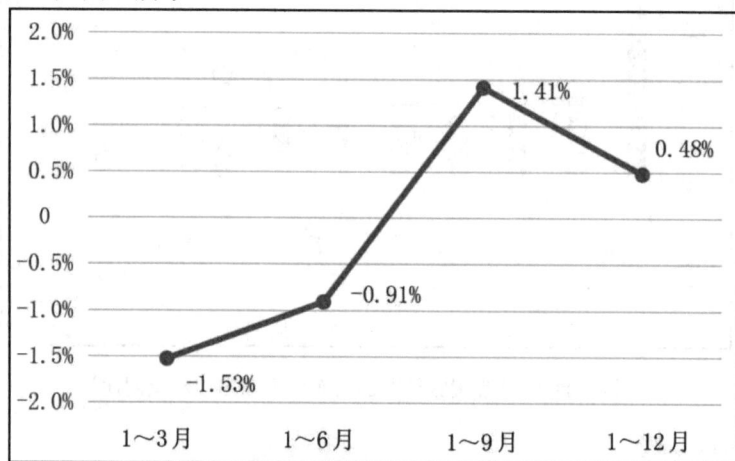

图 6　2022 年协会跟踪统计 253 家家纺企业内销产值走势

数据来源：中国家用纺织品行业协会。

（二）各子行业承压运行

1.床上用品运行维稳

2022 年床上用品行业内外销均受到不同程度的下行压力，企业收入有所减少。随着上游棉花价格逐步回落，涤纶长丝价格趋于稳定，一定程度上缓和了成本压力。

从出口情况看，据海关数据显示，2022 年我国出口床上用品 135.47 亿美元，同比下降 15.46%。其中对美国、欧洲、日本传统市场出口下降明显，东盟市场仍保持较高水平的增长。从内销情况看，受国内新冠肺炎疫情影响，床上用品市场消费动力总体偏弱，传统销售旺季营业额较上年下滑较为明显。国家统计局统计的 1095 家床上用品企业 2022 年内销产值同比下降 6.02%。

行业效益趋于稳定。据国家统计局数据测算，2022 年床上用品规模以上企业利润总额同比保持小幅增长 1.26%。如图 7 所示。床上用品骨干企业在大健康、睡眠科技等热点领域的积极探索也为行业转型升级起到积极的引领作用。床上用品企业内销情况如图 8 所示。

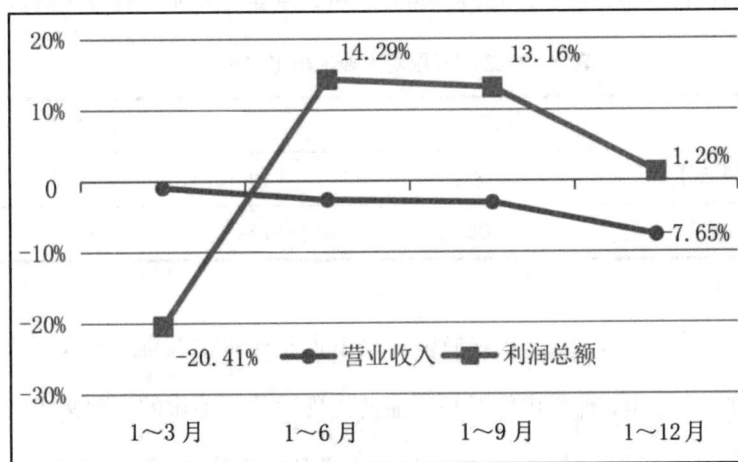

图 7　2022 年规模以上床上用品企业营业收入和利润总额同比增长走势

数据来源：国家统计局。

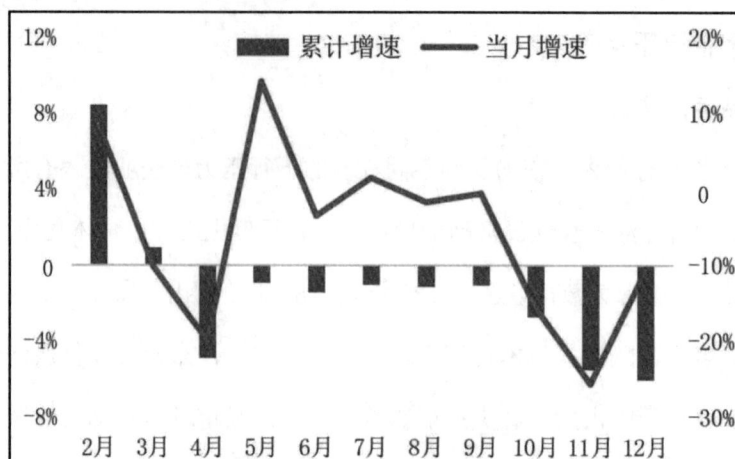

图 8　2022 年规模以上床上用品企业内销产值同比增长走势

数据来源：国家统计局。

2.毛巾行业持续收缩

毛巾行业总体呈收缩态势。2022 年我国出口毛巾 26.02 亿美元，同比下降 4.93%。在主要的毛巾产品出口市场中，除日本市场保持增长外，其余都有不同程度下降。见表 2。

表 2　2022 年我国对主要毛巾出口市场情况

毛巾	东盟	美国	日本	欧盟
出口额（亿美元）	7.78	4.10	3.47	1.66
同比（%）	−8.73	−18.84	13.59	−8.57

数据来源：中国海关总署。

国家统计局数据测算，2022 年规模以上毛巾企业营业收入与上年基本持平，利润总额同比下降 8.68%。洗脸巾、棉柔巾等新兴产品的出现对传统毛巾的消费需求及习惯或造成影响。在外贸环境错综复杂、替代产品频出影响需求的压力背景下，毛巾行业还需积极探索，在寻求新的消费需求的同时注重产品工艺技术研发升级与文创品牌化道路发展，为行业转型升级注入了新活力。

3.布艺行业增幅回落

2022 年布艺行业增长出现拐点，在近几年始终保持高速增长的基础上出现回落。出口的布艺成品，如窗帘、装饰织物等降幅明显，一方面与上年外贸订单回流的红利造成的高基数有关，另一方面，主要发达经济体疲软、地缘政治冲突造成的需求大幅下滑等因素都对布艺产品市场需求造成较大影响。

布艺出口以面辅料拉动为主，东盟市场起到支撑作用。海关数据显示，2022 年我国出口布艺产品 171.86 亿美元，同比小幅增长 1.02%。东盟市场起到有力支撑，由于新冠肺炎疫情原因导致的大量纺织服装订单流向东盟地区，或推动其加大对我国布艺面辅料进口。成品窗帘出口额除东盟实现小幅增长以外，其他市场较上年有所下滑。

二、家纺行业重点发展方向

2023 年，在经济增长放缓、地缘局势复杂多变、通胀压力高位等宏观背景下，全球宏观经济运行环境仍趋复杂严峻。需求疲软、市场流动性受阻、原料成本高位波动还将继续给我国家纺行业带来较大挑战。但与此同时，我国家纺行业仍然具备平稳恢复的基础条件，随着我国新冠病毒感染防控进入新阶段，在国家一系列稳增长政策的持续发力作用下，国内经济稳定的基本面为家纺行业企业发展提供基础与保障。2023 年是全面贯彻落实党的二十大精神的开局之年，也是"十四五"承上启下的关键之年。家纺行业还需继续践行行业"十四五"发展的主要目标，深度推进行业高质量发展。

（一）深化数字技术融合，引领产业转型升级

加快产业数字化、智能化转型工程。充分发挥数据要素的价值创造作用，促进家纺产业在设计研发、生产制造、仓储物流、销售服务等方面进行全流程、全链条、全要素改造。通过数字技术在家纺产业的应用，实现从多方面改善生产环节的供给能力。运用大数据、云计算、人工智能、工业互联网等多种数字技术与家纺制造产业的深度融合发展。在研发设计领域通过数字孪生、人工智能等新技术提高研发效率，加速科学研究进程与科技成果的工程化、产业化，加快新产品上市速度，在生产流程中实现对设备、生产线、车间及工厂的全方位无缝衔接、智能管控，最大限度优化工艺参数，提高生产线效率，从而降低生产运营成本。

（二）优化资源配置，促进产业协同发展

顺应新一代信息技术与制造业融合发展趋势，在家纺产业集群中探索发展共享制造新模式，优化资源配置，提升产出效率。打造柔性供应链平台，构建从产品设计研发到产品回收再制造的生命周期体系。通过发展共享经济，促进集群企业优化运营和转型升级发展。同时大力加强中小微企业经营理念的转变，建设规范、现代的企业经营模式。加快改善中小微企业的作业环境，加快装备升级换代，积极探索中小微企业专精特新的发展路径，培育发展一批主营业务突出、竞争力强、成长性好、专注于细分市场的专业化小巨人企业。

（三）强化文化赋能，提升时尚创新力与品牌向心力

大力发展时尚特色的现代家纺产业，以时尚创特色，促品牌，搭平台，促进我国家纺产业向价值链中高端延伸。继续加大对研发创新与企业品牌文化研究的投入，强化时尚创新能力建设，大力支持研发中心、设计师工作室的建立与运营。培育一批时尚重点企业和时尚重点品牌，提升时尚创意设计，增强品牌营销能力，建设时尚创新平台。

加强家纺时尚研究、交流与传播，通过设计大赛、流行趋势研究与发布，壮大行业设计师队伍，提升时尚国际话语权。通过时尚资源的集成创新，发挥创造美好生活的职能，打造引领消费潮流的新型产业业态。

全方位多维度打造行业品牌核心竞争力。发挥企业主体作用，建立多层次建设立体格局，促进加工制造品牌、终端消费品牌、区域品牌及国际化品牌的共同发展。强化企业基础能力提升，培养壮大一批生产制造品牌；强化企业软实力建设与市场化运营，做强终端消费品牌；强化产业集群内部协同与特色构建，提升区域品牌美誉度和影响力；强化品牌国际化推进，实现世界品牌建设的突破发展。

（四）践行绿色发展理念，推动产业可持续发展

坚持贯彻绿色发展理念，推进家纺产业绿色发展新模式，全面提升环保意识，践行绿色发展责任，致力于建设绿色工厂、绿色园区，构建从原料、生产、营销、消费到回收再利用的高端家纺产业循环体系。加快采用新技术、新装备，加快淘汰落后产能，优化流程，

提高资源综合利用水平。加大再生纤维等环境友好原料的使用比重，推行生态设计、开发绿色家纺产品，提高产品能效环保低碳水平。加快回收利用进程，加强边角余料、废水热能以及废旧家纺产品的回收再生利用，大力推进床上用品、窗帘、毛巾等家纺产品以旧换新等业务服务，切实提高回收利用水平。在前处理、染色、印花及后整理各环节推动节能减排染整技术应用及推广工程。

三、结语

当前全球宏观下行经济压力仍将制约国际市场需求增长。全球纺织供应链本土化、区域化、多元化趋势增强，国际市场竞争压力还将扩大。随着我国"稳增长"系列政策、稳健的货币政策和积极的财政政策的持续发力，有望全面提振内贸市场信心，激发民营企业市场主体活力，从而有力支撑国民经济运行平稳回升。内销市场具备平稳恢复基础，居民收入的预期改善将为消费增长提供首要支撑。消费升级背景下家纺行业仍可积极作为，在国家大力弘扬文化自信的背景下，家纺行业在国潮、大健康、品牌化、可持续发展等大趋势下仍将有广阔的开拓空间。在双循环背景下，随着RCEP逐步生效和"一带一路"建设总体布局也为行业外贸拓展领域提供保障。家纺行业企业需要继续践行稳中求进总基调，积极探索消费需求增长点。整合资源优势，积极拥抱数字化、智能化产业发展新模式，促进行业转型升级。坚持深入推进结构调整，稳定释放发展韧性，提升抗风险能力，在复杂形势下努力推动行业高质量发展取得新成效。

2022 年我国服装行业运行情况及当前服装消费特点分析

中国服装协会　刘　静　齐元勋　杨金纯

2022 年，面对错综复杂的发展环境以及多重超预期因素影响，中国服装行业努力克服国内新冠肺炎疫情反弹冲击、市场需求减弱、综合成本上涨等交织叠加的困难和压力，坚持创新驱动协同发展，数字化转型全面深入推进，在智能制造、渠道拓展、模式创新、供应链协同等多个领域取得了新成效，展现出较强的产业韧性和市场活力，行业经济运行基本稳定，总体呈现持续放缓、稳中偏弱的运行态势，为稳定经济发展、平衡国际收支、创造就业空间、促进民生改善等方面做出了突出贡献。

一、2022 年我国服装行业经济运行情况

（一）服装生产明显下滑

2022 年，在全球经济增长放缓、国内新冠肺炎疫情反弹、市场需求减弱以及企业生产经营困难增多等多重因素的叠加作用下，我国服装行业生产增速持续回落，规模以上企业工业增加值和服装产量均呈现小幅负增长。根据国家统计局数据，2022 年，服装行业规模以上企业工业增加值同比下降 1.9%，增速比 2021 年下滑 10.4 个百分点，7 月以来各月行业工业增加值降幅持续加深。同期，规模以上企业服装产量 232.42 亿件，同比下降 3.36%，增速比 2021 年下滑 11.74 个百分点，如图 1 所示。其中，机织服装产量为 88.02 亿件，同比下降 5.15%，针织服装产量为 144.4 亿件，同比下降 2.24%，分别比 2021 年下滑 10.0 和 13.1 个百分点。

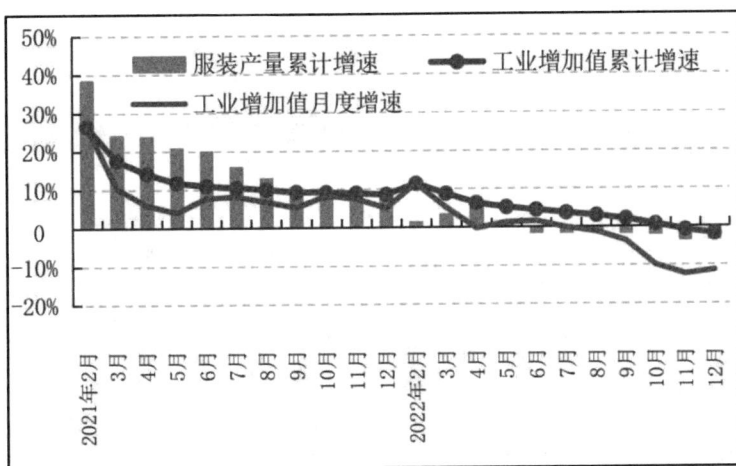

图 1 2022 年服装行业生产增速情况

数据来源：国家统计局。

（二）内销市场持续疲软

2022 年，新冠肺炎疫情扰动使居民消费意愿下降、消费活动和穿着场景受限，尤其是与日常生活相关的必需品消费上涨，导致服装类商品的消费行为减少，服装内销市场明显下滑，实体零售渠道持续承压。根据国家统计局数据，2022 年，我国限额以上单位服装类商品零售额为 9222.6 亿元，同比下降 7.7%，增速比 2021 年下滑 21.9 个百分点，如图 2 所示。线上服装零售增速放缓。根据国家统计局数据，2022 年，穿类商品网上零售额同比增长 3.5%，增速比 2021 年放缓 4.8 个百分点。越来越多的品牌布局抖音、快手、B 站、小红书等内容与直播电商平台，凭借短视频+直播互为助力的组合形式，高效、精准地与消费者发生关联，零售额正在追赶传统电商平台。

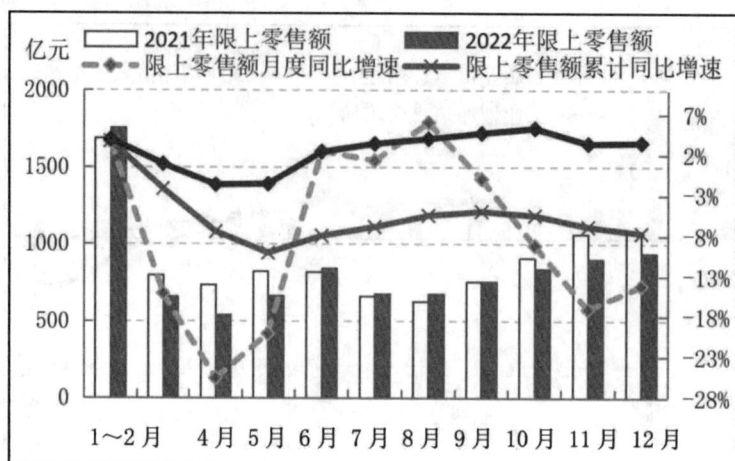

图 2　2022 年国内市场服装销售情况

数据来源：国家统计局。

（三）出口保持小幅增长

2022 年，在国际市场需求恢复、成本上涨推高出口价格等因素的驱动下，我国服装出口在高基数的基础上继续保持增长，创 2016 年以来服装出口规模的最高纪录。根据中国海关数据，2022 年，我国服装及衣着附件出口 1753.97 亿美元，同比增长 3.2%，增速比 2021 年放缓 20.8 个百分点，见图 3。从量价关系来看，服装出口量跌价升，出口数量为 312.16 亿件，同比下降 2.6%，出口平均单价 4.65 美元/件，同比增长 10.0%。

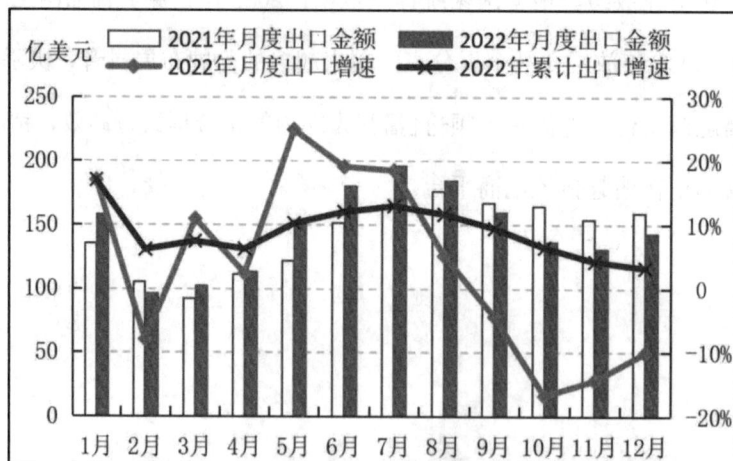

图 3　2022 年我国服装及衣着附件出口情况

数据来源：中国海关总署。

我国对传统市场服装出口占比下降，东盟、"一带一路"沿线国家和地区等新兴市场成为拉动服装出口增长的主引擎。根据中国海关数据，2022年，我国对美国、欧盟和日本三大传统市场服装出口金额合计865.3亿美元，占我国服装出口总额的49.3%，较2021年减少1.5个百分点。其中，我国对美国服装出口同比下降2.2%，对美棉制服装出口同比下降5.7%；我国对欧盟服装出口同比增长3.0%，对欧盟棉制服装出口同比下降0.5%；我国对日本服装出口同比下降0.3%。同期，我国对东盟、"一带一路"沿线国家和地区等新兴市场服装出口合计拉动我国服装出口增长6.5个百分点。其中，在RCEP生效实施的利好作用下，东盟超过日本成为我国服装出口的第三大贸易伙伴，服装出口金额169.28亿美元，同比增长23.9%；我国对"一带一路"沿线国家和地区、拉丁美洲服装出口继续保持快速增长，增幅分别为12.9%和17.8%。

（四）运行质效严重承压

2022年前三季度，受新冠肺炎疫情扰动、需求减弱、原材料价格高位波动等因素影响，我国服装行业主要效益指标保持小幅增长，但增速逐渐放缓。进入四季度，受国内新冠肺炎疫情反弹冲击，行业产销循环受限，企业经营压力加大，营业收入和利润总额持续负增长，行业经济运行严重承压。根据国家统计局数据，2022年，我国服装行业规模以上企业13219家，实现营业收入14538.89亿元，同比下降4.56%，增速比2021年下滑11.07个百分点；利润总额763.82亿元，同比下降6.34%，增速比2021年下滑20.74个百分点，如图4所示；营业收入利润率为5.25%，低于2021年0.1个百分点。

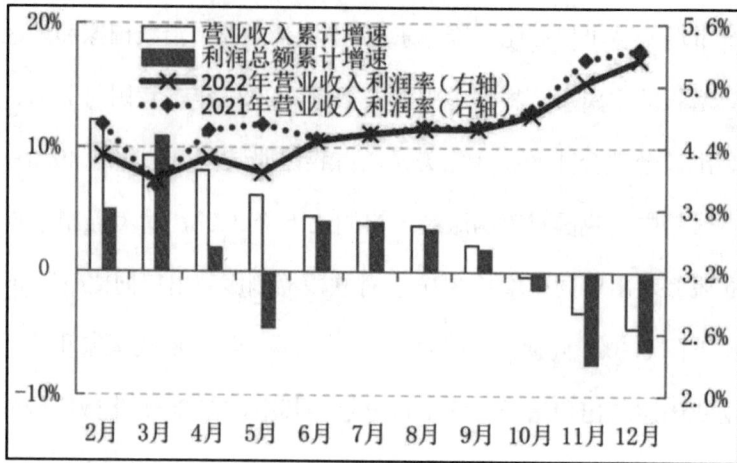

图 4 2022 年服装行业主要效益指标情况

数据来源：国家统计局。

（五）投资实现较快增长

2022 年，我国服装行业固定资产投资保持快速增长态势，显示出在国家稳投资、稳增长等各项政策的有力带动下，各级政府加大产业补链强链投资的支持力度，企业对行业高质量发展的信心逐渐增强，积极扩大自动化设备应用、数字化智能化技术改造升级、商业模式创新以及区域布局调整等领域有效投资，产业转型升级深度推进。根据国家统计局数据，2022 年我国服装行业固定资产投资完成额同比增长 25.3%，增速比 2021 年提升 21.2 个百分点，高于纺织业和制造业整体水平 20.6 和 16.2 个百分点，如图 5 所示。

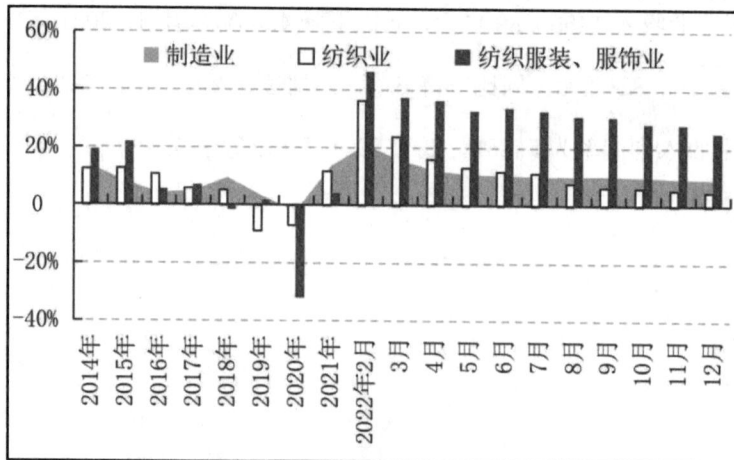

图 5 2022 年服装行业固定资产投资增速情况

数据来源：国家统计局。

二、当前服装消费市场特点分析

（一）服装消费呈现渐进式回暖

随着国家稳经济、促消费等系列政策出台显效，2023 年我国宏观经济将延续企稳向好的恢复势头，消费对经济发展的基础性作用将进一步增强。随着社会生产生活秩序加快恢复，居民社交活动增多，线下消费场景将逐步修复，各地服装专业市场、零售门店以及品牌企业将重点抓住节假日契机，通过丰富多彩的促消费活动，有力提振消费信心，激发消费潜力和市场活力，形成服装消费的良性循环，推动服装消费市场迎来"渐进式回暖"。

（二）消费市场加速细分

移动互联网的普及应用、智能移动终端的更新迭代不断创造全新的消费场景，Z 世代、新中产、银发族等各类新消费群体表现出不同的消费倾向和消费理念，个性化、多样化的细分市场逐渐展现出强劲的消费潜力。服装行业在逆境中坚持全面推进转型升级，通过数字技术赋能产品创新、品牌创新和模式创新，从设计研发、生产制造、供应链反应到终端运营等环节加强精细化管理，根据工作、生活、露营、室内运动、户外运动等不同场景需求进行匹配，细分出防寒、防风、防潮、透气、恒温等创新功能，持续推动企业和品牌向个性化、年轻化、高端化发展，以适应消费多元化、细分化的市场形势。

（三）营销渠道更加多元

随着网购用户规模不断扩大、新零售模式迭代更新，网络消费对服装消费市场的拉动作用持续凸显。为适应消费习惯和消费方式的变革，服装企业和品牌借助新一代信息通信技术的深入应用，对线上、线下以及海外渠道进行整合优化，逐步构建集聚全链路资源和私域运营于一体的多维度、广覆盖的营销网络，从公域流量到私域运营，从线上、线下的一体化融合到用户和品牌的人性化交互，内容产业链和传播链的重构使营销渠道和零售模式呈现多元化发展特征。实体门店智慧营销系统正在推进，线上新零售模式日渐成熟，企业的营销渠道逐步从淘宝、京东等传统电商平台向短视频、社区团购、社交平台扩散，直播电商成为线上服装零售的新常态，线上销售比重也在持续增加。

（四）国潮、元宇宙、绿色消费持续推进

随着中国品牌的时尚内涵、产品的东方美学价值以及可持续发展理念的不断提升，国内服装消费迎来多个新维度赛场的全面竞放。一是国潮品牌，不同细分市场的服装品牌和企业纷纷更深入地挖掘中华优秀文化价值，将先进技术、流行趋势、多元文化融入产品设计、传播流通、商业模式等关键环节，通过文化创意赋予品牌和产品新的精神与情感共鸣，促进时尚文化与产业深度融合。二是元宇宙消费，服装时尚品牌加速运用 AI 智能设计、虚拟主播、跨界游戏等新技术，在品牌与消费者之间建立深层次链接通道，以数实融合的场景呈现产品新的商业价值，在数字资产、数字体验、游戏、平台、虚拟世界等方面赋能品牌发展。三是绿色消费，基于当前消费者越来越青睐绿色环保产品，服装品牌和企业将低碳、时尚和生活结合在一起，更加注重研究能够满足可持续发展要求的原材料开发应用以及废旧产品回收循环利用，尤其是对原有材料的再造以及在美学和功能性方面更具优势的高科技材料，以满足消费者对品质生活和社会价值的双重认可。

三、2023 年服装行业发展趋势预测

2023 年，全球经济增长放缓，国际市场需求复苏前景存在较高的不确定性，国内经济增长内生动力将不断积聚增强，总体回稳向好的趋势不会改变。在此背景和趋势下，我国服装行业在经历了阶段性下降后将进入恢复性、常态化发展周期，基于 2022 年行业运行的低基数效应和国内大循环的有力支撑，预计 2023 年行业经济运行整体好转，"韧性增长，稳步恢复"的发展趋势明显。

从国际市场来看，在国际市场需求不足、海外订单转移、中美贸易摩擦、人民币升值等因素的影响下，2023 年我国服装出口面临较大的下行压力，整体将呈现增速前降后平、规模明显收缩的趋势。我国服装出口面临多重挑战，一是国际市场消费需求增长放缓，叠

加品牌零售商库存压力持续高企，均将对我国服装出口产生巨大的抑制作用；二是替代效应消退以及美西方推行所谓"去中国化"将加速海外订单转移，供应链竞争加剧使我国服装出口下行压力进一步增大；三是地缘政治冲突导致服装外贸环境较为严峻，人民币汇率高波动增加企业汇兑风险，均将对我国服装出口产生不利影响。但是也要看到，随着去库存结束以及通胀得到遏制，市场消费需求和补库需求逐渐修复，海外订单或将在下半年有所回升，服装出口形势将随之转好。

从国内市场来看，我国经济整体好转为服装内销市场复苏创造了良好的条件和基础，叠加低基数因素，预计 2023 年我国服装消费市场将持续恢复，消费规模将稳步提升。服装内销市场复苏的重要支撑因素：一是随着新冠肺炎病毒感染防控政策更加优化，社会生产生活秩序加快恢复，经济复苏带动就业扩大和居民收入提升，消费需求加速释放，内销市场修复有望在二季度出现拐点；二是坚定实施扩大内需战略部署，存量政策和增量政策叠加发力促进内需市场提质扩容；三是服装行业在研发设计、柔性制造、供应链协同、销售渠道优化等关键环节的创新能力大幅增强，将持续推动新业态、新场景、新产品、新品牌蓬勃发展，从供需两端助力服装内销市场回归正增长轨道。

四、2023 年服装行业重点发展方向

（一）数字驱动深度融合，产业整体素质持续增强

新科技革命正在推动数字技术与产业全要素、全产业链、全价值链融合发展，服装行业将进一步提高两化深度融合和综合应用水平，大规模推广智能制造技术和装备，加强各环节智能模块化单元的集成应用，加快建立智能生产线、智能车间、智能工厂，提升智能化水平；并以龙头企业、大型企业为主导，强化智能制造、工业互联网、精益生产管理等数字化系统开发和应用，通过软件定义实现人、机、物等企业资源的互联互通和智能管控，持续推进智能化制造、个性化定制、共享制造、供应链管理等服务型制造新模式、新业态发展。

（二）协同创新稳步推进，产业核心竞争力持续提升

跨产业链、跨领域的协同融合创新是推进产业基础高级化、产业链现代化的源动力。服装行业将进一步完善产业科技创新体系，不断强化骨干企业、科研院所、高等院校科研力量等创新主体对集聚创新要素、激活创新资源、培养创新人才、转化创新成果的引领作用，加强行业技术创新中心、创意设计平台、产业技术创新联盟、产学研用联合体等跨领域创新平台的建设和使用效率，推进新材料、新技术、新模式、新业态在行业的转化应用和资源共享，构建从纤维面料、产品制造到终端服务的全产业链协同创新生态。

（三）产业布局优化调整，全球竞争新优势持续夯实

我国服装产业在全球供应链中的低成本竞争优势已经弱化，正在以强大的市场空间、完善的产业链配套能力、日益增强的科技创新能力和蓬勃发展的数字经济构筑产业链供应链竞争新优势，产能在全球范围内重新布局已经成为我国服装企业战略发展的重要内容。在国内循环上，要对接京津冀一体化、长三角洲一体化、粤港澳大湾区、长江经济带等国家战略，充分利用东中西部的比较优势，持续推进服装产业的梯度转移和区域协调发展。在国际循环上，要充分利用国际、国内两个市场，整合全球优势资源，全面推进服装产业国际化战略，深度嵌入全球服装产业链价值链。

（四）绿色低碳不断深化，可持续发展迈上新台阶

绿色低碳成为全球共识，正深刻影响着产业的成本结构、竞争优势与价值逻辑，决定了未来全球科技进步、产业布局的基本走向。作为推进碳达峰、碳中和的重要领域，走绿色发展之路是服装产业转型升级的内在要求和必然选择，绿色低碳正成为引领服装行业高质量发展的新风尚。绿色制造是未来服装产业的发展模式，须将绿色低碳理念贯穿生产管理的各环节、全领域，加快健全绿色标志体系，完善产品从设计、制造、消费、回收到再利用的全生命周期绿色标准，带动绿色产品设计、绿色供应链、绿色产业园协同发展。

专题研究篇

2022 年中国棉纺织行业经济运行分析及展望

盖丽轩

摘要： 2022 年是极不寻常、极不平凡的一年，在新冠肺炎疫情、地缘政治、全球通胀等多重因素影响下，我国经济面临需求收缩、供给冲击、预期转弱的压力持续加大。作为纺织产业链前端产业，在上游原料端和下游需求端双重挤压下，我国棉纺织行业经济运行受到一定冲击。面对困境，棉纺织行业承压发展，迎难而上，沉着应对超预期因素冲击，总体保持了相对平稳的发展。

一、行业运行情况

（一）生产总体稳定，纱布产量下滑

2022 年，受国内新冠肺炎疫情散发多发、极端天气等多重超预期因素影响，我国棉纺织行业生产受到较大冲击，产能利用率水平较上年下降。根据中国棉纺织行业协会（以下简称中棉行协）跟踪数据，以中小企业为主的产业集群设备利用率基本保持在 70%左右，大企业的设备利用率好于集群企业，其中纺纱企业设备利用率高于织造企业。大企业的生产运行对行业的稳定发展起到了重要作用。

中棉行协跟踪重点企业（以下简称重点企业）数据显示，1～3 月，纱布产量增速逐步回升，4 月开始，受国内新冠肺炎疫情散发及下游市场需求不足等因素影响，纱布产量增速逐步放缓，纱产量增速整体低于布产量，如图 1 所示。根据中棉行协会商统计，2022 年全行业纱线产量 1787 万吨，同比下降 5.7%；布产量 467.5 亿米，同比下降 6.1%。

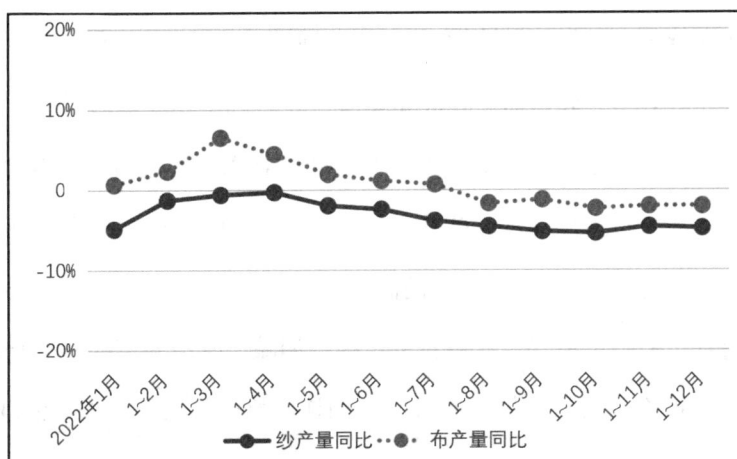

图 1   2022 年重点企业纱、布产量同比变化

数据来源：中国棉纺织行业协会。

（二）市场销售承压，坯布销售好于纱线

2022 年，新冠肺炎疫情多发频发对消费市场恢复扰动影响较大，国内需求持续不振，纺织服装市场整体出现下滑。根据国家统计局数据，2022 年全国限额以上服装、鞋帽、针纺织品类商品零售额同比减少 6.5%，自 3 月以来增速持续为负。下游消费市场需求疲软导致上游棉纺织企业销售困难，4 月以来，纱、布销售增速逐步放缓。12 月，随着国家稳经济各项政策和新冠肺炎疫情防控优化调整措施落实落细，市场销售有所改善，纱布销售增速呈回升势头。整体看，全年坯布销售略好于纱线。见图 2。

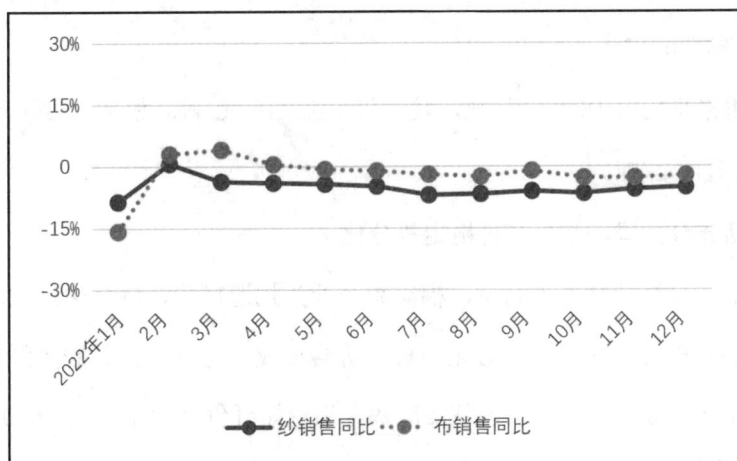

图 2   2022 年重点企业纱、布销售同比变化

数据来源：中国棉纺织行业协会。

（三）市场价格逐步走低，内外棉价出现新变化

1. 棉花价格先降后稳，内外棉价差持续倒挂

2022 年上半年，国内外棉花价格走势分化。年初在国际大宗商品价格波动、产棉大国预期减产等因素推动下，国际棉价震荡冲高，突破 170 美分/磅。而国内棉价受汇率、下游需求持续低迷等影响，由 23205 元/吨的高点下跌至 14090 元/吨，跌幅达 35.2%。第四季度，国内外棉价走势趋于稳定。受棉花主产国预期减产及汇率等因素影响，3 月下旬，国际棉价反超国内棉价，内外棉价开始长时间倒挂，价差最高达 6894 元/吨，为历史罕见。见图 3。

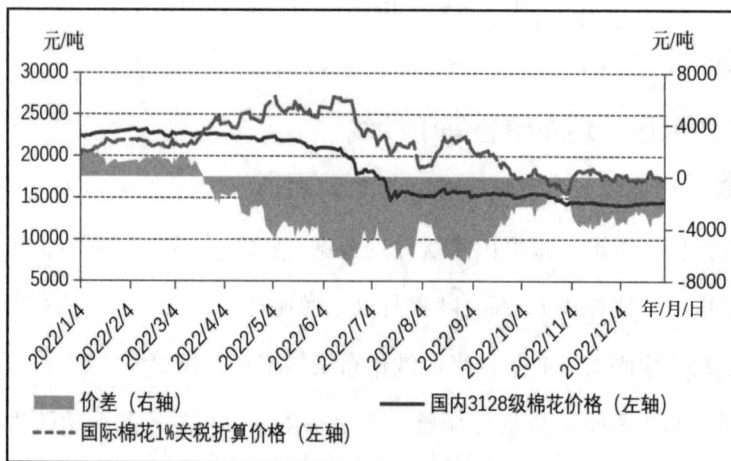

图 3　2022 年国内外棉花价格走势

数据来源：中国棉纺织行业协会。

全年棉花价格平均值 18426 元/吨，较上年上涨 415 元/吨，涨幅 2.3%；国际棉价平均高于国内棉价 2735 元/吨。

2. 化纤价格先升后降，与棉花价格走势分化

上半年，棉花价格持续处于高位，棉纺织企业为规避风险，降低生产成本，加大产品结构调整，增加非棉纤维使用量，对化纤短纤价格形成一定支撑，粘胶短纤价格由年初的 12300 元/吨上涨至 15400 元/吨，涨幅 25.2%，涤纶短纤价格由年初的 7050 元/吨上涨至 9295 元/吨，涨幅 31.8%。三季度开始，受国际通胀压力高企及国内需求低迷，化纤短纤价格持续下降。12 月底，下游市场逐步复苏，化纤短纤价格有所抬头。见图 4。

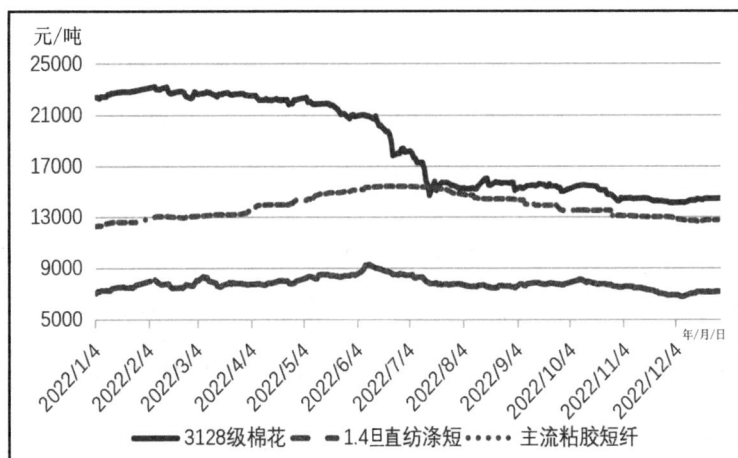

图4 2022年化纤短纤价格走势

数据来源：中国棉纺织行业协会。

全年粘胶短纤价格平均值 13834 元/吨，较上年上涨 261 元/吨，涨幅 1.9%；涤纶短纤价格平均值 7789 元/吨，较上年上涨 737 元/吨，涨幅 10.5%。

3.纱、布价格持续下行，降幅逐步扩大

1~2 月，纱、布价格在棉花价格上涨带动下出现短暂上调，但由于下游需求缩量，涨势未能持续，于 2 月下旬开始逐步回落。6 月 21 日美国所谓"涉疆法案"生效，棉花价格快速下滑，叠加终端需求不振，纱、布价格降幅进一步扩大。12 月，随着下游需求逐步复苏，纱布销售好转，价格出现回升。见图5。

图5 2022年纱、布价格走势

数据来源：中国棉纺织行业协会。

全年 32 英支纯棉普梳纱价格平均值 25848 元/吨，年末价格较年初下跌 19.9%，纯棉坯布（32×32 130×70 2/1 47″斜纹）价格平均值 5.5 元/米，年末价格较年初下跌 29.6%，高于棉纱跌幅。

（四）主要经济指标下降，质效改善压力加大

2022 年，面对"高成本、弱需求"的供需环境，棉纺织企业销售及盈利压力持续加大，主要经济指标增速放缓，利润下降，亏损面扩大。根据中棉行协跟踪重点企业数据，2022 年企业营业收入累计同比下降 0.19%，利润总额同比下降 35%，利润率为 3.14%，较 2021 年下降 1.69 个百分点，亏损面 34.75%，较 2021 年扩大 19.86 个百分点。6 月以来，以美国为代表的贸易单边主义、保护主义抬头，严重影响了全球供应链的稳定合作。我国棉制纺织服装产品进入美国及国际供应链受阻，在西方国家市场所占份额不断下降，企业出口交货值持续下滑。数据显示，2022 年企业出口交货值同比下降 6.45%，较 2021 年下降 21.18 个百分点，见图 6。

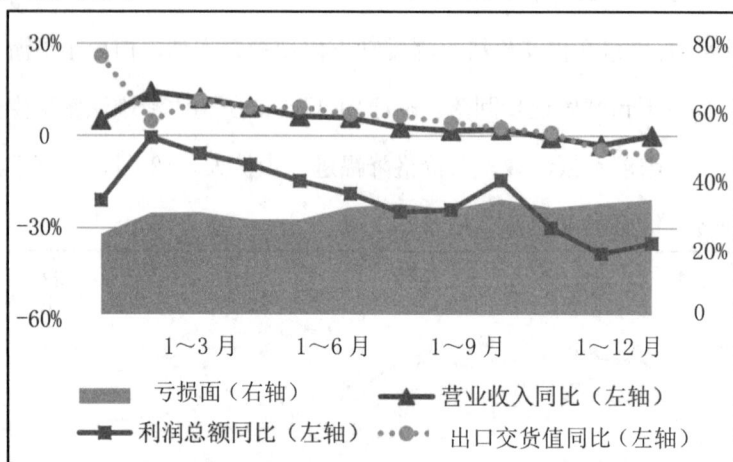

图 6 2022 年重点企业经济指标及亏损面变化情况

数据来源：中国棉纺织行业协会。

（五）景气指数收缩区间内波动，市场信心有待加强

根据中棉行协发布的景气指数，2022 全年我国棉纺织行业景气指数处于收缩区间，见图 7。尤其 7 月，国内棉价连续下跌，下游下单谨慎，市场销售持续不畅，企业去库存心

态急切，市场信心明显不足，中国棉纺织景气指数跌至最低点 45.23。随着传统纺织旺季到来，下游需求有所回暖，企业出库增加，产品库存下降，市场活跃度提升，9 月中国棉纺织景气指数升至 49.72。10～11 月，国内新冠肺炎疫情对行业运行冲击明显，景气指数继续下滑。临近年底，下游补库增加，消费市场活力涌动，信心增强，景气指数回升至年度高点 49.94。

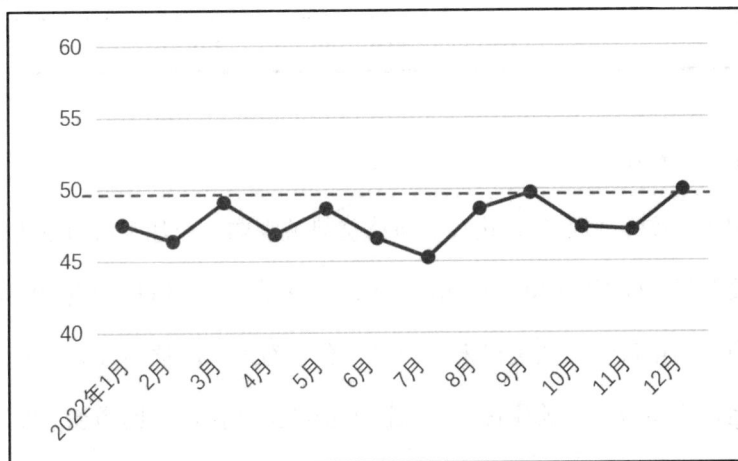

图 7　2022 年中国棉纺织景气指数变化

数据来源：中国棉纺织行业协会。

（六）棉花、棉纱进口量下降，棉制品出口先升后降

1. 棉花进口量下降明显

2022 年，内外棉价差持续倒挂，进口棉价格优势明显弱化，棉花进口量大幅下降。根据中国海关数据，2022 年我国累计进口棉花 194 万吨，同比下降 9.8%。从进口来源国看，自美国进口棉花数量最高，同比增长 36.6%，占比 58.4%，较上年增加 19.7 个百分点。主要原因：一是中美签订第一阶段经贸协议，加大了对美国棉花的进口；其次国际品牌商要求我国棉纺织出口企业使用美棉进行生产。巴西是我国棉花进口第二大来源国，2022 年进口量 57.73 万吨，占比 29.8%，与上年基本持平。印度棉花由于减产出口量下降，且价格较高，因此我国进口印度棉数量大幅下降，仅 3.14 万吨，同比下降 92.4%，占比下降 17.6 个百分点，见表 1。

表1　2022年我国棉花进口情况

国别	数量（万吨）	同比（%）	占比（%）	2021年占比（%）
总计	194	−9.8	—	—
美国	113.21	36.6	58.4	38.7
巴西	57.73	−10.3	29.8	30
印度	3.14	−92.4	1.6	19.2
澳大利亚	2	−42.6	1.0	1.6

数据来源：中国海关总署。

2. 棉纱线进口量断崖式下跌

2022 年国内外棉纱价格倒挂，进口纱价格优势被削弱，叠加下游市场需求缩量，进口棉纱线数量大幅下降。根据中国海关数据，2022 年我国累计进口棉纱线 109.6 万吨，同比下降 45.1%，为近十年最低。从进口来源国看，自越南进口的棉纱线数量同比下降幅度最低，同时其因运输距离短、零关税优势，依旧占据霸主地位，占比增加 13.3 个百分点。巴基斯坦因 2020 年棉纱出口中国开始实施"零关税"，进口量逐步超越印度，成为我国棉纱线进口第二大来源国。见表2。

表2　2022年我国棉纱进口情况

国别	数量（万吨）	同比（%）	占比（%）	2021年占比（%）
总计	109.6	−45.1	—	—
越南	61.2	−27.8	55.8	42.5
巴基斯坦	14.5	−47.8	13.2	13.9
印度	5.6	−82.4	5.1	15.9
乌兹别克斯坦	8.7	−66.4	7.9	13

数据来源：中国海关总署。

3. 棉制品出口先升后降

据统计，2022 年我国棉制纺织品服装出口共计 1027.2 亿美元，同比下降 3.6%，降幅较 2021 年收窄 13 个百分点。从时间来看，上半年，我国出口棉制纺织品服装 524.2 亿美元，同比增长 8.5%；下半年，我国出口棉制纺织品服装 503 亿美元，同比下降 13.6%。见表3。

表3　2022年我国棉制纺织品服装出口情况

年份	出口全球 （亿美元）	同比 （%）	棉制纺织品服装出口额占纺 织行业比重（%）
2022年	1027.2	−3.6	31.7
其中：上半年	524.2	8.5	33.5
下半年	503.0	−13.6	30.1

数据来源：中国海关总署。

二、行业发展亮点及展望

（一）行业发展亮点

2022年，面对国内外发展环境的重大变化，棉纺织行业"稳"字当头，经受住了考验，展现出强劲韧性。

1.坚持科技创新，引领高质量发展

随着企业对科技进步重视程度的提高，2022年行业整体研发投入继续提升。企业通过加强技术创新与产品开发能力建设，建设高水平研发中心，开展产学研合作，为技术改造、产品研发提供了有力的技术支撑。

2.加快智能制造，促进产业升级

先进生产设备是纺织企业良好运行的基础。根据中棉行协调研了解，2022年我国喷气涡流纺纱机和高效率转杯纺纱机进口增长较多，设备销售达到同期历史最好水平，尤其喷气涡流纺纱机进口金额创历史同期新高水平。织造方面，全自动穿经机装备数量不断增长，高速织机保有量目前已超50万台，产业升级加速推进。

3.推行绿色生产，促进可持续发展

2022年，棉纺织行业继续坚持可持续发展战略，引导企业积极履行社会责任，以绿色生产为重点，加快构建行业绿色制造体系，鼓励企业创建绿色工厂，开发绿色设计产品。在中棉行协发布的第十批《绿色制造技术暨创新应用目录》中，涵盖27项节能减碳技术

项目，12 家绿色制造创新型企业，在行业内起到了较好的引领示范作用。

4. 优供给促升级，积极融入双循环发展新格局

随着棉纺织终端外贸市场发生变化，棉纺织企业积极应对，通过调整产品原料结构、充分利用进口棉花和内地棉花等方式规避欧美市场风险，加大开拓与"一带一路"沿线国家及东盟、非洲、拉丁美洲等新兴市场，全力保外贸；内需方面，与国内终端品牌商积极合作，线上线下共同支持新疆棉花、推广新疆棉纺织品服装。

5. 国内外产业布局持续优化，集聚规模效应显著

作为充分市场竞争的行业，2022 年，棉纺织企业继续加快产业集聚，优化海外布局，通过实现产业链的补强整合以及海外投资等，完善产品结构，提高全球化的接单能力，进一步提升中国棉纺织企业在全球供应链中的国际领先优势地位。

（二）行业发展展望

1. 提升产业发展协调性，构建产业安全发展体系

发挥集聚区规模优势与配套优势，培育世界级棉纺织产业集群；建设世界级棉纺织企业，突出产业品牌标签；培育一批"专精特新"企业与单项冠军企业，带动行业整体协同发展。进一步推进棉花管理体制改革，保障用棉需求及产业安全；促进非棉纤维在棉纺织行业的广泛应用，提高产品附加值，形成长效、安全的原料保障机制。

2. 提高科技创新能力、产品核心竞争力

通过科技创新，继续夯实全行业的产业技术基础。全面推进智能制造，提升行业的设备水平和管理水平。深入实施创新驱动发展战略，打造棉纺织行业技术策源地。通过多种途径提高产品竞争力，打造全行业纱、布产品品牌，全面提升产品盈利能力。

3. 推进绿色可持续发展

继续坚持可持续发展战略，引导企业积极履行社会责任，以绿色生产为重点，加快构建行业绿色发展体系，建设绿色工厂、绿色供应链与绿色园区，开发绿色产品。积极稳妥推进行业碳达峰碳中和，有计划分步骤实施碳达峰行动，积极参与应对气候变化治理。

4. 加强专业人才体系建设

继续大力弘扬企业家精神、创新精神、劳模精神、工匠精神,强化创新、管理、技术、技能等各类人才队伍建设和人才资源利用。引导企业完善人才引进、培养、奖励等管理制度,强化复合型、创新型、实用型人才队伍与产业工人队伍的培养,保障企业健康可持续发展。

三、结语

过去一年,我国棉纺织行业稳中求进,抓机遇,担责任,坚持鼓励科技创新,推进智能化、绿色化发展进程,积极融入双循环发展新格局,坚持不懈推动高质量发展,持续深化供给侧结构性改革,产业链供应链韧性得到进一步提升。展望 2023 年,我国棉纺织行业需更好地发挥棉纺织产业的基础性与支撑性作用,推动形成消费端拉动、原料端推动、制造端协同的良性供应链生态,打造高效率、高品质及高责任感的棉制纺织品服装供给体系,继续维护和保持全球核心竞争优势。

2022 年棉花供需形势

中国棉花协会信息部　　胡高帆

摘要： 2022 年，国内棉花生产稳中有增，棉花质量适应纺织需求，单产稳步提升，质量持续改善。但受美国限制使用新疆棉花、纺织外销订单流失、化纤产品替代等因素影响，我国棉花消费量下降。文章通过梳理 2022 年我国棉花供需数量、价格及宏观调控政策等，分析 2022 年我国棉花产业发展情况。

2022 年，受全球经济增速放缓、市场需求疲弱等复杂多变的形势以及新冠肺炎疫情反复多发、美联储持续加息等多重挑战，我国棉花行业承压运行。国内棉花生产稳中有增，消费量和进口量下降。棉花质量适应纺织需求，单产稳步提升，质量持续改善。中国继续保持全球最大棉花消费国和纺织服装出口国地位，但受美国限制新疆棉、纺织外销订单流失、化纤产品替代等导致棉花消费量下降至 730 万吨，同比降幅 13%。国内棉花供应充足、价格优势明显，棉花进口量同比减少 37%。国家实施各项调控政策，平抑市场波动，继续完善了棉花目标价格政策，稳定生产；储备棉轮入有序进行，调解价格波动；发放了 40 万吨滑准税配额，调整用棉结构。

展望 2023 年，国内市场随着新冠病毒感染防控政策优化，经济进入重启通道。国家出台一系列政策措施，宏观环境转向宽松，国内消费预期转好，市场信心增强，但市场供应宽松，棉价上涨空间不足。国际市场受全球经济增速放缓、美西方限制新疆棉持续，产业转移等较多因素影响，订单依旧存在外流风险，出口量超去年难度较大。总体来看国内消费逐步改善，外贸企业承压运行，近十年我国棉花平均价格为 15500 元/吨，2023 年初价格处于均价附近，下行有低位支撑，上行受供大于求市场状况压力较大；短期看价格以窄幅振荡为主，长期看有望从低位回升。

一、棉花供应宽松

（一）2022 年棉花产量继续增长

中国是世界主要的棉花生产国，棉花单产水平世界最高，产量占全球的 26%左右。2022 年，我国棉花种植面积略降。据国家统计局数据显示，2022 年全国棉花播种面积 4500.4 万亩，比 2021 年减少 41.8 万亩，降幅 0.9%。其中，新疆部分次宜棉地区改种玉米、大豆等粮食作物，棉花面积略降至 3745.3 万亩，比 2021 年减少 13.8 万亩，降幅 0.4%；长江流域棉区自 2012 年以来面积首次增长，播种面积为 351.8 万亩，比 2021 年增加 3.7 万亩，涨幅 1.1%；黄河流域棉区受种植效益下降和结构调整等因素影响，播种面积下降至 364.9 万亩，比 2021 年减少 34.2 万亩，降幅 8.6%。十年全国棉花种植面积变化如图 1 所示。

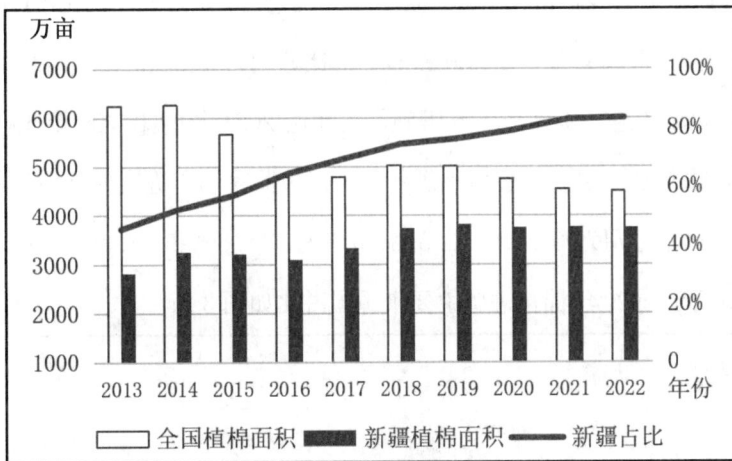

图 1　2013～2022 年全国棉花种植面积变化

数据来源：国家统计局。

棉花单产明显增加。2022 年棉花单产为 132.8 公斤/亩，比 2021 年增加 6.6 公斤/亩，增长 5.3%，创历史最高水平。分区域看，新疆地区气候条件总体适宜，热量充足，降水适宜，棉花长势较好，单产达 143.9 公斤/亩，比 2021 年增加 7.5 公斤/亩，增长 5.5%；黄河流域棉区水热条件较好，单产达 82.6 公斤/亩，增长 3.3%；长江流域在棉花生长期出现持续高温天气，对棉花开花结铃期产生不利影响，单产仅为 67.8 公斤/亩，下降 3.0%。

棉花产量小幅增加。2022 年全国棉花总产量 597.7 万吨，比 2021 年增加 24.6 万吨，增长 4.3%。新疆棉花产量 539.1 万吨，较 2021 年增加 26.2 万吨，占全国棉花总产量的比重达到 90.2%与上年相比提高 0.7 个百分点。黄河流域棉区产量 30.1 万吨，下降 5.6%；长江流域棉区产量 23.9 万吨，下降 0.2%。

（二）我国棉花进口量下降

2022 年国内纺织市场运行低迷，纺织企业订单不足，内外棉价格持续倒挂等综合因素影响，我国棉花进口量大幅下降。中国海关数据显示，2022 年我国累计进口棉花 194 万吨，同比下降 9.8%；全年国家发放棉花进口滑准税配额 40 万吨，发放数量与上年相比减少 30 万吨，且全部限定用于加工贸易方式进口。分国家看，美国为第一大进口来源国，进口量为 113.2 万吨，占比 58.4%，较 2021 年增加 30.3 万吨，同比增长 36.6%；巴西占比排在第二位，进口量为 57.7 万吨，占比 30%，较 2021 年较少 6.6 万吨，同比下降 10.3%。印度和贝宁分列三、四位，进口量都在 3 万吨左右，占比分别为 1.6%和 1.5%。2022 年澳棉进口量为 2 万吨，较 2021 年进一步减少 1.5 万吨，占比由 2021 年的 1.6%降至 1%。以分贸易方式看，一般贸易、进料加工贸易、边境小额贸易、保税监管场所进出境货物和海关特殊监管区域物流货物所占比率分别为 63.89%、6.57%、0.56%、11.60%和 17.38%。2022 年棉花进口数量走势如图 2 所示，2022 年棉花进口主要来源国占比如图 3 所示。

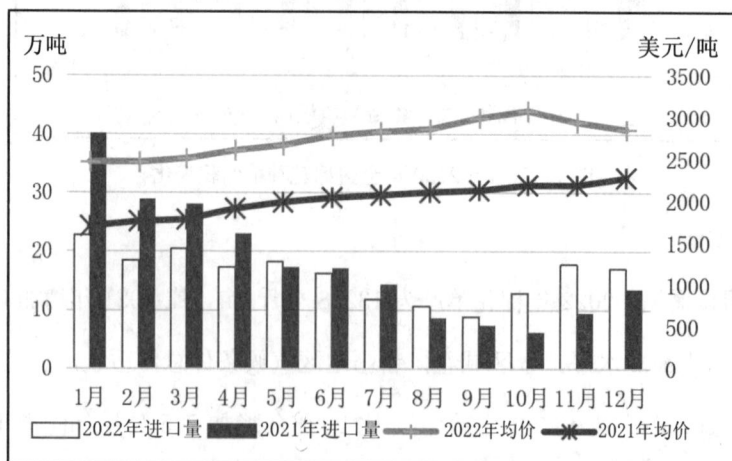

图 2　2022 年棉花进口数量走势图

数据来源：中国海关总署。

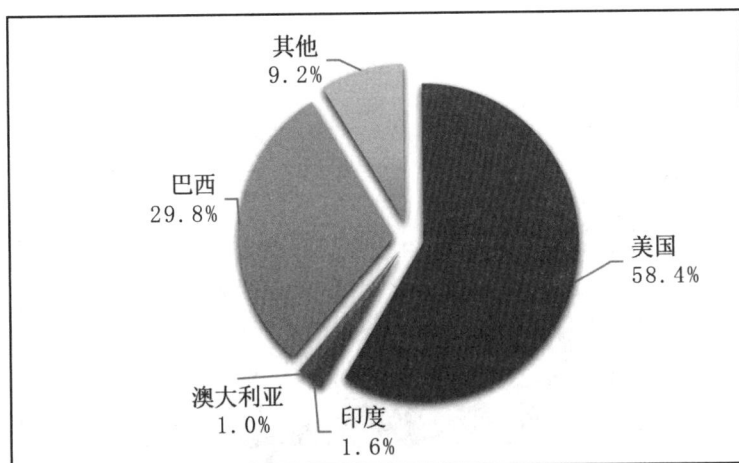

图 3 2022 年棉花进口主要来源国占比

数据来源：中国海关总署。

（三）我国棉花质量持续改善

我国棉花质量持续改善，品质适应纺织转型升级的需要。中国棉花公证检验数据显示，截至 2023 年 3 月 31 日，2022 年度全国共有 1074 家棉花加工企业进行公证检验，检验量为 615.8 万吨，同比增长 13.8%。其中新疆棉 605.5 万吨，同比增加 14.4%，占比为 98.3%；内地棉检验量为 10.3 万吨，同比减少 12.9%，占比 1.7%。

新棉仅长度指标差于去年，其余颜色级、马克隆值、断裂比强度三项指标均好于去年。其中白棉 3 级及以上占比 87.7%，同比高 2.8 个百分点；纤维长度 28 毫米及以上占比 93.27%，同比低 2.5 个百分点；马克隆值 A+B(3.5~4.9)档占比 90.61%，同比高 4.3 个百分点；断裂比强度 S2(29.0~30.9)及以上档占比 46.6%，同比高 2.7 个百分点。

（四）储备棉轮入有序进行

为促进棉花市场平稳运行，2022 年 7~11 月储备棉轮入顺利进行，第一批中央储备棉轮入总量 50.3 万吨，自 7 月 13 日挂牌交易开始，每日挂牌约 0.6 万吨左右，成交量约 8.7 万吨，成交率 17%，平均成交价格 15896 元/吨，成交最高价为 16490 元/吨；成交最低价为 15366 元/吨。2022 年储备棉轮入成交量价情况如图 4 所示。

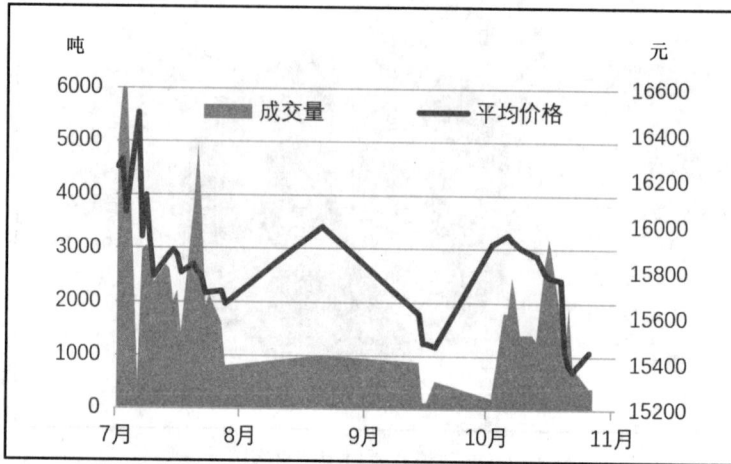

图 4　2022 年储备棉轮入成交量价情况

数据来源：中国棉花信息网。

二、棉花需求下滑

受国际地缘政治冲突和国内新冠肺炎疫情多发散发等因素相互交织影响，中国纺织行业面临发展环境复杂严峻，棉花消费需求明显下降。2022 年，棉花消费量下降至 730 万吨，同比降幅 13%。

（一）国内消费明显下降

2022 年，是纺织企业较为艰难的一年，受新冠肺炎疫情影响，民众出行受限、国内消费减少、可支配收入下降，由于运输受限，原料成本上升，叠加高库存影响，服装内销市场受到一定冲击，纺织企业持续承压。国家统计局数据显示，2022 年全国限额以上单位服装鞋帽、针纺织品零售额 13003.4 亿元，与上年相比下降 6.5%。2021 年、2022 年服装类商品零售类值情况如图 5 所示。纺纱量明显下降，全年累计纺纱量 2719.1 万吨，与上年相比减少 6.6%。棉纱进口量下降明显，全年累计进口 118 万吨，与上年相比减少 44.5%。

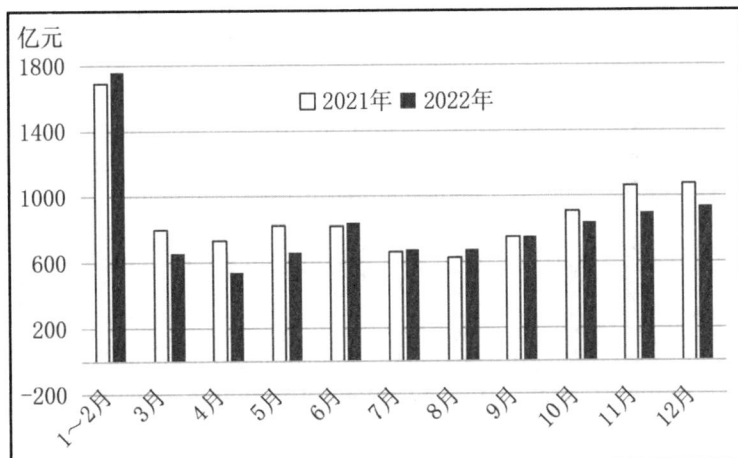

图5　2021年、2022年服装类商品零售类值情况

数据来源：国家统计局。

（二）纺织品服装出口创历史新高

2022年以来，国际市场需求率先恢复，海外订单回流、高棉价导致成本上涨，推高了出口价格等多种因素的驱动下，我国纺织品服装出口额保持增长，创历史新高。海关总署统计数据显示，2022年1~12月，我国纺织服装产品累计出口额3233.4亿美元，增长2.6%。其中纺织品出口额1479.5亿美元，增长2%；服装出口额1754亿美元，增长3.2%。2022年9月开始，由于全球经济衰退风险加大、东南亚供应链恢复、美国"涉疆法案"生效等多重因素影响，纺织品服装出口连续4个月出现负增长，出口下行压力加剧，9~12月累计出口1027.6亿美元，与上年同期相比下降12.1%。2021年、2022年纺织品服装出口金额情况如图6所示。

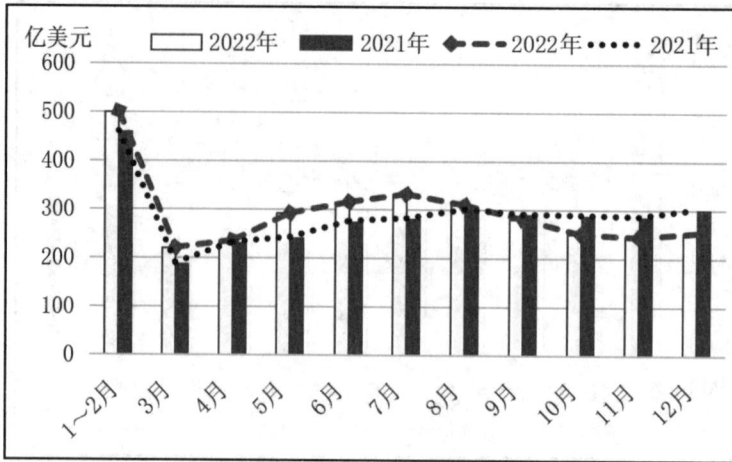

图6　2021 年、2022 年纺织品服装出口金额情况

数据来源：中国海关总署。

（三）全球棉花产大于需趋势明显

美国农业部发布 2023 年 4 月全球棉花供需预测月报数据显示，2022/2023 年度全球棉花产量减少，消费量下调，导致期末库存较上一年度增加。全球棉花消费量为 2398.7 万吨，较 2021 年同期下调 302.7 万吨；全球棉花产量缩减至 2523.9 万吨，较上一年度下跌 3.6%，产大于需趋势明显。从主产棉国看，印度产量下调至 533.4 万吨，与上一年度持平；美国产量 319.6 万吨，较上一年度下降 16.2%，巴西产量 283 万吨，较上一年度增长 10.9%。全球期末库存较 2021 年度上调 187.9 万吨，库存消费比为 83%。

三、2022 年国内外棉花价格情况

2022 年国内外棉花价格高位回落，价格波动明显。2022 年初延续 2021 年走势，国内外棉花价格一路走高，在冲高至近十年最高点后回落，国内棉价跌幅大于国外，国内外棉价持续倒挂。

（一）国内外棉价大幅波动，内外棉价倒挂

国内棉价高位回落。2022 年 1~12 月，中国棉花价格指数（CCIndex3128B）波动区间从 22963 元/吨下降至 14887 元/吨，降幅达 35%。全年平均价格 18810 元/吨，较 2021 年

上涨 918 元/吨，同比上涨 5.13%。分月看，1~2 月国内棉价持续上涨，中国棉花价格指数（CCIndex3128B）从 2 月 15 日升至近十年最高点 22963 元/吨后回落。3 月，纺织品服装订单不足，棉花下游消费持续疲软，国内棉花销售明显慢于往年，棉价止跌企稳；国际棉价上涨，创十年新高，内外棉价差倒挂；此后国内疫情多点散发，加之 6 月底美国"涉疆法案"正式生效，国内棉价断崖式下跌至 14000~16000 元/吨，12 月 7 日跌至年内最低 14887 元/吨，12 月 30 日收于 15046 元/吨，同比下跌 32%。2022 年国内外棉花价格走势如图 7 所示。

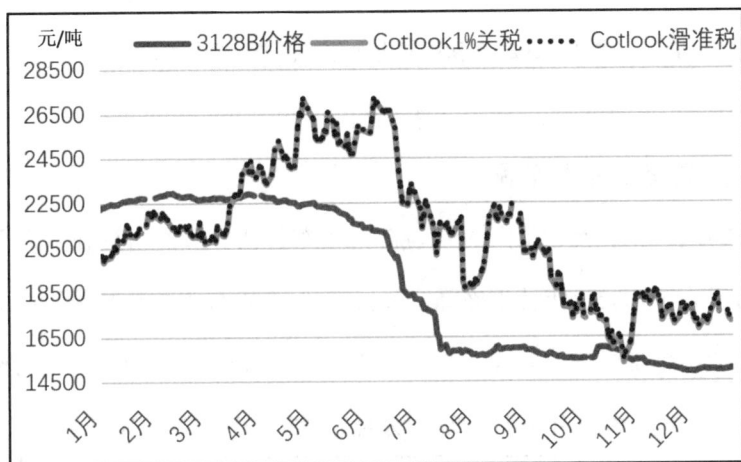

图 7　2022 年国内外棉花价格走势

数据来源：中国棉花协会、Cotlook 网站。

（二）收购价格大幅回落

2022 年 9 月新棉收购期间，受疫情管控以及上年度加工企业大范围亏损影响，企业普遍入市谨慎、经营理智，没有出现抢购现象，收购价格大幅下跌，加工进度有所延迟。中国棉花协会统计，截至 3 月底，全国标准级棉花平均收购价格 6.5 元/公斤，同比下跌 31.7%，其中新疆 6.4 元/公斤，同比下跌 30%。新疆棉花企业收购成本折皮棉在 13300 元/吨左右，销售价格在 14500 元/吨以上，经营状况较上一年度有所好转；内地平均收购价格为 7.8 元/公斤，同比下跌 17.8%。2022 年新疆与内地棉花收购价格走势如图 8 所示。

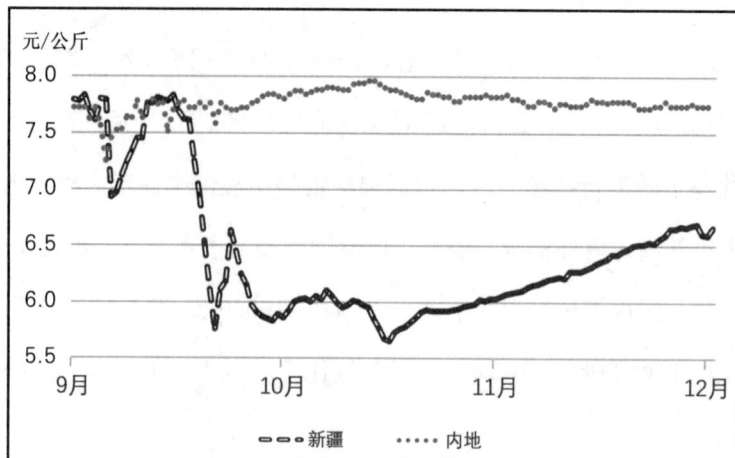

图 8　2022 年新疆与内地棉花收购价格走势

资料来源：中国棉花协会。

（三）郑棉期货成交量先跌后涨

2022 年国内期货价格也经历了大跌大涨,过山车行情。郑商所棉花主力合约全年日均成交量 35.7 万手，于 2021 年持平略降，降低 0.3 个百分点，最高单日成交量 86.4 万手。年末主力合约结算价格为 14210 元/吨，低于年初 6465 元/吨，全年均价为 17477.1 元/吨，同比上涨 0.6%。2022 年郑棉期货主力合约量价情况如图 9 所示。

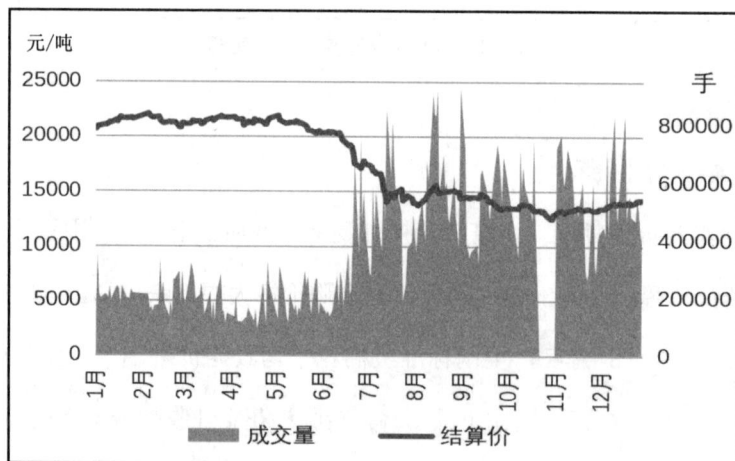

图 9　2022 年郑棉期货主力合约量价

资料来源：郑州商品期货交易所。

（四）国际棉价波动幅度较大

2022 年，国际棉价大幅波动，期现货价格总体呈震荡下跌趋势，年初国际棉价受美股影响，以及俄乌冲突爆发之后在能源、粮食等大宗商品价格带动之下，国际棉价强势上涨，4 月受国际能源谷物市场走高、美国棉区旱情暂无缓解迹象、美棉出口签约超卖等因素影响，国际棉价再创近十年新高，到 5 月 4 日 CotlookA 指数涨至 158 美分/磅。6 月之后美联储加息预期加剧经济衰退的担忧，10 月 15 日 CotlookA 指数下跌至 2022 年以来最低，为 72 美分/磅。ICE 行情类似，近期合约于 5 月 5 日达到全年最高点 173.5 美分/磅，全年均值为 129.7 美分/磅。Cotlook A 指数与 ICE 近期合约结算价格走势如图 10 所示。

图 10 Cotlook A 指数与 ICE 近期合约结算价格走势

数据来源：Cotlook 官网与中国棉花协会。

（五）内外棉价差倒挂

从内外棉价差看，2022 年 3 月 22 日以来，中国棉花价格指数（CCIndex3128B）始终低于中国棉花进口棉价格指数（FCIndex M）1%滑准税价格，内外棉价差持续倒挂。2022 年 8 月 29 日，内外棉价差倒挂到达最高，为 6831 元/吨，之后波动缩小。9 月以后，随着国际棉花价格回落，内外棉价有所缩小，12 月中国棉花价格指数（CCIndex3128B)比进口棉价格指数（FCIndex M）1%滑准税价格低 2000～4000 元/吨。国内外棉价差走势如图 11 所示。

图 11　2022 年中国棉花价格指数 3128B 与 FCIndex M 1%滑准税价差走势

数据来源：中国棉花协会。

四、2022 年棉花供需宏观环境

（一）棉花目标价格政策

2022 年棉花目标价格政策继续实施。当年棉花种植成本上涨，棉价大幅下跌，收购价低于 18600 元/吨的目标价格，补贴政策再次启动，保障棉农的基本收益。自 2014 年国家在新疆启动棉花目标价格改革试点以来，新疆棉农收益得到保障，棉花生产高效集约，棉花质量逐步提升，棉花产业链全面激活，成效显著。

2023 年 4 月 14 日，国家发展改革委、财政部发布《关于完善棉花目标价格政策实施措施的通知》，经国务院同意，在新疆继续实施棉花目标价格政策并完善实施措施，明确了 2023～2025 年棉花目标价格水平为每吨 18600 元；统筹考虑近几年新疆棉花生产情况以及当地水资源、耕地资源状况，对新疆棉花以固定产量 510 万吨进行补贴；同时完善实施措施，着力提升棉花质量，推进全疆棉花统一市场建设，完善配套制度安排。

（二）棉花进口管理政策

1. 滑准税配额发放

2022 年 3 月 11 日，为保障纺织企业用棉需要，国家发展和改革委员会发布公告，发放 2022 年进口滑准税配额数量为 40 万吨，全部为非国营贸易配额，限定用于加工贸易方式进口。

2. 2023 年棉花滑准税继续实施

2022 年 12 月 29 日，国务院关税税则委员会发布公告，2023 年将调整部分商品的进出口关税。2023 年 1 月 1 日起，根据国内产业发展和供需情况变化，在我国加入世界贸易组织承诺范围内，提高部分商品进出口关税，调整后我国关税总水平将从 7.4% 降至 7.3%。根据公布的调整方案，继续对小麦等 8 类商品实施关税配额管理，税率不变，继续对配额外进口的一定数量棉花实施滑准税❶。

3. 储备棉轮入顺利进行

2022 年 7 月，有关部门发布公告，为促进棉花市场平稳运行，2022 年度第一批中央储备棉轮入于 2022 年 7 月 13 日启动，于 11 月 11 日截止。自 7 月 13 日挂牌交易开始，每日挂牌约 0.6 万吨左右，成交量 8.67 万吨，成交率 17%。平均成交价格 15896 元/吨，成交最高价为 16490 元/吨；成交最低价为 15366 元/吨。储备棉轮入有效保障了国内棉价波动，缓解了企业的经营压力。

4. 新疆棉花受到打压

6 月 21 日，美国海关和边境保护局依据美国国会所谓涉疆法案，将中国新疆地区生产的全部产品均推定为所谓"强迫劳动"产品，并禁止进口与新疆相关的任何产品。9 月 15 日，欧盟委员会提议禁止欧盟市场上使用强迫劳动生产的产品。该提案涵盖在欧盟生产的用于国内消费以及进出口的所有产品，不针对特定公司或行业设限。

---

❶ 对配额外进口的一定数量棉花，适用滑准税形式暂定关税，具体方式如下：（1）当进口棉花完税价格高于或等于 14.000 元/千克时，按 0.280 元/千克计征从量税；（2）当进口棉花完税价格低于 14.000 元/千克时，暂定从价税率按下式计算：$Ri=9.0/Pi+2.69\%\times Pi-1$ 对上式计算结果四舍五入保留三位小数。其中 Ri 为暂定从价税率，当按上式计算值高于 40% 时，Ri 取值 40%；Pi 为关税完税价格，单位为元/千克。

我国色纺纱产品发展概述

范轩云鹏

摘要： 文章通过分析国内色纺纱产品在原料、色彩、纱线结构、生产技术等方面的发展，介绍了我国色纺纱的发展概况。整体看，我国色纺纱产品开发不断推进，功能性纱线、环保纱线、差异化结构纱线等品种不断丰富；纤维混合、计算机配色、智能化纺纱等技术逐步趋于成熟；纺纱工艺、技术不断创新，色纺纱产品的应用范围也越来越广。

随着我国纺织工业的不断发展，纺织品已不再是单纯的基本生活品，除了基本的穿着功能以外，更多的是要体现时尚、健康、舒适、运动、环保元素，这就对纺织品的设计和开发提出了更高的要求。由于色纺纱产品具有时尚、环保和科技等特性，且能以"小批量，多品种，快速反应"的特点响应快速多变的市场需求，因此受到市场的广泛欢迎。

一、色纺纱概述

色纺纱就是在纺纱过程中，使用的纤维原料部分或全部为有色纤维纺制成的纱线称为色纺纱。

（一）色纺纱的历史变迁

色纺工艺起源于 19 世纪的欧洲，最早应用于毛纺，后来逐步在棉纺、麻纺等行业推广应用。20 世纪中叶，色纺纱转移至日本、韩国和中国台湾。到 20 世纪 90 年代初期，色纺工艺被引入中国大陆并进入快速发展期。我国企业在进入色纺纱领域后，凭借交货快、供货量大、质量稳定等优势逐渐占据市场主导地位。截至目前，除意大利等少数欧洲国家拥有少量色纺产能外，全球 90% 以上的产能集中在中国。

（二）色纺纱的特点

色纺纱不同于传统纺纱工艺技术，而是采用"先染色、后纺纱"的方式，因此具有以下特点。

1.清洁生产，环保性强

在传统的纺织服装生产工艺流程中，一般都是先纺纱、再染色，或是将本色纱线织成坯布后再进行染色，染色过程中纤维需全部进行染色。其染色过程不仅消耗大量的水资源，还会对环境造成污染。色纺纱技术则颠倒了传统纺纱工艺流程，先对部分纤维进行染色，而后再与原纤维进行混合纺纱，一般色纺纱中染色纤维比例占 30%～35%。由于大部分纤维不需染色，其生产工艺较传统的先纺后染工艺可实现节水减排50%以上，在节能、减排、环保方面具有明显优势，符合纺织品染色走环保、自然、和谐的发展之路。

2.色彩丰富，时尚性强

随着时代的发展和生活水平的日益提高，人们对所穿着服装的时尚化、个性化、流行化要求越来越高，而色纺纱线可以在同一根纱线上显现出多种颜色，色彩丰富、饱满柔和、风格迥异。用色纺纱织成的面料具有朦胧的立体效果，颜色含蓄、自然、有层次，为服装设计师带来更多的创意灵感，引领时尚潮流。

3.克服了多组分纱线染色难问题，科技性强

不同纤维性能各有长短，将多种原料混合纺纱能够综合不同纤维性能的优势，生产出不同性能、不同风格的产品。但不同纤维因其化学性能不尽相同，染色性能也相差甚大，致使混纺后的纱和布染色存在诸多困难。而色纺纱通过"先染色、后纺纱"新技术工艺，将染色环节提到纺纱之前。这种流程的颠倒不仅解决了各种不同化学性质纤维混纺的染色难问题，还解决了染纱染布的缸差问题，富有科技性。

二、色纺纱生产要点

"品种多、批量小、变化大"是色纺纱生产的主要特点，为保证产品品质、提高产品

档次，色纺纱的生产技术关键点除纤维染色、混合外，对车间现场以及纺纱工序的管理也有严格的要求，目前国内企业在色纺纱的生产方面已经形成了比较成熟的管理机制，并且行业内优秀的色纺纱企业在纺纱智能制造方面也进行了大量的探索。

（一）染色技术要点

1. 纤维染色

纤维染色是利用物理或化学的方法，用染料将本色纤维染成有色纤维的过程。一般要求染色均匀，色牢度高。纤维染色过程一般分为吸收、扩散和渗透、定影三个阶段。在吸收阶段，由于分子和离子间的静电引力，染料被溶液中的纤维吸附；在扩散和渗透阶段，被吸附的染料在一定条件下从纤维表面扩散渗透到纤维内部，直至染料溶液中、纤维表面和纤维内部的染料浓度达到平衡；在定影阶段，进入纤维非结晶区的染料通过化学键、分子间作用力和氢键与纤维大分子连接，以获得一定的染色牢度。对于不同染料、不同纤维，染色工艺也不同。常用染料包括直接染料、还原染料、硫化染料、活性染料、酸性染料、分散染料及阳离子染料等。

2. 化纤纺丝原液着色

原液着色纤维是指在聚合物合成或纺丝阶段加入颜料，使颜料颗粒分散在聚合物熔体中，通过喷丝孔挤出后得到的一种有色纤维。原液着色过程属于物理变化，分散在纤维内的颜料颗粒对光线进行吸收、反射、折射等作用达到纤维着色的效果。着色剂有无机染料、有机染料和分散染料等。也可将着色剂预先制成色母粒，纺丝时直接使用。经过多年的发展，原液着色技术已经广泛应用于合成纤维着色。该方法效果优越、工艺简单、绿色环保，尤其适用于按照标准色号进行大规模生产的纤维着色。

（二）纤维混合要点

做好色纺纱的关键点就是如何将不同纤维混合均匀，确保生产便捷、质量达标。混合方式需结合纱线颜色、组分、布面风格等多种因素综合考虑确定。目前常用的混合工艺有"全混""条混"两种，前者立体效应更好，后者各种纤维的混比控制更加精确，部分要求较高的品种也可以采用两种混棉方法搭配使用，具体要根据订单量的多少、各纤维的特性、个别纤维的适纺难度等综合考虑确定。

1. 全混工艺

全混工艺是将色纺纱所需各种纤维，按比例进行混合，通过人工或机器混合均匀后进行打包，然后送入清花工序排包生产。因不同纤维性能存在差异，且每种纤维比例不同，为提升拌花均匀度，机器拌花设备配置及装盘标准均有明确要求。各种不同比例纤维装盘时需按比例均匀排布在圆盘各区域，占比较高的纤维尽量排布在外侧区域，占比较少的安排在内侧排放，装配结束后需"削高填平"，确保各色纤维能被均匀抓取。抓取混合后的原料经过打包，清花生产时要求混合后的棉包横铺，确保均匀。

2. 条混工艺

条混作为常见的混合方式可分为两种：一种是直接搭条混合，即将两种或多种纤维生条先各自预并，然后按颜色、成分要求，将各色条按比例在头道并条直接并合混合，再经过 2～3 道并合做成熟条；另一种是渐进递增条混，即先将要混合的部分有色纤维生条与主导纤维生条先预混做成预并条，然后将其与主导纤维生条再经两道并合，做成熟条。

3. 全混—条混混合工艺

对于两种或多种纤维的混纺比例相差较大时，可以将占比例较大组分的一部分纤维先按比例进行拌花，单独制成预混条，占比例较大组分的另一部分纤维也单独制成预并条，然后将这两种生条再在并条机上按比例进行混合，以达到混合均匀的效果。

（三）车间管理要点

良好的车间管理措施能够有效防止有色飞花污染临近区域原料，减少色差的产生，保证色纺纱的生产质量。经过不断地总结，行业对于色纺纱的生产管理已经形成了一套成熟的办法，一般有以下几项措施：

原料入库要单独存放，外包装完好，原料出库有专人负责。

若没有专用的色纺生产车间，那就要在各个生产工序建立色纺隔离区，隔离区要封闭。

要固定原料、半成品、成品的运输路线；运输时有专用的车辆、专用的布罩和专用容器。

色纺用的棉条筒、粗纱和细纱的筒管要专用，并加强清洁工作。

色纤维、半制品和成品的检验，要有专用的工具，注意清洁。

生产过程中产生的回花及下脚要注意单独存放。

出入隔离区的人员、物品、车辆等注意清洁和检查。

（四）纺纱工序管理要点

纤维预混工序：通过人工拌混、抓棉机拌混、和花机拌混合专用机拌混等方式，对不同纤维进行混合后打包，加强纤维混色均匀度。

开清工序：采用"短流程、低速度、多松少打、多松多混、多排短绒疵点、小束抓取、早落少碎、渐进开松"的工艺原则，加强原料的开松混合作用，减少打击损伤。为防止产生纤维团，减少原料翻滚，通常使用多仓混棉机大容量混合，减少色差产生。

梳棉工序：采取"紧隔距、慢速度、轻定量"的工艺原则，既要保证分梳质量，又要减少色棉损伤、减少明显色结。

并条工序：根据不同的色彩的搭配比例，选择不同的搭配工艺，要使最终并条后的熟条颜色和来样一致。

粗纱工序：采取"大隔距、小捻度、重加压"的工艺原则，重点是控制好纺纱张力，减少意外伸长，提高成纱条干均匀度。

细纱工序：掌握好牵伸力与握持力的匹配度，避免出现牵伸不开，产生短粗节、棉结等纱疵。

络筒工序：掌握好筒子的卷绕密度，以切除棉结、短粗节为主，同时要保障接头质量，必要时加装上蜡装置，增加有色纤维表面蜡质，减少纱线毛羽，提高织机效率。

（五）智能化技术应用

智能制造是纺织行业转型升级的主攻方向，是巩固提升国际竞争力的关键所在，近年来，已有许多优秀色纺纱企业在智能制造领域进行了大量探索，例如通过生产制造环节的

IOT（工业互联网）与 MES（执行制造系统）的联合应用，能够实现清花、梳棉、并条、精梳、粗纱、细纱、络筒等各个环节的生产数据的汇总与分析，最终整个生产环节数据均完整展现在电脑、平板、手机等多个终端，实现纺织工厂的敏捷化、透明化、数字化生产和现代化管理。

三、色纺纱原料的发展

传统多组分纤维混合纺纱后制成的织物，在染色时，由于不同原料其大分子结构差异，对染色上色的适应性不同，容易出现染色不匀和染色疵点，而色纺纱是先对纤维进行染色，因此可以克服不同原料混合纺纱后再染色的技术难题，因此色纺纱对纤维的包容性更强，目前色纺纱所应用的纤维几乎覆盖到了所有的纤维品种。

（一）棉花

棉织物具有良好的吸湿性和透气性，柔软舒适，受到消费者广泛认可。棉花（包括有机棉）一直以来是色纺纱的主要原料，最初色纺纱基本都是纯棉色纺纱。近年来，随着化学纤维着色在色纺纱领域的应用量增加，棉花的用量占比有所下降，色纺用棉花和化学纤维总使用量一直在上升。

（二）化学纤维

自 20 世纪 90 年代起，随着国内外化纤工业的快速发展，合成纤维（涤纶、腈纶、锦纶等）、纤维素纤维（莱赛尔、莫代尔、竹纤维等）、蛋白质纤维（大豆、牛奶、珍珠等）及功能型纤维（吸湿排汗、保暖、抗菌等）等投入工业化生产，为色纺纱对纤维的选择提供了良好的条件，色纺纱生产企业使用原料范围已从原来以棉、涤纶为主，走向多种纤维应用扩展。

色纺用的化学纤维分为原液着色纤维和染色纤维两类，原液着色纤维是在纺丝溶液或溶体加入着色剂，经纺丝而制得的有色纤维。相比于染色纤维，其成本低、污染少，更加经济环保，同时也使得纺纱厂免去了纤维染色环节，降低了企业的技术门槛，推动了色纺纱产业的发展。据相关数据显示，2011～2020 年中国原液着色纤维产量年复合增长率 6.5%，截至 2020 年中国原液着色纤维产量约为 600 万吨。

（三）循环再利用纤维

近些年消费者对循环经济、循环再利用产品认知的提高，为再利用纤维产品提供了广阔的市场空间。各大国际品牌公开承诺要将可持续发展融入公司理念，而循环再利用纤维的使用是实现这一目标的重要途径之一。全球回收标准（GRS）规定，产品使用的回收材料不少于 20%时即可贴环保再生标签，这种措施不仅可以缓解纺织行业资源短缺的现状，而且可以减少纺织品对环境造成的污染，促进时尚行业的可持续发展。

目前行业内纤维的再利用分为两类，一类是聚酯纤维类（包括塑料瓶、品牌商回收的涤纶类衣物等），回收后经过熔融后再重新纺丝，目前国内再生涤纶短纤的产量在 500 万吨以上；另一类是将服装加工过程中产生的边角料，按颜色、原料分类集中，经机械加工拆解成纤维后，再通过纯纺或与新纤维混纺，加工成色纺纱。一些运动品牌与纺纱企业合作，将其服装加工边角料进行回收后再加工，使资源充分利用。

（四）其他纤维

由于色纺纱的广泛包容性，除了棉花、再生纤维素纤维、合成纤维外，羊毛、羊绒、麻、桑蚕丝等纤维也被广泛应用于色纺纱生产，为纺织服装带来不同的功能和风格。

四、色纺纱色彩的发展

（一）从麻灰到彩色

我国的色纺纱产业最初是以麻灰类纱线为主要品种，它由黑白两种颜色的纤维混纺而成，因工艺简单，原料色泽变化小，适合多数企业生产，是新进入企业的普遍选择，目前在色纺纱生产中仍占有较大比重。随着时间的推移，人民的生活水平不断提高，在服装方面对时尚的需求也越发强烈，灰色系色纺纱已经不能完全满足市场的需求。在需求的导向下，国内纺织企业在麻灰纱基础上逐步开发出了色泽丰富多彩、亮丽的彩色纱，并且通过花式纱技术在色纺领域的应用，能够做到在一根纱上出现多种色彩。各式各样的彩色纱，通过与织造工艺配合，能够直接织出带有格子、条纹、几何形状、渐变色等不同风格的面料。彩色纱的开发是适应人们审美的心理需求，紧跟国内外流行色趋势，在纺纱中融合每个时期服饰面料流行色的元素，它改变了麻灰纱色泽单调的格局，推动着色纺纱向多种色彩系列发展，帮助色纺纱拓展了更广阔的应用领域，彩色色纺纱所占比例也在不断增加。

（二）从人工配色到计算机纤维配色技术

色纺纱生产中如何使各种纤维混比正确，混色均匀是色纺纱质量控制的一个关键技术。长期来依靠有经验的调配色人员来进行调色配色工作，但人工调配色受多种因素影响（场地、光源和视觉差异）很难做到批与批之间无色差，且费工费时。企业希望能够找到一种快捷高效的配色方式，于是计算机自动测色、配色技术逐步进被企业应用，其原理是通过研究精细配色方法，设置色彩处理软件利用计算机对纺纱布样成像检测三原色色度，并进行存储，实现用数据描述色差，极大提高配色的准确性，采用计算机调配色技术，既缩短了生产周期，又提高了对色稳定性，减少了对调配色人员的依赖，解决了传统的色纺配色技术存在凭靠经验易造成的产品周期长、质量纠纷多，信息不能储存、不能用数据描述色差的问题。

（三）时尚与色彩创新

色纺纱与时尚和环保的距离是整个纺纱行业中最近的，优秀的色纺纱企业已经不再满足按普通色卡和来样进行生产，开始有意识地进行跟踪和分析流行趋势，并研制自己的特色色卡，发布色纺纱色彩趋势并与最新的科技相结合研发更多新产品。

五、色纺纱品种的发展

（一）均一结构色纺纱

均一结构色纺纱是指含两种或两种以上不同色泽的纤维在开清棉工序混棉或并条工序混条后纺制而成，且具有传统纱线均匀一致的形态结构特征，如麻灰纱、彩色纱等。需要注意的是，纤维染色之后的可纺性会下降，特别是棉纤维，强力损失、短绒增加。化学纤维染色之后的可纺性通常也会出现下降，即便是原液着色的有色纤维，与本色纤维的可纺性能也是会有差异，故纺纱时各道工序的工艺需按照染色原料特性进行重新设计。

1. 麻灰纱

在纺纱过程中把黑色纤维与本色纤维经过充分均匀的混合后，纺制成具有独特混色效果的色纱称为麻灰纱，其颜色随着混纺比例变化呈不同灰色梯度变化，外观效果与染色的纯色纱线不同，具有点状色彩分布效果。常见的麻灰纱有涤/棉麻灰纱、纯涤纶麻灰纱及纯粘胶麻灰纱等品种。

2. 彩色纱

彩色纱是在麻灰纱基础上发展起来的色纺纱，它由一种或几种彩色纤维与本色纤维，或多种彩色纤维按不同配比混合纺纱制成。彩色纱以色彩作为主打，根据时尚流行色选定色彩进行搭配，常见的彩色纱主要有红、橙、黄、绿、咖啡、蓝、紫。彩灰等多种色系的产品，色彩表现丰厚、饱满、柔和。生产中可采用不同原料、不同色彩进行组合，可形成风格各异及不同服用性能的新花色、新产品。它改变了麻灰纱色泽单调的格局，可满足消费者对时尚的追求和个性张扬。

3. 多纤维混纺色纺纱

随着人们对纺织品的要求不断提高，继麻灰纱与彩色纱之后，国内色纺纱企业成功研发并生产多纤混纺色纺纱。它与麻灰纱、彩色纱的最大区别是组成纱线的原料品种变化。在天然纤维中常用的有棉、羊毛、桑蚕丝、麻类纤维等，在纤维素纤维中常用的有粘胶纤维、竹浆纤维及莱赛尔、莫代尔等，在合成纤维中有涤纶、腈纶、锦纶、维纶等，以及大豆纤维、牛奶纤维、甲壳素纤维、阻燃纤维等功能型纤维。由于各种纤维均有一定的优点与不足，采用多种纤维混纺，可以取长补短，使各种纤维的优良性能充分发挥，如羊毛的优良弹性、蚕丝的靓丽光泽、麻纤维的抗菌吸湿快干性和凉爽性、涤纶的高强度等。这些纤维原料在色纺纱中的应用，丰富了色纺纱品种，并改变了用棉花单种纤维生产色纺纱的一些缺陷，在生产中既可提高可纺性，又可改善制成服饰的服用性，还能按需求赋予织物如抗菌、阻燃等特殊功能。

（二）差异化结构色纺纱

随着消费者追求面料个性化、时尚化及多样化的需求，传统均一结构色纺纱已无法满足市场需求，纺纱企业通过技术创新，对色纺加工工艺过程进行控制，使纱线色彩、结构呈现随机或规律性的差异化或显著变化，逐渐开发出一系列差异化结构色纺纱。常见的差异化结构色纺纱有彩点纱、彩节纱、彩色竹节纱、段彩混色纱、渐变混色纱等。

1. 彩点纱

彩点纱通常采用含有"彩点"的彩点条与普通色纺条通过条混工艺纺制，首先将彩色纤维原料在经过改造的专用梳棉机上加工成彩点，然后在梳棉工序将彩点添加至普通色纺棉卷的喂入棉层中，经梳棉机梳理制成彩点条，再将彩点条与普通色纺棉条在并条工序并合后，经粗纱、细纱、络筒等工序最终纺制成彩点纱。

彩点纱在赋予面料点状色彩效果的同时，还能呈现出竹节的凹凸纹理效果，有在深色底纱上附着浅色彩点，也有在浅底纱上附着深色彩点。彩点纱线各色段的分布、长度、循环次序等参数均会影响织物的色彩图案分布，合适的参数能够提升产品的色彩表现力。用彩点纱织成的面料外观会呈现一种类似星星闪闪的点子效果，视觉冲击力强，色彩变化丰富，律动多样。

2. 彩节纱

彩节纱通常采用含有"短片段色纱"的条子与普通色纺条通过条混工艺纺制。彩节纱与彩点纱的区别主要是彩节纱中的彩节为长度较短的色纱片段，而彩点纱中的彩点是纤维团。彩节的制备方法是，首先将色纱在纱线切断机上切成 4～8mm 的纱段，然后将纱段均匀铺好重新喂入梳棉机进行梳理，使纱段边缘和主体上形成绒状毛羽，获得有效模糊化的纱段。再将这些模糊化纱段在梳棉机上与普通色纺棉卷一同喂入特殊工艺的梳棉机，制备成含有彩节的条子。再与普通色纺条经并条、粗纱、细纱各工序纺制成彩节纱。

相比于彩点纱，彩节纱中的彩节相对较大，将彩点纱中的"彩点"用"彩节"替代，可以通过控制彩色纱线的切断长度控制彩节纱中的彩节大小，用彩节纱纺制成的产品会呈现彩色星点或结子分布效果，带来五彩缤纷的视觉享受，从而极大地丰富了产品外观。

3. 彩色竹节纱

彩色竹节纱是通过细纱混色模式实现纤维混色，其特点是纱线色彩与结构的多样化。彩色竹节纱技术是在竹节纱技术基础上发展而来，将后罗拉与主机传动剥离，采用伺服电动机单独驱动，并改变粗纱喂入形式，一根粗纱为主体粗纱连续喂入中罗拉，另一根粗纱为辅纱喂入后罗拉，通过控制后罗拉的间歇运动，使辅纱断续喂入，与主纱叠加成纱，最终纺制成拥有段彩效果，同时段彩处为竹节的彩色竹节纱。

区别于一般竹节纱，彩色竹节纱是一种在长度方向兼具粗细变化和颜色不连续分布现象的纱线，它结构独特新颖，色彩多样，从形态上有竹节效果，外观上兼具段彩效果，材质多以棉、麻、化纤为主，既可用于轻薄的夏季织物和厚重的冬季织物，也可用于装饰织物，花型突出，风格别致，立体感强。

4. 段彩混色纱

段彩混色纱技术是在彩色竹节纱技术的基础上演变而来，纺制时喂入的粗纱有主、辅之分，从中罗拉喂入的粗纱称为主纱，从后罗拉喂入的粗纱称为辅纱，生产段彩混色纱均采用多台伺服电机控制，后罗拉间歇运动，辅纱在纱线中呈断续分布，形成段彩，在辅纱喂入时，中罗拉速度变慢，辅纱停止喂入时，中罗拉速度变快，以维持纱线整体线密度基本恒定。

段彩混色纱织成的布面图案形式变化无穷，色彩迷幻绚丽，在纺纱和织造过程中，通过合理控制相关工艺参数，如段彩纱色彩变化长度、循环结构规律及织物幅宽等，可以使纬编针织物的表面呈现横条纹、竖条纹、交叉条纹、菱形、平行四边形、分散点状、长方形、正方形等不同的形状，结合组织结构设计，在平行四边形的基础图案上，也可灵活变换出箭头形、Z 字形，双色 Z 字形及 Z 字嵌于墨蓝色边框形等不同风格的织物图案，为纺织品设计和生产带来更多选择性。

5. 渐变混色纱

渐变混色纱工艺是基于双通道纺纱技术实现的，在纺制渐变混色纱时，两根异色粗纱分别喂入两个独立的牵伸通道，一个通道的牵伸倍率增大，另一个通道的牵伸倍率随之减小，实现两通道的差动牵伸，使两色粗纱在细纱中的比例变化，但维持各混纺比纱线片段的线密度稳定，形成渐变色效果，实现多色彩多色相在纯度和明度上的渐变，最终纺制出一根连续且颜色渐变的纱线。

同段彩纱相比，渐变纱颜色变化梯度小，颜色变化过渡更自然，渐变色彩呈现方式一般以纵向或横向渐变形式为主，纺制成的织物风格新颖，整体颜色既具有规律性，又不失细节变化。

（三）用新型纺纱技术创新开发色纺纱线

新型纺纱技术目前在国内纺纱中应用的主要是转杯纺和喷气涡流纺两种。

转杯纺是新型纺纱中技术最成熟，使用最多的一种新型纺纱技术，尤其是进入 21 世纪以来，我国转杯纺产能进入快速增长期，据统计，目前我国转杯纺产能已接近 200 万头。转杯纺工艺生产的色纺纱具有条干均匀、纱疵少、耐磨性高的优点，同时因纺纱工艺流程缩短，用工节省，生产效率高，可为企业获得较好的经济效益，是新型纺纱技术在色纺纱中应用的成功范例。目前转杯纺色纺纱在针织品、绒类织物以及装饰布与床上用品等方面取得了广泛应用。

喷气涡流纺与转杯纺一样具有纺纱流程短，生产效率高，质量在线监控、自动化、智能化程度高等特点。同时由于其成纱机理是包覆结构，有芯纱与外包纱组成，使制成织物布面光洁毛羽少、耐磨性好、抗起毛起球性等优良性能，是其他形式纺纱技术无法替代的。目前国内企业已成功开发出多种规格的喷气涡流纺色纺纱，如功能型涤纶混纺纱、涤棉混纺系列色纺纱、喷气涡流纺包芯纱等，在运动休闲、家纺等领域具有较强的竞争优势。

六、色纺纱产品标准体系

随着我国色纺纱行业的不断发展壮大，为确保对色纺纱的质量属性作出全面、客观、公正、科学的判定，以及为色纺纱产业发展和技术进步提供基础技术支撑，行业有针对性地制定了 FZ/T 10021—2013《色纺纱线检验规则》和一系列色纺纱标准，涵盖了不同纺纱方式与不同纤维种类,建立了一套有效的色纺纱质量评价体系，为行业健康发展提供助力。

目前色纺纱现行相关标准共计 29 个，其中行业标准 25 个，团体标准 4 个。按标准化对象分类，这些标准中包括产品标准 26 个和方法标准 3 个。产品标准涵盖了使用棉、麻、羊毛、再生纤维素纤维、化纤、循环再用纤维等各类原料的色纺纱；竹节、包芯等差异化结构色纺纱；以及喷气涡流纺与转杯纺色纺纱。方法标准则对色纺纱线检验规则、色纺纱绿色设计产品评价技术规范和色纺纱行业绿色工厂评价要求做出了相关规定。

七、色纺纱面临的机遇与挑战

当前，绿色发展成为全球产业发展刚性要求，"碳达峰、碳中和"已经成为国际共识与国家战略。绿色发展不仅成为纺织品服装供应链采购决策和布局调整的现实影响因素，也将是纺织服装产业国际竞争力和话语权的重要体现。我国已制定 2030 年前实现碳排放达峰、2060 年前实现碳中和的目标，对纺织服装产业绿色发展形成刚性要求，更为节水减排、符合低碳环保要求的色纺纱行业成为纺织业中朝阳产业之一，发展前景广阔。

但与此同时，我国色纺纱生产企业也面临着巨大的挑战。近年来受色纺纱市场良好发展的吸引，大量的企业开始从事色纺纱生产，但大多数中小型企业受工艺技术、资金限制、客户等影响，生产品种单一，同质化竞争现象日趋严重，价格战引发收益率不断下降，不利于行业良性发展。

　　未来，色纺纱企业应加强智能生产技术应用，推动产业数字自动化发展，进一步提高生产效率，降低产品碳排放。同时，企业要紧跟世界流行元素趋势，打造自身时尚品牌，开发更符合市场消费需求的绿色、科技、时尚的差异化色纺纱产品，不断尝试、拓展色纺纱下游应用领域，推动行业高质量发展。

棉纺织产业集群高质量发展现状及建议

马　琳

摘要：本文以中国纺织工业联合会（以下简称中国纺联）第五次全国纺织产业集群复查资料、各产业集群填报数据信息以及对集群服务的调查情况为依据，梳理棉纺织产业集群发展现状，分析产业集群发展特色及趋势，对产业集群高质量发展提出建议。本文涉及的"棉纺织产业集群"系由中国纺联和中国棉纺织行业协会（以下简称中棉行协）命名的棉纺织产业集群试点地区（包括与化纤、印染、服装等行业协会共建集群）。

一、棉纺织产业集群的发展阶段

自 2002 年开展棉纺织产业集群共建试点工作以来，中国纺联每三年进行一次产业集群复查工作，根据最近四次（2012 年、2015 年、2018 年、2021 年）复查汇总的集群统计数据分析，结合经济运行周期以及纺织产业的发展进程，棉纺织集群的发展历程可以归纳为集群经济迅速扩张（2002～2012 年）、特色集群相继涌现（2013～2018 年）、加快推进高质量发展（2019 年至今）三个阶段。每个阶段的亮点与成绩、做法与经验都值得深入总结。

（一）集群经济迅速扩张（2002～2012 年）

2001 年，我国正式加入国际世界贸易组织（WTO），棉纺织产业迎来黄金发展期，棉纺织企业数量开始迅速增长，产业空间集聚形态逐步形成。最初的产业集聚主要依靠市场力量自发形成，随着共建试点工作稳步推进，集群所在地政府的积极性被有效调动，基础设施建设、公共服务平台搭建等相继展开，政府、企业、协会共同推动着产业集群的健康发展。截至 2012 年，我国棉纺织产业集群数量 22 个，分布在 7 个省市自治区，其中 80%在东部及华南地区，主要集中在山东、江苏、广东等省份。这些地区作为我国改革开放和经济发展的先行区域，市场经济发展最为活跃，成为棉纺织产业集群最为集中的区域。

十年间，棉纺织产业集群资本不断壮大，工艺技术装备水平大幅提高，产品逐步升级换代，产销结合更密切，企业社会责任感不断增强。集群经济的优势主要表现在区域产能规模、知名度等方面，集群企业在议价能力、劳动力资源、产品销售等方面的竞争优势不断提升。

这个阶段，棉纺织产业集群的发展取得了亮眼的成绩，凭借规模效应的红利，基本完成了将集群经济"做大"的目标。在发展过程中主要表现为以下特点：一是，多数集群以纯棉本色纱、白坯布、牛仔布为特色，以常规品种为主，产品销售到广东、福建等专业市场；二是，集群发展以扩张规模、抢占市场份额、打造良好口碑为主要目标，集中力量发展产业链某个环节的绝对优势；三是，集群内企业的竞争力主要表现为价格优势，多数企业采取薄利多销、以产定销的经营模式。

（二）特色集群相继涌现（2013～2018 年）

2013 年以后，棉纺织产业集群规模继续发展壮大。尽管企业单体规模以中小企业为主，但逐步在国内市场中站稳脚跟，占据较为稳定的市场份额，并积极参与到国际市场竞争中。棉纺织产业集群地的产业配套逐渐完善，产业协同效率较快提升，集群经济增长动力不断蓄积，成为棉纺织产业稳定高效发展的重要支撑。这一阶段，一些集聚地区的棉纺织企业意识到行业内出现了产品同质化，造成竞相压价的现象，开始致力于在细分市场领域选择性地生产差异化产品，产业集群专业化分工趋势更加明显，因此越来越多的特色集群相继涌现。在此期间，部分地区积极创建以粘胶纱、绿色高端纯棉纱、色纺纱等为特色的棉纺织产业集群。截至 2018 年，棉纺织产业集群数量增加至 30 个，分布在 11 个省市自治区，其中中西部地区数量增加至 8 个。与上一发展阶段相比，集群分布范围更广，重心向中西部转移。

在政府大力支持、协会正确引导、企业积极转型的共建努力下，棉纺织产业集群在这个阶段实现了良好有序的发展，竞争优势进一步夯实。一是，布局更加合理，资源集聚效应更加明显；二是，更加注重共建培育过程，共建工作经验更加丰富，公共服务平台逐步搭建；三是，集群发展层次更加侧重深度，集群企业更加重视质效，在保持集聚规模和市场份额的基础上，更加倾向于向深加工、高附加值转型，更加注重提升经营质效。

根据国家统计局及集群统计数据，2012～2018 年，从工业总产值、利润总额的年均增速看，棉纺织产业集群快于棉纺织行业规模以上企业；充分说明产业集群的发展在规模稳定增长的同时取得了运行质效的提升。

（三）加快推进高质量发展（2019 年至今）

2019 年以来，各棉纺织产业集群根据自身发展现状，梳理发展思路，进一步明确发展目标。通过创建纺织园区，集体搬迁集中管理；引进重点项目，延伸下游产业链条；提升管理水平，配套政策引导；聚焦科技创新，提升区域品牌影响力等有效措施，加快推进高质量发展。

棉纺织产业集群大多集中于县域和乡镇，在就业、纳税、社会稳定等方面对地方经济发展的贡献不断扩大，在地方经济中的地位进一步稳固，在构建工农互促、协调发展的新型产业关系中具有特殊作用，与乡村振兴同频共振。在赛迪顾问公布的 2022 年全国百强县榜单中，位列前五位的县市均为纺织服装产业集群地，位列前三位的县市均为棉纺织产业集群地。

截至目前，我国棉纺织产业集群数量 31 个，分布在 12 个省市自治区，其中中西部地区占比达到 32%。从集群纺织工业总产值规模看，高于 100 亿元的集群数量占比 50%，比 2018 年提高了 20 个百分点。集群纺织工业产值在当地工业产值中的比重一般在 30%～40%，部分集群可达到 50%～60%。在新冠病毒疫情防控时期，集群中有条件的企业转产医用防护服、罩衣等防护物资。棉纺织产业已经逐步成为集群地区可持续发展可靠的保证和有力的支撑。

二、棉纺织产业集群的发展现状

当前，产业集群在汇聚生产要素、优化资源配置、营造产业生态等方面的影响将越发深刻，棉纺织产业集群的高质量发展意义重大。

（一）棉纺织产业集群的区域分布

截至目前，我国东部及华南地区的棉纺织产业集群主要集中在江苏、山东、广东等省份；中部地区主要集中在河南、湖北等省份；西部地区，分别在新疆维吾尔自治区和四川省。棉纺织产业集群的区域分布占比情况如图1所示。

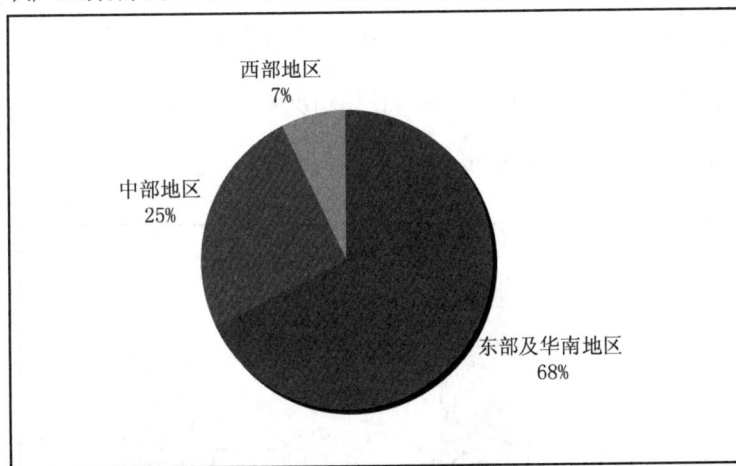

图1 棉纺织产业集群的区域分布

数据来源：中国棉纺织行业协会。

从区域分布看，棉纺织产业集群中的中西部地区集群合计占比32%，与2018年占比相比，提高了6个百分点。近年来，棉纺织产业区域转移进度加快，中西部地区以"集群化"的形式进行产业承接，对当地纺织产业发展做出了突出贡献。如新疆维吾尔自治区石河子市，凭借棉花原料、电价、税收优惠、运费补贴等资源和政策优势，承接了来自江苏等地区的转移投资；再如江西省奉新县，通过规划先行、强力招商积极承接来自福建等地区的转移投资，经过多年的发展，由小到大，由弱到强，不断壮大，目前已成为省内发展速度最快、产业链最完整的纺织产业基地之一。棉纺织产业集群的布局以资源、政策为导向，为优化资源配置、协调区域经济发展发挥重要作用，更将成为未来实现共同富裕的重要途径之一。

（二）棉纺织产业集群的行业贡献

棉纺织产业集群在棉纺织行业发展中的地位举足轻重，集群经济效益正在成为我国棉纺织业发展的重要指标之一。

数据显示，截至目前，集群内企业数量约 2.4 万户，规模以下的企业占比 90%左右，工业总产值合计约 4000 亿元；从业人员平均数 60 万人，占全行业的比重约 30%，与 2018 年基本持平。棉纺织产业集群纱产量合计 530 万吨左右，占全行业的比重约 28%，布产量合计 106 亿米，占全行业的比重约 21%，与 2018 年占比相比，纱产量、布产量占比分别提高 4 个和 9 个百分点，如图 2 所示。从原料使用情况看，纺纱产业为主的棉纺织产业集群合计用棉量在 250 万吨左右，占棉纺织全行业用棉总量的 1/3 左右。

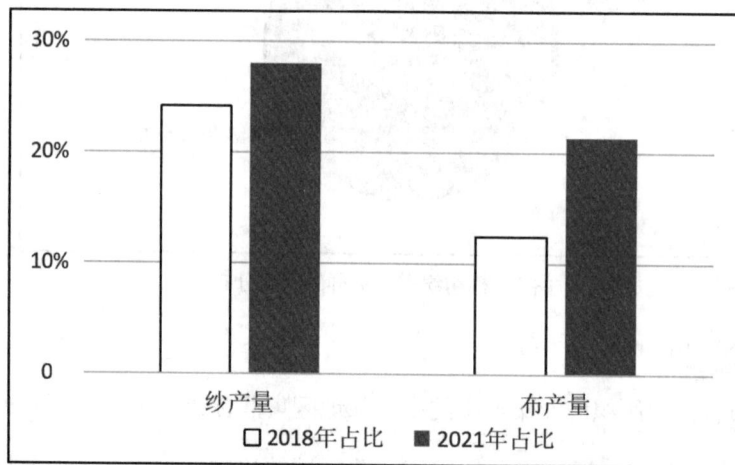

图 2　棉纺织产业集群产品产量占全行业的比重

数据来源：中国棉纺织行业协会。

近年来，尽管受到中美贸易摩擦、新冠肺炎疫情、俄乌冲突等多重因素的持续影响，全球经济下行压力不断加剧，我国纺织行业也不可避免地面临增速放缓、出口受阻等不利形势，但棉纺织产业集群积极调结构转方式，工业总产值、从业人员数量保持基本稳定，产品产量占全行业的比重稳中有升，为棉纺织产业的平稳健康发展做出了重要贡献。

（三）棉纺织产业集群的发展特点

在政府支持、协会引导、企业转型的共同努力下，集群总体实现了良好有序的发展，在棉纺织产业竞争中的优势得到进一步夯实。棉纺织产业集群的发展主要表现出以下特点。

1. 大中小企业和谐共存，共同构建良好的产业生态

基于产业集群良好的产业基础和经营氛围，集群龙头企业的引领带动和中小企业的快速成长共同构建了良好的产业生态。一方面，规模以上企业在集群经济中起到了重要的稳定器作用。根据棉纺织产业集群汇总数据，截至目前，规模以上企业中 23%的企业营业收入超过亿元；从业人员数量占比集群从业人员总数的 64%，完成了集群纺织工业总产值的 79%、出口交货值的 87%、利润总额的 82%；人均产值高于集群企业平均水平 20%以上，人均利税高于集群企业平均水平 25%左右。另一方面，规模以下企业不断发展壮大，创造出新的增长点，是集群经济不可或缺的重要组成部分。如山东省临清市，集群企业中 20%的规模以上企业完成了 90%的工业产值，保障了集群经济的平稳发展，同时该市下属的金郝庄镇，以中小企业为主力军，疫情期间在当地政府的鼓励和支持下，快速反应、灵活调整、互帮互助、逆势而上，2020~2022 年规模以下企业数量占比提升 10 个百分点，超过了规模以上企业数量。

2. 高度重视产业地位，持续完善产业链条

完整的产业链能够产生巨大的吸附效应，强链补链成为产业集群的必修课，多个省份的集群推行"链长制"。例如江西省组建纺织服装产业链创新联合体，通过引进重点项目、精准配套政策，以集群为载体，做大做强产业链条；河南省新野县，成立链长制专项工作机制，由县级干部牵头，绘制产业链图谱，按照"一个产业链、一套班子、一个方

案、一抓到底"的原则，着力产业链下游的关键项目；山东省郓城县，始终把纺织产业作为"一把手工程"来抓，对每个重点项目、重点企业，都明确一名县级领导干部作为联络点，成立一个工作班子，实行全托式服务，全力协调并解决项目建设和生产经营中存在的困难和问题。

3. 践行绿色发展理念，聚焦绿色制造体系

在"双碳"背景下，集群地区建设基础设施、优化生态环境、规范运行管理、协调产业发展，积极推进绿色制造体系的建设，部分地区将碳排放强度指标纳入综合绩效考核各类评价中。例如湖北省汉川市马口镇、襄阳市樊城区等集群的龙头企业成功创建国家级绿色工厂，部分特色产品被认定为绿色设计产品；湖南省华容县大力发展二次能源和水资源循环利用，实现污染防治从"末端治理"向"源头预防"转变，多家企业列入省级清洁生产示范企业，成功创建了省级绿色工厂，由政府部门牵头积极推动创建"绿色纺织产业园区"。截至目前，棉纺织产业集群中超过 1/4 的集群中已有企业成功创建为国家、省、市各级绿色工厂。

4. 积极扩大区域品牌影响力，为产品注入附加值

各产业集群地政府，集群地纺织协会、商会等牵头组织集群企业抱团参加国际纱线、面料展会，推广集群品牌形象。如江苏省湖塘镇、沛县，山东省临清市、夏津县等集群，政府配资补贴参加展会，企业开设直播通道，加大对区域品牌和集群形象的宣传报道力度和深度，逐步提升产品附加值和溢价能力。

5. 加快传统产业转型升级，不断注入新的发展活力

为了推动棉纺织传统产业转型升级，集群地政府成立工作专班，建立常态化的挂钩联系制度；面对各类成本持续增长、产业向外转移、环保压力加大等发展瓶颈，大力发展总部经济型。如山东省临清市，定期研究产业规划实施中的问题，实行个性化培育，引导中小企业以经济适用为原则对技术装备进行改造升级。如江苏省湖塘镇从配套加工向自主开发转变，按照"高起点、高标准、创新型、生态型"原则，重点发展新材料、新技术、新工艺、新产品，强化产学研合作和标准建设。江苏省先锋街道在行政区划调整同期，重新规划产业的空间布局，优化产业结构，精准定位海外客户，着力于研发、设计、品牌、营销等环节。

6. 不断做优、做精、做强，全面推进高质量发展

在保持规模和市场份额基本稳定的基础上，集群企业更加倾向于向深加工、高附加值转型。在政府与协会的引导和培育下，下游服装、家纺、针织领域中高端知名品牌商高要求、严验厂的共同作用下，集群企业高支纯棉精梳纱、再生环保色纺纱、差别化特种纱线、高档色织布面料、新工艺牛仔面料等特色产品的订单档次不断实现突破，在科技创新、研究开发、知识产权、智能制造等方面表现抢眼，获得了多项专利技术，国家级、省级、纺织行业专精特新、隐形冠军、智能制造示范等荣誉称号，国家和省市科技进步奖等，为提升集群整体竞争力做出了重要贡献。

三、棉纺织产业集群高质量发展建议

（一）目前存在的主要问题

近年来，尽管棉纺织集群保持了较为平稳的发展，中棉行协跟踪数据显示，集群企业经济效益指标总体表现仍不及全行业平均水平。在市场竞争加剧的形势下，集群中小企业经营压力持续加大。根据中棉行协对棉纺织产业集群调查（以下简称集群调查）结果看，集群在发展中存在如下一些共性问题。

1. 区域发展不平衡

截至目前，我国棉纺织产业集群以东部及华南地区为主，数量合计占比 68%，东部及华南产业集群工业产值合计占比 81%，其中产值占比较大的为江苏省、广东省、山东省，分别占比 46%、12%、9%，而中西部产业集群工业产值不足 20%。由此可见，东部和中西部的棉纺织产业集群在布局、结构、产值、资源、市场、资金、政策等发展要素等各个方面仍存在着较为明显的差异，在东部向中西部的转移过程中，区域发展的平衡性、协调性、可持续性仍有巨大发展空间。

2. 产业扶持力度不够

部分产业集群大力发展高新技术产业、服务型产业等新兴产业，对纺织产业的定位摇摆不定，支持力度不够。根据集群调查情况，被调查的集群中有 50%左右的集群地尚未就纺织产业制定"十四五"发展规划或指导意见；据调研了解，较多集群对于中小企业的政策和资金支持力度不足且不够精准。

3. 公共服务平台待完善

我国纺织产业中 90%以上为中小企业，棉纺织产业集群更是以中小企业为主，除了生产经营，大多数企业不具备足够的人力、物力、财力在信息网络、技术研发、质量检测、管理创新等方面开展相关活动。对此，公共服务平台建设的作用显得至关重要，是产业集群转型升级、提升整体竞争力的重要支撑。

集群调查结果显示，被调查的集群中超过 60%的集群尚未建立公共服务平台，相关服务更是滞后于产业发展的需要；对于市场信息、咨询服务、金融合作、财务管理方面具有较多需求的集群占比分别为 75%、67%、33%、25%。

4. 用工紧缺且储备不足

与其他工业横向比较，纺织工业仍属于劳动密集型工业，在工业从业人员中占比十分之一左右。与纺织工业中上下游产业纵向比较，棉纺织工业从业人员占比同样在十分之一左右。尽管近年来棉纺织工业智能化的加速推进，生产效率持续提升，用工水平不断下降，但用工总规模依然较大，对从业要求、人员素质等都提出了新的要求。集群调查结果显示，对技术操作、专业理论、企业管理方面具有培训交流需求的集群占比分别为 64%、43%、35%。

近年来，在中国就业培训技术指导中心发布的《全国招聘求职 100 个短缺职业排行》中，纺纱工、织布工持续被列入在内。集群调查结果显示，被调查的集群中 90%以上的集群用工紧缺、员工老龄化问题较为突出。一方面，很多人才外流到大城市，留在县镇的年轻人不愿意从事纺织行业；另一方面，随着时代发展，纺织行业对从业人员不断提出新要求，企业员工素质同样面临挑战。

（二）未来发展建议

"十四五"期间，我国对打造产业集群的重视程度提升到前所未有的新高度，对中小企业政策支持力度也不断加强。棉纺织产业集群迎来了新的发展机遇期，应立足产业链核心基础，发挥区域资源要素优势，塑造竞争新优势，全面推进高质量发展，向着现代化先进制造业产业集群加速前进。

1. 提高集聚水平，协调区域发展

纺织行业"十四五"发展纲要提出，将"推进高水平产业集聚发展"作为发展重点任务之一。一方面，推动建设世界级纺织产业集群。成熟产业集群地区应发挥产地型专业市场和产业链配套优势，突出先进、绿色制造优势，建设高水平、现代化和智慧型产业集群，提升区域品牌影响力。新兴产业集群地区应以产业园区为载体，与成熟地区紧密协同发展，建设现代纺织产业制造基地，并积极融入全球纺织产业供应链。另一方面，创新集群间产业转移合作模式。支持东部地区集群通过托管、共建等形式支持中西部地区集群的发展。鼓励东部地区集群科技创新成果在中西部、东北地区集群孵化转化。产业集群地政府部门应加大对产业龙头企业跨区域布局的关注，通过吸引龙头企业走进集群，通过兼并重组、建立基地等方式，带动集群中小企业融入供应链体系。

不同区域的棉纺织产业集群应分别落实产业发展重点，发挥各自优势，协调发展。通过推进产业链供应链上下游精准对接，形成跨区域联动发展效应，打造具有竞争力的产业链供应链生态体系。东部地区的产业集群，应重点加强利用国际国内资源的能力，发展全球领先水平的研发、设计、品牌中心及棉纺织智能制造、高端制造示范基地，提升在全球价值链的分工定位；引导培育集群内龙头企业成为单项冠军、专精特新、小巨人等领先企

业，带动实现大中小企业融通发展。中西部地区的产业集群，以原料、土地、劳动力等资源条件为基础，充分发挥后发优势；依托龙头企业带动中小企业快速成长，拉动相关配套产业的联动，尽快完善服务配套和综合投资环境，吸引龙头企业扩大在中西部地区投资力度；扩大农村富余劳动人口本地就业规模，提升劳动技能，带动乡村振兴，助力集群地区的工业化和城镇化建设。

2. 锁定发展方向，培育竞争优势

"十四五"期间，我国纺织行业定位于科技创新、品牌时尚、绿色发展，棉纺织产业集群的发展将以绿色化、数字化、智能化作为培育集群竞争新优势的落脚点。

一是，加快构建绿色制造体系。当前正处于构建绿色制造体系的最佳机遇期和风口期，产业集群应把握时机，统筹规划绿色发展，建设基础设施、优化生态环境、规范运行管理、协调产业发展，为区域经济发展创造更大的生态系统产值，聚焦"双碳经济"新增长点。同时，鼓励具备条件的集群企业创建绿色工厂，为获取资源、资本、市场、人才、政策等带来更多的空间。

二是，深度融合数字与实体经济。与产业集群规模效应相同，"数字经济"同样符合规模报酬递增的规律，具有明显的网络效应。产业集群应利用先天的规模优势，统筹搭建数字化信息服务平台，融合信息和科技手段，承接电商下沉县域市场，提高集群中小企业的参与度，实现集群优势的持续积累和放量扩大，加快打造新经济增长极。

三是，加快推进智能化建设。棉纺织产业集群内有条件的企业，应加快智能化改造，建设智能化车间、智能化工厂，优化生产流程，提高生产效率，并以此应对缺工问题。

3. 发挥多方合力，升级公共服务

构建"政企协产业利益共同体"，发挥联动协作的机制作用，凝聚高度黏性的发展合力。集群地方政府、管理机构、科研院所、重点企业、行业协会等各方应通力合作，优化各主体发展环境，创建公共服务平台，向集群企业提供高质量、精准化的公共服务，助力集群企业整体提升发展。

首先，集群地政府应对棉纺织产业未来的发展进行顶层设计、规划先行，同时解决经济外部性问题。统筹协调合理布局、加强优化营商环境、提升公共服务水平、推出创新制度安排等是产业集群地留住本地企业、吸引外来投资的重要条件，是实现产业良性循环可持续发展的主要手段，是打响区域品牌、擦亮集群名片的有效途径。总之，棉纺织产业集群的成长和壮大，离不开各级政府的关心支持。

其次，行业协会将围绕纺织工业的"十四五"新定位，即国民经济与社会发展的支柱产业、解决民生与美化生活的基础产业、国际合作与融合发展的优势产业，从行业层面指明发展新方向，深挖发展新潜力，引导发展新趋势，激活发展新动力。积极推动落实国家政策，全面整合相关资源，协调解决企业所盼所需所想。

最后，企业要充分利用产业集群的有利条件，在集群这片沃土上茁壮成长，大小中企业协同发展、抱团取暖。具备条件的集群企业可组织成立行业协会，积极发挥采购、协作、自律、维权等功能，共同营造公平竞争、有序发展的发展环境。产业集群地的中小企业要在龙头企业的带动下，发挥互补优势，积极向专精特新、小巨人和单项冠军等方向努力，深耕特色产品，增强创新能力，提高全要素生产率和核心竞争力。

4. 夯实人才根基，激发发展活力

根据经济学理论，中长期的潜在经济增长率主要取决于劳动力、资本与全要素生产率的有效供给和利用效率。人才在经济发展中起决定性作用。棉纺织产业集群的高质量发展需要建设一支符合新时代发展要求的高水平人才队伍，全面夯实人才根基，激发集群转型活力。

适应新时代产业发展的人才需求，从培养培训到用人留人，从专业技能到综合素质，从管理人员到技术骨干，不断扩大人才培养规模，完善人才储备机制，实行人才引进政策，聚天下英才而用之，建设一支总体规模稳定、结构比例适当、职业技能精湛、综合素

质优秀、有能力有担当、勇于创新创造的人才队伍，将是棉纺织产业集群参与国内外市场竞争的决胜法宝。产业发展的新一轮角逐正当时，所有为实现纺织强国梦默默无闻付诸努力的纺织人，正在不断迸发出更强的战斗力，将在新赛道上跑出新风采。

各集群应根据自身产业特点，综合运用线上、线下多种培训方式，邀请研究机构、院校、企业等方面专家，为经营管理、技术研发、专业技能等不同层面的人才制定中长期培训计划，同时注重对企业家二代或三代接班人的培养。

2022 年我国棉纺织上市公司竞争力分析

李　杰　冷景钢　贺文婷

摘要： 当前，我国共有 11 家以棉纺织为主业的上市公司，根据各上市公司发布的 2022 年报，从整体情况来看，受国内新冠肺炎疫情反复、市场需求放缓、运营成本上涨等多重因素叠加影响，棉纺织企业业绩增长承压，尤其是 2022 年四季度利润普遍下滑，为此各上市公司密切关注国内外局势和行业动态，适时调整运营和销售策略。以下对我国棉纺织上市公司 2022 年主要财务指标进行了逐一分析，并探讨了 2023 年行业发展趋势。

一、总体情况

2022 年，国际形势急剧变化，大宗商品价格剧烈波动，国内新冠肺炎疫情多点频发，原料、电价等要素成本上升，棉纺织企业生产经营承受较大压力。与此同时，国内外市场需求疲软，企业在市场开拓以及订单方面面临较大挑战，利润普遍下滑甚至亏损。2022 年，11 家棉纺织上市公司（名单见表 1）合计实现营业收入 1070.82 亿元，与 2021 年的 1110.68 亿元相比减少 3.58%。其中，1 家企业营业收入规模超过 200 亿元，天虹国际集团、魏桥纺织、华孚时尚位列榜单前三。此外，5 家企业营业收入实现增长，其中 3 家企业实现了 15%以上的增长。

2022 年，11 家棉纺织上市公司合计实现净利润 1.30 亿元，与 2021 年的 70.14 亿元相比减少 98.15%，行业上市公司净利润规模呈大幅下滑态势。百隆东方（15.63 亿元）位列第一，鲁泰 A（9.64 亿元）从 2021 年排名第七跃居第二，黑牡丹（6.11 亿元）保持排名第三。与 2021 年相比，3 家企业净利润实现正增长，其中鲁泰 A 实现 177.01%的增长。见表 1。

表1　2022年棉纺织上市公司主要经营指标

名称	营业收入（亿元）	净利润（亿元）	每股收益（元）	每股净资产（元）	净资产收益率（%）	资产负债率（%）	流动比率（%）
华茂股份	34.94	−1.75	−0.18	4.75	−3.79	37.78	1.47
鲁泰 A	69.38	9.64	1.10	10.07	11.31	29.53	2.99
魏桥纺织	165.74	−15.58	−1.30	14.49	−8.56	32.10	2.11
天虹国际集团	238.05	1.57	0.17	10.35	1.60	61.37	1.12
华孚时尚	144.60	−3.51	−0.21	3.70	−5.09	62.64	1.08
新野纺织	34.41	−14.09	−1.72	0.86	−99.81	89.62	0.64
联发股份	42.07	1.60	0.49	12.31	4.12	31.87	2.37
百隆东方	69.89	15.63	1.06	6.70	16.41	37.97	1.97
常山北明	96.63	−2.08	−0.13	3.72	−3.43	64.10	1.22
黑牡丹	115.45	6.11	0.58	9.53	6.32	65.39	1.73
盛泰集团	59.66	3.76	0.68	4.39	16.80	63.97	0.96

数据来源：上市公司年报。

其中，净资产收益率（ROE）是衡量企业竞争力的重要指标，体现企业内在的盈利能力和增长潜力。通常来说，ROE 越高，说明每单位净资产带来的收益越高。当公司规模扩大的时候，维持高 ROE 是极其艰难的事情。2022 年，11 家棉纺上市 ROE 各不相同，其中，盛泰集团连续 5 年 ROE 保持在 15%～25%水平，百隆东方连续 2 年 ROE 保持在 15%以上水平。见表2。

表2　净资产收益率

名称	2022 年报	2021 年报	2020 年报	2019 年报	2018 年报
盛泰集团（%）	16.80	18.01	21.64	22.06	22.56
百隆东方（%）	16.41	16.24	4.60	3.80	5.82

数据来源：上市公司年报。

二、我国棉纺织上市公司经营情况

（一）华茂股份（股票代码 SZ:000850）

安徽华茂纺织股份有限公司专注于各类混纺纱线、织物、面料、产业用布等生产与销售及投资管理。2022 年，华茂股份在原料采购过程中选择棉花优势加工企业，参与籽棉采摘、收购、加工等质量管理，稳定原料供应，确保公司获得质优价廉的棉花资源。

2022 年，受俄乌冲突、夏季用电紧张以及国内纺织业需求不振、市场竞争加剧等多重因素影响，华茂股份纱线、布、非织造布等主营业务产量、销量均有不同程度的下降，库存有所增加，纺织业务盈利水平同比下降。加之其持有的交易性金融资产在 2022 年公允价值较 2021 年相比跌幅较大，2022 年，华茂股份营业收入 34.94 亿元，同比小幅下滑 0.12%；归属于上市公司股东的净利润亏损 1.75 亿元，同比下降 136.26%。扣非归母净利润 6865 万元，同比下降 54.82%。销售毛利率 13.68%，同比下降 29.54%，如图 1 所示。

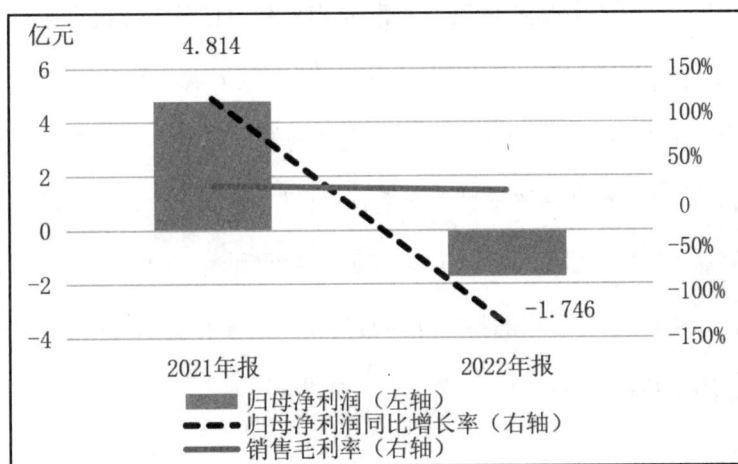

图 1 2021～2022 年华茂股份归母净利润及同比变化情况

数据来源：上市公司年报。

分季度看，2022 年华茂股份营业收入稳步增长，如图 2 所示。第一、第三季度净利润为亏损状态，主要原因是交易性金融资产公允价值下降幅度较大，对企业净利润影响较大。

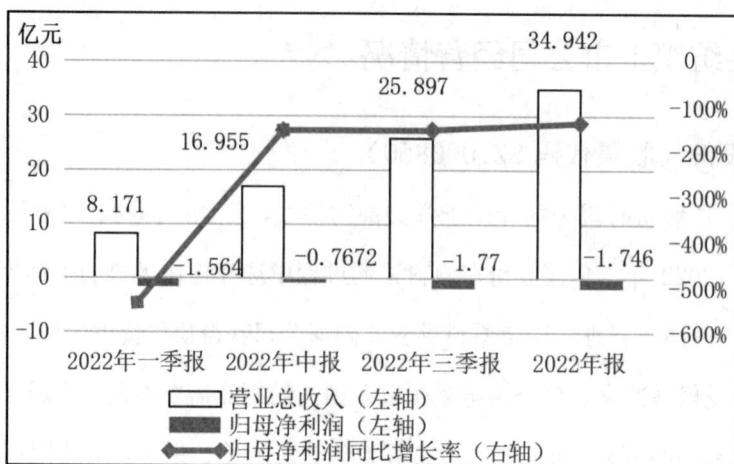

图 2　2022 年华茂股份营业总收入和净利润变化情况

数据来源：上市公司年报。

（二）鲁泰 A（股票代码 SZ:000726）

鲁泰纺织股份有限公司是一家以色纺织为特色的优质棉纺企业，主要客户为海外高端服装品牌。2022 年，外需市场提前回暖，鲁泰 A 充分利用自身国际化供应链体系和国际化产业布局优势，订单受影响程度小于同行，加之汇兑收益贡献，鲁泰 A 在 2022 年经营状况较好。2022 年，鲁泰 A 对产能结构进行了适当调整，将国内"高档印染面料生产线项目"调整为海外"高档面料产品线项目（一期）建设"。

2022 年，鲁泰 A 实现营业总收入 69.38 亿元，营业利润 10.82 亿元，归属于母公司的净利润 9.64 亿元，归属于母公司的扣除非经常性损益的净利润 7.95 亿元，较上年同期分别提高 32.46%，191.48%，177.28%，317.59%，如图 3 所示。

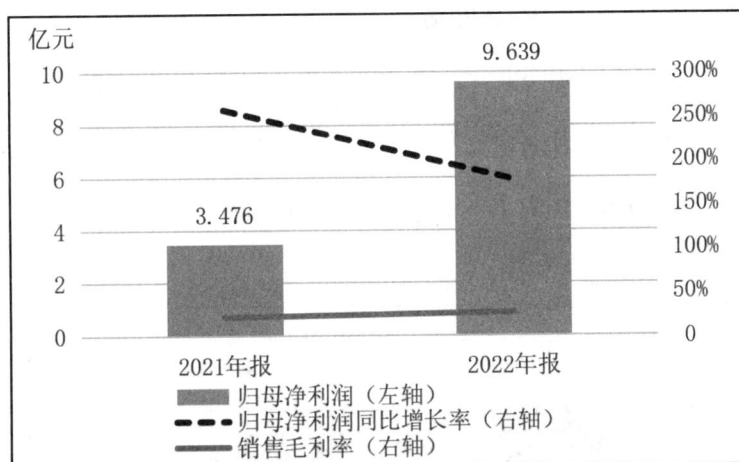

图 3 2021~2022 年鲁泰 A 归母净利润及同比变化情况

数据来源：上市公司年报。

分季度看，鲁泰 A 在 2022 前三季度营业收入和净利润呈现稳步增长，营业收入主要由于海外高端商务正装需求的强劲恢复和产能小幅增长，产品销量得以增加，其次因成本上涨和人民币贬值带来了单价小幅提升；前三季度净利润主要得益于开工率回升、棉价和运费成本下行。进入第四季度，海外需求下降，开机率随之下降，叠加棉价下行传导到产品单价下调，增长放缓，值得一提的是，第四季度公允价值变动增加 1.8 亿元带动归母净利润同比增长 167%，实际上扣非净利润 1.1 亿元，如图 4 所示。

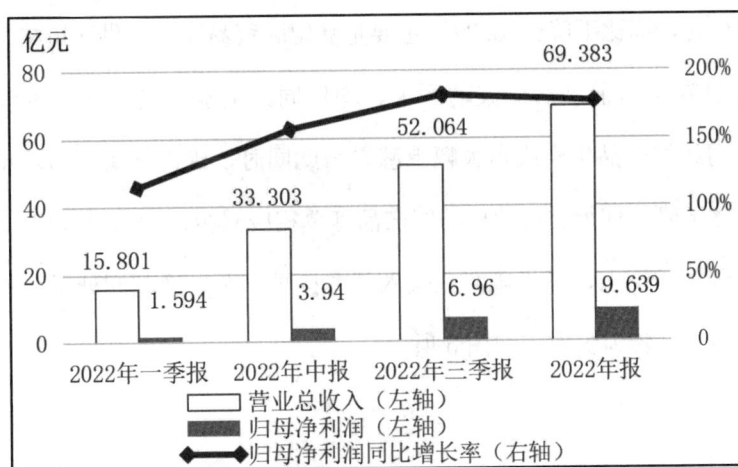

图 4 2022 年鲁泰 A 营业总收入和净利润变化情况

数据来源：上市公司年报。

（三）魏桥纺织（股票代码 HK:02698）

魏桥创业集团是世界 500 强企业。2022 年，在努力保持稳健经营的同时，魏桥纺织继续加大在科技创新、智能化提升及绿色发展方面的投入，实现营业收入 165.74 亿元，同比增长约 1.9%。归属于母公司所有人应占净亏损约 15.58 亿元，首次出现净亏损，如图 5 所示。

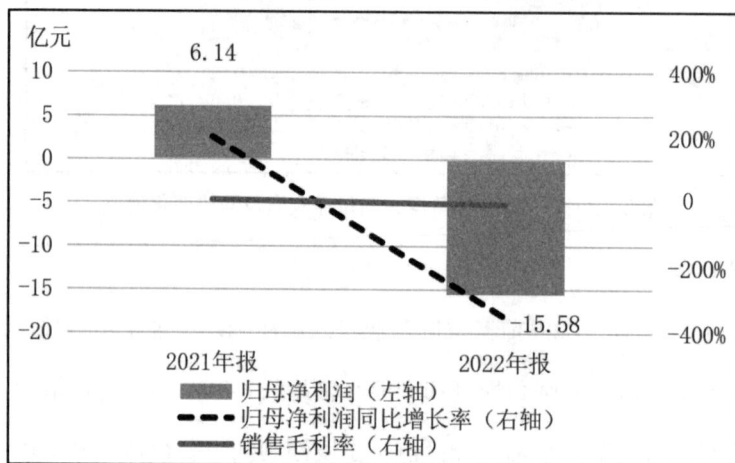

图 5　2021～2022 年魏桥纺织归母净利润及同比变化情况

数据来源：上市公司年报。

魏桥纺织的营业收入来源于纺织品和电力及蒸汽两大部分，其中，魏桥纺织的纺织品收入为 104.99 亿元，同比下降约 8.3%，主要是受国际贸易摩擦、供应链格局的改变等不利因素的影响，棉花价格前高后低波动巨大、均价同比上涨，员工成本也较上年同期增加，从而导致公司纺织产品生产成本大幅上涨。与此同时，国内外纺织市场持续疲弱，对纺织品的需求整体下降，使得公司的棉纺织产品订单相应减少，销售量同比下降。

分阶段看，魏桥纺织上、下半年营业收入基本持平，全年净利润处于亏损状态，且下半年净利润同比增长率转为负数，如图 6 所示。

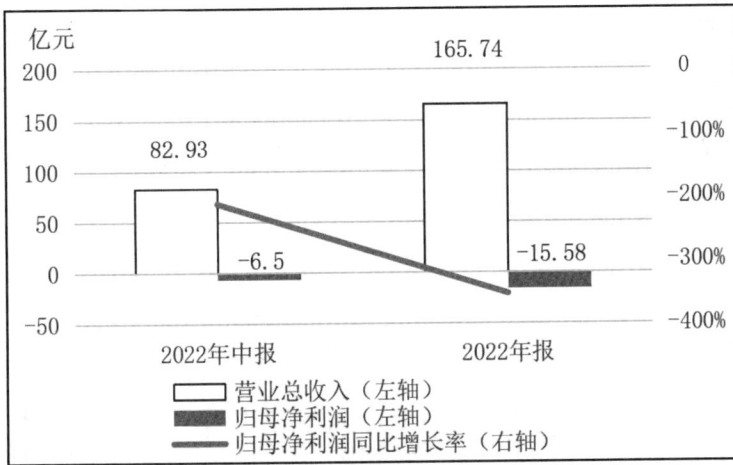

图6 2022年魏桥纺织营业总收入和净利润变化情况

数据来源：上市公司年报。

（四）天虹国际集团（股票代码 HK:02678）

天虹国际集团主要从事生产及销售纱线、坯布、面料和服装业务，在全球包芯棉纱领域具有较高市场占有率，企业在中国大陆、越南及中国澳门三个地区经营业务。2022 年，天虹国际集团持续围绕数字化能力、供应链能力以及顾客服务能力三个方面打造核心竞争力。

2022 年，天虹国际集团实现营业收入 238.05 亿元，同比减少 10.24%；归母净利润 1.57 亿元，同比下降 94.16%，毛利率由 2021 年的 22.07%下降至 11.58%，如图7 所示。分析原因，主要与原材料价格及产品销售下跌以及 2022 年市场对纱线需求下降有关。

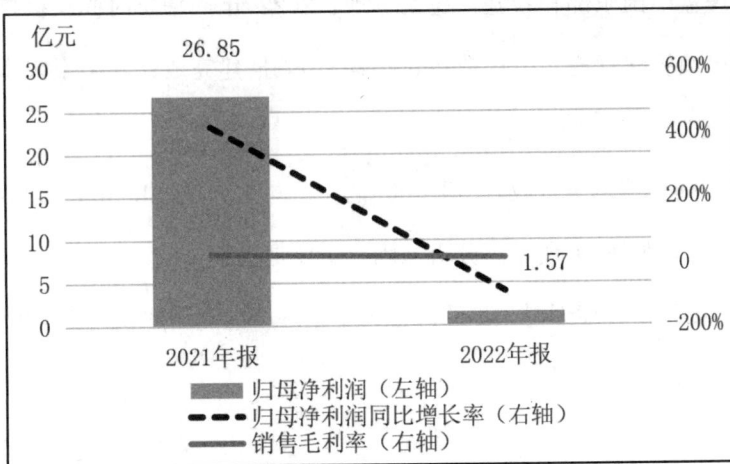

图7 2021～2022年天虹国际集团归母净利润及同比变化情况

数据来源：上市公司年报。

分阶段看，2022 年下半年受需求疲软、棉价急跌和内外棉倒挂，影响天虹国际集团越南生产的纱线销往中国的利润，业绩亏损，如图 8 所示。分业务看，纱线、梭织面料、针织面料分别占收入的 74%、11%、4%，营业收入同比减少 14%、增加 3%、减少 17%，毛利率分别为 10.6%、24.6%、5.3%，梭织面料表现相对较好。

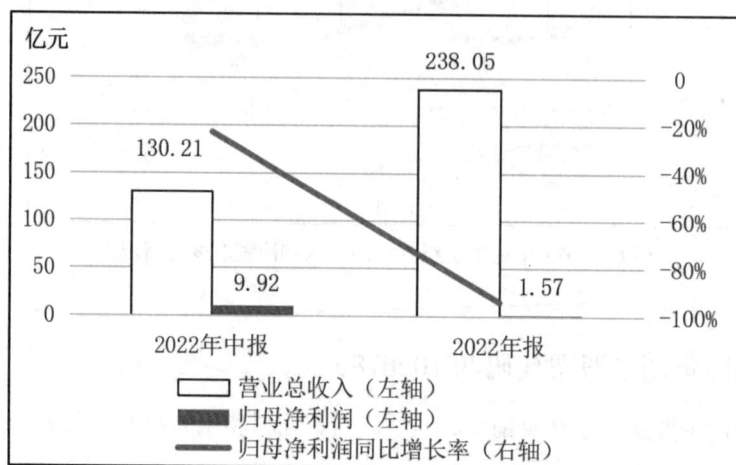

图 8　2022 年天虹国际集团营业总收入和净利润变化情况

数据来源：上市公司年报。

（五）华孚时尚（股票代码 SZ:002042）

华孚时尚股份有限公司是全球最大的色纺纱制造商和供应商之一，主营中高档色纺纱线，生产基地覆盖中国东部和新疆，越南等地。2022 年，华孚时尚积极推进数字化工厂建设，推行生产数智化管理，公司数字化架构 100%搭建完成，新要素降本增效效果逐步体现。

2022 年，华孚时尚实现营业收入 144.60 亿元，同比下降 13.46%，归母净利润-3.51 亿元，同比由盈转亏，如图 9 所示。分析原因，主要是由于 2022 年原料价格波动及供应链受限，下半年市场订单持续下滑，工厂开台率不足，产能利用率缺口增加所致。

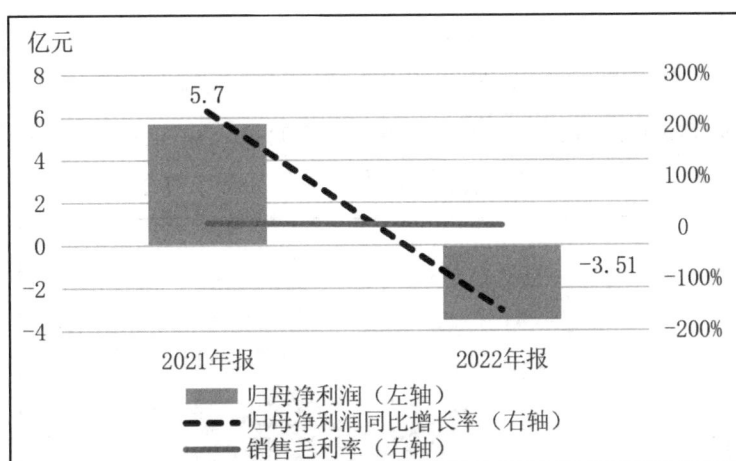

图9 2021～2022年华孚时尚归母净利润及同比变化情况

数据来源：上市公司年报。

分季度看，下半年以来多重负面因素叠加导致棉价大幅急跌，华孚时尚买入套期保值业务出现浮亏，同时对存货计提了充分的跌价准备。尤其四季度，受疫情影响，新疆的工厂停产，损失增加，如图10所示。

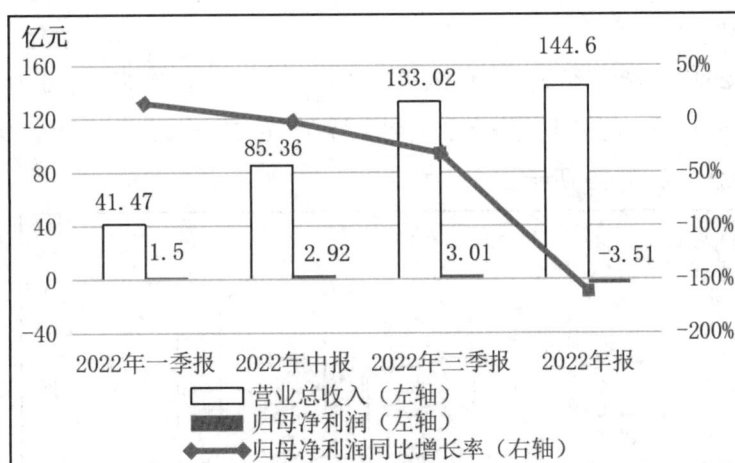

图10 2022年华孚时尚营业总收入和净利润变化情况

数据来源：上市公司年报。

（六）新野纺织（股票代码 SZ:002087）

河南新野纺织股份有限公司是国内中高端棉纺织品领域的制造商之一，主要产品包括纱线、坯布及面料。目前新野纺织的销售模式主要以直销为主，同时发展品牌合作与电商业务。

2022 年，新野纺织实现营业收入 34.41 亿元，同比下降 35.12%，归母净利润减少 14.09 亿元，同比下降 337.89%，如图 11 所示。受国内新冠肺炎疫情、行业需求疲软原料纯棉占比较高等因素影响，新野纺织开工情况及国内物流运输均受到一定程度的限制，对公司业绩有一定影响；进一步计提相关资产的专项减值准备，对净利润指标影响较大。

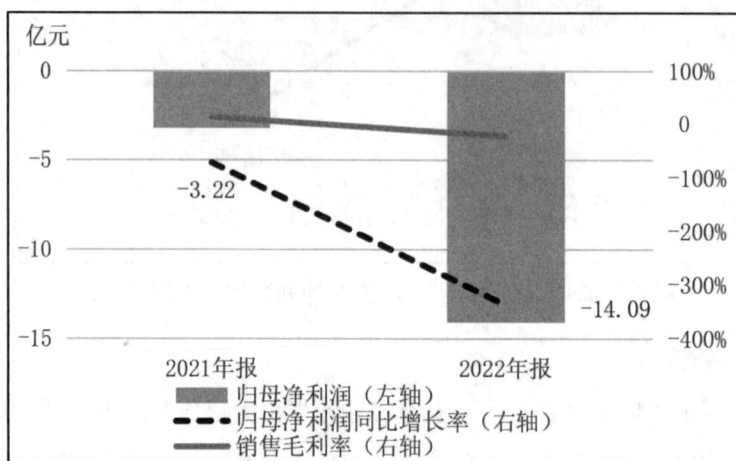

图 11　2021~2022 年新野纺织归母净利润及同比变化情况

数据来源：上市公司年报。

分季度看，2022 年新野纺织营业收入稳步增长；第一季度净利润为 0.10 亿元，进入第二季度开始出现亏损，前三季度资产负债率维持在 56.55%~58.27%水平，第四季度资产负债率达到 89.62%，如图 12 所示。

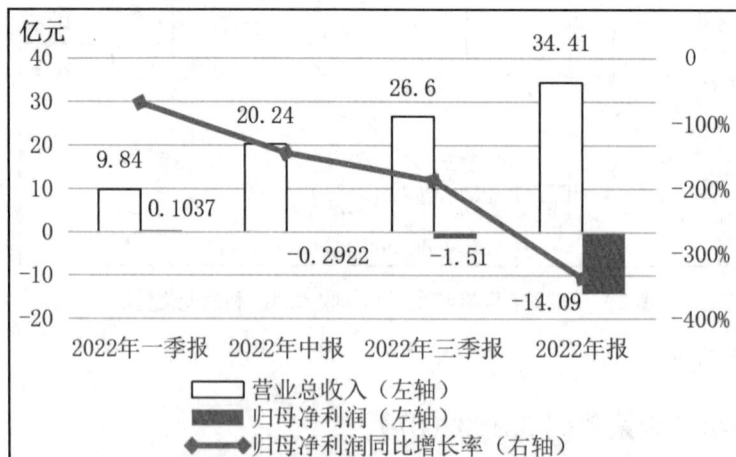

图 12　2022 年新野纺织营业总收入和净利润变化情况

数据来源：上市公司年报。

（七）联发股份（股票代码 SZ:002394）

联发股份拥有从轧花到成衣的全产业链，2022 年，联发股份围绕产能优化、产品结构调整，推进卓越绩效管理、凝聚升级新动能，持续创新，向"精益生产，精品制造"的现代高端纺织业转型升级。

2022 年，联发股份实现营业收入 42.07 亿元，同比增长 7.97%；净利润 1.60 亿元，同比减少 12.30%。销售毛利率为 14.13%，与 2021 年的 15.83%相差不大，如图 13 所示。2022 年，联发股份经营活动产生的现金流量净额较 2021 年同期增加 1321.04%，主要原因一是 2021 年为订单储备存货规模较大，而 2022 年因市场变化降低存货储备规模较大，一正一负导致 2022 年对比 2021 年付现减少；二是 2022 年获得政府补助、赔偿收入、押金比 2021 年增加较多。

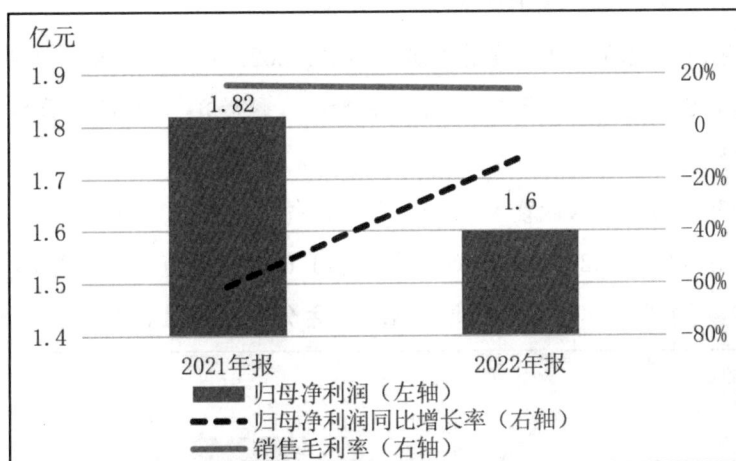

图 13　2021～2022 年联发股份归母净利润及同比变化情况

数据来源：上市公司年报。

分季度看，2022 年，四个季度的营业收入逐步减少，净利润在第三季度出现亏损，净利润同比增长率呈 V 字型结构，如图 14 所示。

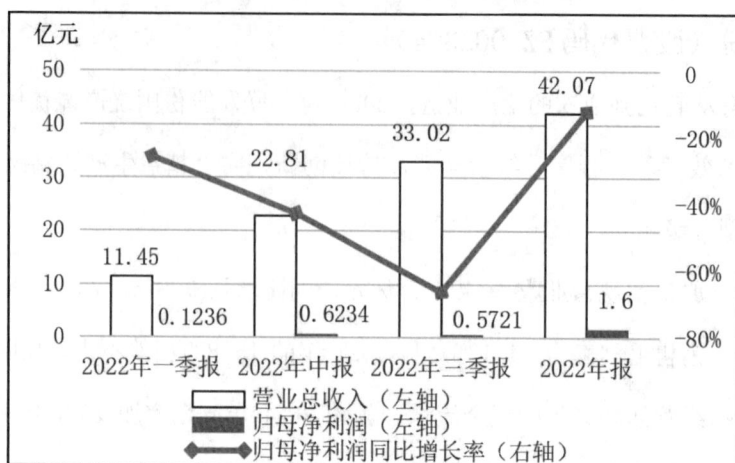

图 14　2022 年联发股份营业总收入和净利润变化情况

数据来源：上市公司年报。

（八）百隆东方（股票代码 SH:601339）

百隆东方以生产纯棉色纺纱、混纺色纺纱为主。2021 年，百隆东方在越南计划扩张 39 万锭纱线，其中 8 万锭纱线已于 2022 年 8 月投产，剩余 31 万纱锭将于 2023 年陆续投产（占目前总产能 17%）。

2022 年，百隆东方实现营业收入 69.89 亿元，同比减少 10.10%；实现净利润 15.63 亿元，同比增长 14.00%。2022 年费用率合计提升 1.6 个百分点，主要由于收入下降以及利息支出增加。净利率为 22.36%，同比增加 4.7 个百分点，如图 15 所示。

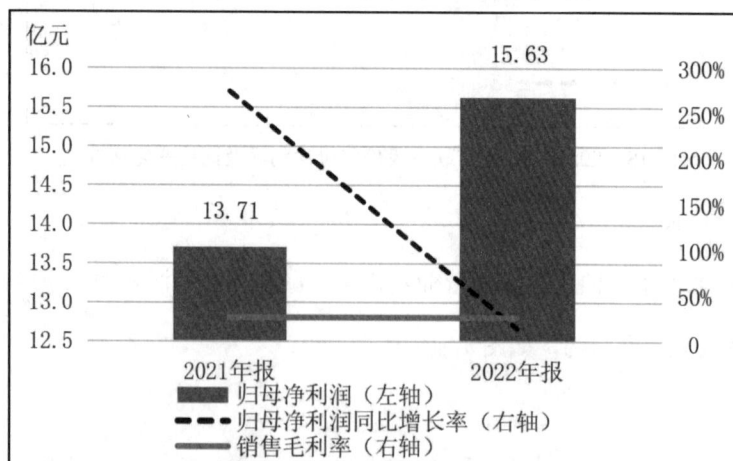

图 15　2021～2022 年百隆东方归母净利润及同比变化情况

数据来源：上市公司年报。

分季度看，百隆东方第一季度国内外市场延续 2021 年末爆发式增长势头，订单饱满，企业生产、经营业绩持续向好。进入二季度以后，经济下行压力逐步显现，消费疲弱；海外市场受俄乌战争影响，纺织服装消费需求急剧萎缩，加之海外服装品牌去库存压力，对纺织企业带来较大冲击。尤其第四季度，国内疫情、海外高通胀导致订单锐减，开机率不足和棉价下跌，令第四季度扣除非经常性损益的净利润由正转负，但第四季度实际净利润盈利 5.25 亿元，主要是由于公司投资棉花期货，单季度收益 8.2 亿元，如图 16 所示。

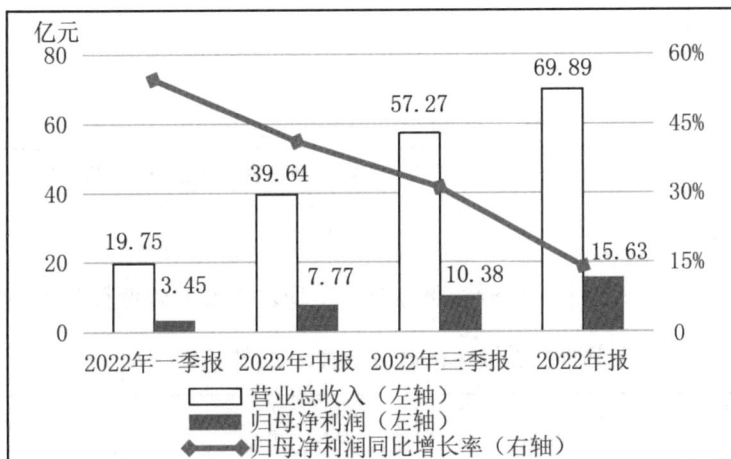

图 16　2022 年百隆东方营业总收入和净利润变化情况

数据来源：上市公司年报。

（九）常山北明（股票代码 SZ:000158）

石家庄常山北明科技股份有限公司主要业务有纺织业和软件信息技术服务业两大板块。纺织主业主要生产环节分为纺纱和织造两部分，主导产品有环保型纱线、功能型面料以及高档品牌服装、家纺和产业用纺织品等。2022 年，常山北明在原料采购、销售模式方面，适时调整棉花采购时机和方式，通过参加国内外行业展会、拜访推介等多种方式分担市场形势变化对公司造成的风险，提升利润空间。

2022 年，常山北明实现营业收入 96.63 亿元，较上年减少 11.19%。在市场需求疲弱、原料成本高位、贸易环境更趋复杂等风险因素叠加影响下，公司纺织板块实现营业收入 27.68 亿元，较上年同期减少 42.15%；实现净利润-3.06 亿元，较上年同期增亏350.08%，分析原因主要是 2022 年棉花收入减少所致，如图 17 所示。

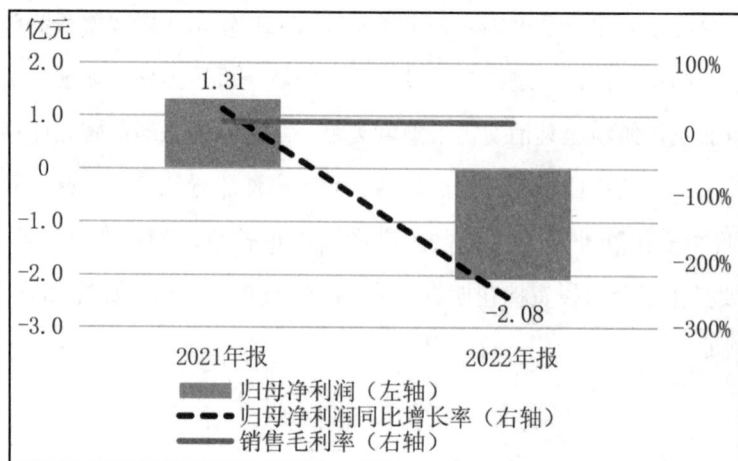

图 17　2021~2022 年常山北明归母净利润及同比变化情况

数据来源：上市公司年报。

分季度看，常山北明四个季度业绩贡献分布不均，主要与软件行业周期特点和客户需求节奏相关；纺织业业绩变动主要与棉花价格有关，如图 18 所示。

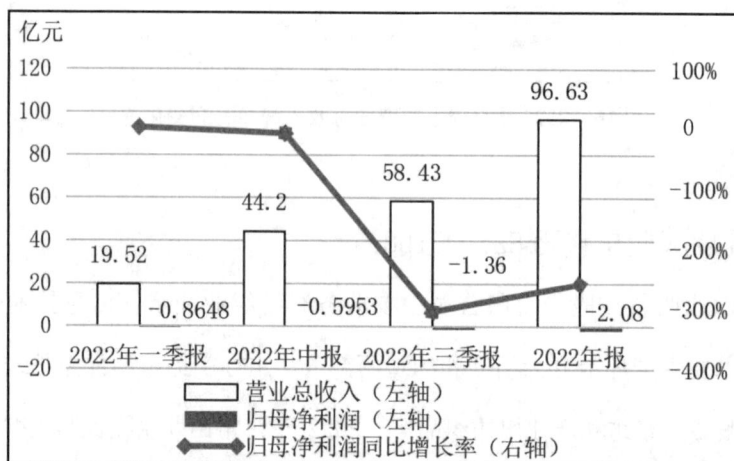

图 18　2022 年常山北明营业总收入和净利润变化情况

数据来源：上市公司年报。

（十）黑牡丹（股票代码 SH:600510）

除纺织服装业务外，房地产是黑牡丹（集团）股份有限公司的主要经营业务之一。2022 年 11 月，黑牡丹的业务布局由新基建、新型城镇化建设和纺织服装三大板块调整为新型城镇化建设及纺织服装两大板块。

2022 年，黑牡丹实现营业收入 115 亿元，同比增加 17.49%；实现净利润 6.11 亿元，同比减少 7.80%。其中，纺织版块实现营业收入 7.46 亿元，同比下降 38.94%；营业成本 6.46 亿元，同比下降 39.94%，如图 19 所示。分析原因，主要与国际供应链体系重塑及国内经济下行压力持续影响有关。

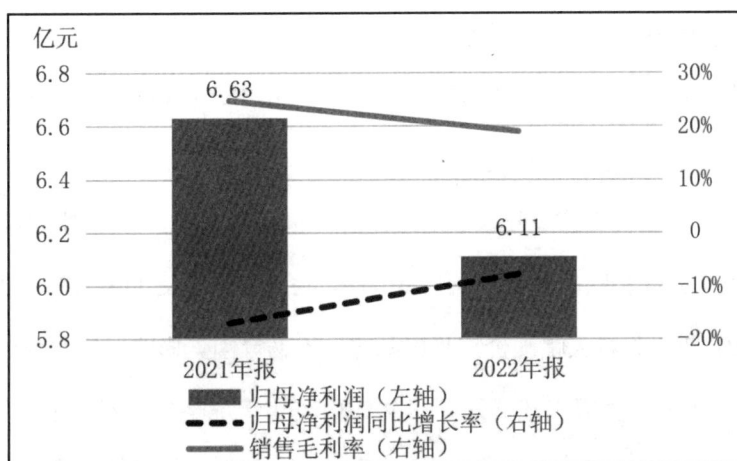

图 19　2021～2022 年黑牡丹归母净利润及同比变化情况

数据来源：上市公司年报。

分季度看，黑牡丹第四季度总营业收入和净利润均较前三季度有较大增长，主要与定销商品房交付确认的营业收入较上期增加有关，如图 20 所示。

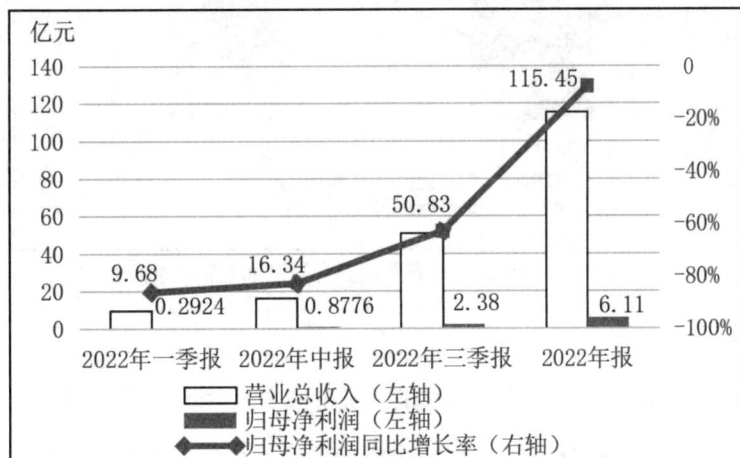

图 20　2022 年黑牡丹营业总收入和净利润变化情况

数据来源：上市公司年报。

（十一）盛泰集团（股票代码 SH:605138）

盛泰集团拥有业内稀缺的从纺纱到制衣全产业链模式，为积极应对公司主要原材料棉花价格波动对公司生产成本的影响，2022 年，盛泰集团斥资 1.2 亿澳元收购了澳大利亚卡拉托尔农场，预计 2023 年将产出约 7000 吨棉花，占盛泰集团 2023 年度棉花需求的 50% 以上。此外，盛泰集团越南十万锭纺纱项目的第一期五万锭纱线项目在 2022 年 12 月开始试生产，后续第二期项目预计 2023 年下半年可正式投产，该项目智能化程度高，可大幅减少项目对人工的依赖程度，万锭用工约 15 人。

2022 年，盛泰集团实现营业收入 59.66 亿元，同比增长 15.68%；实现净利润 3.76 亿元，同比增长 29.08%；扣除非经常损益后 3.47 亿元，同比增长 118.38%，如图 21 所示。主要原因是 2021 年原材料大幅涨价，且国际海运不畅等因素影响一度生产受阻，2021 年基数偏低，2022 年公司克服上述难题，虽然国内销售情况略有下滑，但公司依托海外市场，营收提升。

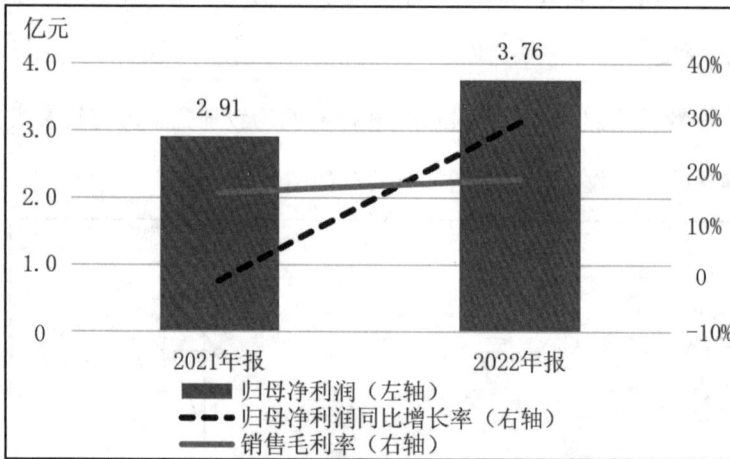

图 21　2021～2022 年盛泰集团归母净利润及同比变化情况

数据来源：上市公司年报。

分季度来看，盛泰集团全年四个季度的营业收入稳步增长，这主要受益于海外产能释放、订单回暖、生产效率优化、原材料和运费成本压力减轻，抵消了部分国内消费疲软，如图 22 所示。

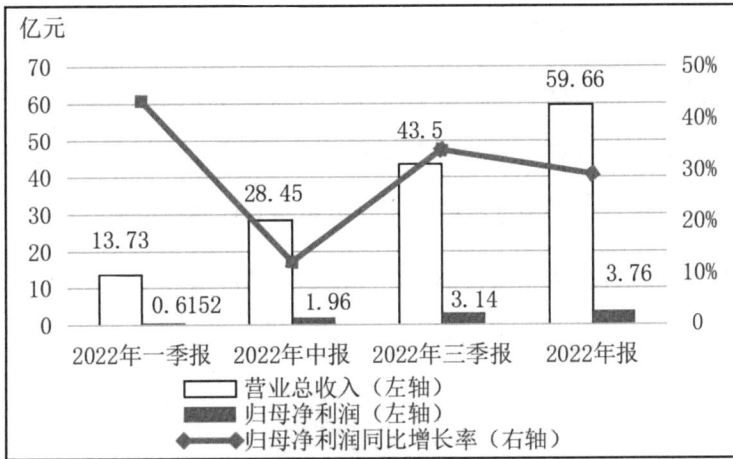

图 22 2022 年盛泰集团营业总收入和净利润变化情况

数据来源：上市公司年报。

三、上市公司面临的挑战及应对策略

1.贸易保护主义和国际贸易政策变化

全球贸易环境的不确定性和贸易保护主义的抬头对中国棉纺织企业产生影响。贸易摩擦、关税和贸易壁垒等因素可能导致市场准入的限制和竞争压力的增加。企业需要密切关注国际贸易政策的变化，寻找机会和应对策略，包括开拓新的市场、寻求贸易伙伴关系和多元化出口渠道。

2.原材料供应链风险

棉花作为棉纺织业主要原材料之一，其供应链风险对企业的影响不容忽视。企业需要建立稳定的原材料供应链，降低供应风险，并考虑多样化的原材料选择。

3.技术升级和创新压力

随着科技的迅速发展，棉纺织行业也面临技术升级和创新的压力。企业需要不断更新设备和工艺，引入智能化制造和数字化技术，以提高生产效率、降低成本，并满足消费者对高品质、创新产品的需求。

4.跨境电商和市场竞争加剧压力

随着全球市场的开放和竞争加剧，中国棉纺织企业将面临来自其他国家的竞争压力。其他国家的纺织企业可能具有更低的生产成本、更高的技术水平或更好的品牌形象，这对中国企业构成了竞争挑战。中国棉纺织企业需要积极利用跨境电商平台和电子商务渠道，扩大海外市场的份额。通过建立品牌形象、优化供应链和服务体系，企业可以更好地满足全球消费者的需求，并扩大产品的国际影响力。

2022 年，棉纺织行业 11 家上市公司经营策略、业务板块、产品特点虽然各具特色、各有千秋，但在原料价格大幅波动、新冠肺炎疫情反复、国际贸易风险升级和需求疲软等多重不利因素的影响下，均遇到了较大的经营阻力，以一点而窥全貌，2022 年全行业也在同时经受前所未有的考验。展望 2023，逆全球化势力不断抬头，出口受阻，预期转弱，棉纺织行业经营环境并未得到明显改善。在上市公司的对比中可见，具有全球布局和国际化视野的企业抗风险能力高于内地企业，产品和原料多元化的企业经营压力略小于单一纯棉企业。在可以预见的市场低迷阶段，顺势而为，及时调整策略，把控经营风险是企业生存的重中之重，相信寒冬过后必将迎来春天。

政策文件篇

完善棉花目标价格政策实施措施的通知

国家发展和改革委员会　财政部

发改价格〔2023〕369 号

二〇二三年四月十日

棉花目标价格政策自 2014 年在新疆实施以来，对保障棉农收益、稳定棉花生产、提升棉花质量、促进产业链协调发展、保持经济社会平稳运行发挥了重要作用。经国务院同意，在新疆继续实施棉花目标价格政策并完善实施措施。现就有关事项通知如下：

一、总体思路

现行棉花目标价格政策框架保持不变，支持力度保持稳定，保障棉农基本收益和植棉积极性。同时，完善政策实施措施，稳定棉花产量，促进质量提升，保障相关机制顺畅运行。

二、完善实施措施的主要内容

（一）稳定目标价格水平

继续按照生产成本加合理收益的作价原则确定目标价格水平，合理收益综合考虑棉花产业发展需要、市场形势变化和财政承受能力等因素确定。2023～2025 年，新疆棉花目标价格水平为每吨 18600 元，如遇棉花市场形势重大变化，报请国务院同意后可及时调整。

（二）固定补贴产量

统筹考虑近几年新疆棉花生产情况以及当地水资源、耕地资源状况，对新疆棉花以固定产量 510 万吨进行补贴。

（三）完善操作措施

新疆维吾尔自治区和新疆生产建设兵团要着力提升质量，进一步用好目标价格补贴资金，在更大范围内实施质量补贴，合理确定质量补贴标准，利用"优质优补"引导优质棉花生产；采取有效措施，积极有序推动次宜棉区退出，推进棉花种植向生产保护区集中；推进全疆棉花统一市场建设，全面推行籽棉交售互交互认，加快实现兵地棉花市场融合、补贴标准衔接；继续实施"专业仓储监管+在库公证检验"制度，并配套安排相关措施，保障市场价格高于目标价格时有关机制顺畅运行；因地制宜开展保险试点。

三、工作要求

各有关方面要进一步提高政治站位，加强组织领导，落实工作责任，扎实推进各项措施落地见效。

（一）强化部门协同

各有关部门、单位要认真按照责任分工，各司其职，密切配合，及时发现政策实施过程中遇到的新情况新问题，研究采取针对性措施协调解决，共同抓好棉花目标价格政策各项措施的落实。

（二）精心组织实施

新疆维吾尔自治区和新疆生产建设兵团要切实承担主体责任，按照本通知要求，抓紧完善实施方案，细化实化各项操作措施，规范资金管理使用，保障相关制度执行落地落实，进一步提升棉花目标价格政策实施成效。同时，要配套采取推广主栽品种、加强田间管理等措施，狠抓棉花质量提升；加强棉花生产加工过程质量监测，建立棉花质量追溯体系，实现产销全程可追溯；建立健全棉花出库流向信息登记制度，防止"转圈棉"。

（三）加强宣传解读

各有关方面要持续开展棉花目标价格政策宣传和解读，创新宣传方式，加大宣传力度，稳定棉农生产预期，引导棉农增强质量意识，进一步增进各方面对棉花目标价格政策的理解和支持。

"十四五"扩大内需战略实施方案

国家发展和改革委员会

二〇二二年十二月十五日

党的十八大以来，在以习近平同志为核心的党中央坚强领导下，我国坚定实施扩大内需战略，促进形成强大国内市场，内需对经济发展的支撑作用明显增强。为深入贯彻落实《中华人民共和国国民经济和社会发展第十四个五年规划和 2035 年远景目标纲要》和《扩大内需战略规划纲要（2022—2035 年）》，针对制约扩大内需的主要因素，围绕"十四五"时期实施扩大内需战略主要目标，坚持问题导向，明确重点任务，特制定本实施方案。

一、发展形势

（一）"十三五"时期扩大内需取得的成效

消费基础性作用持续强化，住行消费等传统消费显著增长，消费新业态新模式快速发展。投资关键作用更好发挥，基础设施建设水平全面提升，重大科技项目建设取得显著成就，社会民生领域短板弱项加快补齐，新型基础设施、新型城镇化、交通水利等重大工程建设加快推进。国内市场运行机制不断健全，高标准市场体系加快建设，"放管服"改革持续深化，营商环境不断优化，要素市场化配置、产权制度等重点改革稳步推进，流通体系加快健全，社会保障制度逐步完善，统筹城乡的基本公共服务体系加快形成。国际国内市场联系更加紧密，国际经贸合作扎实推进，对外开放高地建设进展显著，我国成为最具吸引力的外资流入国之一，我国市场与全球市场进一步协调发展、互惠互利。

（二）"十四五"时期扩大内需面临的问题挑战

"十四五"时期，我国国内市场基础更加扎实，空间更趋广阔。同时也要看到，我国扩大内需面临不少问题挑战，内需对经济增长的贡献有待提升，消费升级面临的困难增多，扩大有效投资存在较多制约，国际形势依然复杂严峻，必须坚定实施扩大内需战略，准确把握国内市场发展规律，不断释放内需潜力，充分发挥内需拉动作用，建设更加强大的国内市场，推动我国经济平稳健康可持续发展。

二、总体要求

（一）指导思想

在以习近平同志为核心的党中央坚强领导下，以习近平新时代中国特色社会主义思想为指导，坚持稳中求进工作总基调，完整、准确、全面贯彻新发展理念，加快构建新发展格局，着力推动高质量发展，坚持以供给侧结构性改革为主线，统筹疫情防控和经济社会发展，统筹发展和安全，牢牢把握扩大内需这个战略基点，加快培育完整内需体系，加强需求侧管理，以创新驱动、高质量供给引领和创造新需求，促进供需在更高水平上实现动态平衡；坚定不移用改革的办法释放和激发市场潜力，实施更高水平对外开放，促进形成强大国内市场，着力畅通国内经济大循环，促进国内国际双循环良性互动，为"十四五"时期经济社会平稳健康发展提供强劲动力和坚实支撑。

（二）主要目标

——促进消费投资，内需规模实现新突破。消费的基础性作用和投资的关键作用进一步增强。内需持续健康发展，质量效益明显提升，超大规模市场优势充分发挥，国内市场更加强大，培育完整内需体系取得明显进展。

——完善分配格局，内需潜能不断释放。分配结构明显改善，城乡区域发展差距和居民生活水平差距逐步缩小，居民人均可支配收入实际增长和经济增长基本同步。基本公共服务均等化水平持续提升，多层次社会保障体系更加健全，社会事业加快发展。

——提升供给质量，国内需求得到更好满足。供给侧结构性改革取得重大进展，农业基础更加稳固，制造业比重基本稳定，现代服务业加快建设，实体经济发展根基进一步夯实，传统产业改造提升加速推进，新产业新业态加快发展，创新能力显著提升，产业基础高级化、产业链现代化水平明显提高，供给体系对国内需求的适配性不断增强。

——完善市场体系，激发内需取得明显成效。统一开放、竞争有序、制度完备、治理完善的高标准市场体系基本建成，商品和要素在城乡区域间流动更加顺畅，产权制度改革和要素市场化配置改革取得重大进展，营商环境持续优化，公平竞争制度更加完善，现代流通体系建立健全。

——畅通经济循环，内需发展效率持续提升。更高水平开放型经济新体制基本形成，我国与周边区域经济合作程度进一步加深，对周边和全球经济发展的带动作用不断增强。

三、全面促进消费，加快消费提质升级

（一）持续提升传统消费

1.提高吃穿用消费品质

推动农产品品种培优、品质提升、品牌打造和标准化生产，增加健康、营养农产品和食品供给，坚持不懈制止餐饮浪费。在食品和一般消费品领域全面推进内外销产品"同线同标同质"工程。增加智能家电消费，促进家庭装修消费，推动数字家庭发展。

2.释放出行消费潜力

推动汽车消费由购买管理向使用管理转变，鼓励限购地区探索差异化通行管理等替代限购措施。推进二手车交易登记跨省通办，便利二手车交易。加强停车场、充电桩、换电站、加氢站等配套设施建设。

3.促进居住消费健康发展

坚持"房子是用来住的、不是用来炒的"定位，加强房地产市场预期引导，探索新的发展模式，加快建立多主体供给、多渠道保障、租购并举的住房制度，稳妥实施房地产市场平稳健康发展长效机制，支持居民合理自住需求。完善长租房政策，以人口净流入的大城市为重点，扩大保障性租赁住房供给，优化住房公积金支持缴存人租房提取等使用政策。

4.增强区域消费综合承载能力

深入推进海南国际旅游消费中心建设。培育建设若干具有全球影响力、吸引力的国际消费中心城市。打造一批辐射带动能力强、资源整合有优势的区域消费中心。加强中小型消费城市梯队建设。继续大力实施消费帮扶。

（二）积极发展服务消费

5.着力培育文化消费

依托文化文物单位大力开发文化创意产品，扩大优质文化产品和服务供给，持续推进

国家文化和旅游消费示范城市建设，推动国家级夜间文化和旅游消费集聚区提质扩容。实施文化产业数字化战略，壮大数字创意、网络视听、数字出版、数字娱乐、线上演播等产业。推动互动视频、沉浸式视频、虚拟现实视频、云游戏等高新视频和云转播应用。发展第五代移动通信（5G）广播电视，推动广播电视终端通、移动通、人人通。建立健全文化产品创作生产、传播引导、宣传推广的激励机制和评价体系。创新实施文化惠民工程。鼓励有条件的地区对电影、话剧、戏剧等消费实施惠民补贴。深入实施中华优秀传统文化传承发展工程，强化重要文化和自然遗产、非物质文化遗产系统性保护。推进长城、大运河、长征、黄河等国家文化公园建设。

6. 促进旅游消费提质扩容

落实带薪年休假制度。大力发展全域旅游，加强区域旅游品牌和服务整合，建设一批富有文化底蕴的世界级旅游景区和度假区，打造一批文化特色鲜明的国家级旅游休闲城市和街区。推进红色旅游、自驾游、文化遗产旅游、工业旅游、康养旅游、旅游演艺等创新发展，提升度假休闲、乡村旅游等服务品质，完善海洋旅游、邮轮游艇、低空旅游等发展政策。积极发展通用航空。

7. 增加养老育幼服务消费

加快健全居家社区机构相协调、医养康养相结合的养老服务体系。实施普惠养老专项行动，开展社区医养结合能力提升行动，大力发展居家养老。推进老年友好型社区建设，推动公共设施适老化改造，开发适老化技术和产品。不断发展和完善普惠托育服务体系，鼓励有条件的用人单位提供婴幼儿照护服务，支持企事业单位和社会组织等社会力量提供普惠托育服务。

8. 提供多层次医疗健康服务

全面实行药品、医用耗材集中带量采购，完善医药服务价格形成机制，加速推进医师多点执业。鼓励发展全科医疗服务，增加专科医疗等细分服务领域有效供给。优化健康服务，发展健康产业。加强婚前、孕前、孕产期健康服务，提升产前筛查、产前诊断和新生儿疾病筛查能力，巩固危重孕产妇和新生儿救治网络。实施健康儿童行动提升计划。实施中医药振兴发展重大工程，加强覆盖全生命周期的中医药服务，全面提升中医药特色优势和服务能力。

9. 提升教育服务质量

支持人口集中流入地区积极扩大基础教育学位供给。推动职业院校、应用型本科高校加强产教融合实训基地建设，打造一批高水平职业院校。稳步推进民办教育分类管理改革，开展高水平中外合作办学。加强县域普通高中建设，促进普通高中多样化有特色发展。深入推进义务教育优质均衡发展和城乡一体化，构建优质均衡的基本公共教育服务体系。推动学前教育普及普惠安全优质发展，完善投入与成本分担机制，完善幼儿园教师编制补充和待遇保障机制，加强对非营利性民办园收费监管，建立健全非营利性民办园价格形成机制。加快建设教育专网，完善"互联网+教育"大平台，提升教育资源服务供给能力。

10. 促进群众体育消费

广泛开展全民健身运动，普及科学健身知识和健身方法。完善公共体育场馆免费或低收费开放政策，有序促进各类体育场地设施向社会开放。打造一批足球、篮球等职业竞赛领域的国际性、区域性品牌赛事。推进冰雪运动"南展西扩东进"，积极推进冰雪运动进校园、进社区。普及推广山地、航空、水上、马拉松、自行车、汽车摩托车等户外运动项目。

11. 推动家政服务提质扩容

促进员工制家政企业规范发展，鼓励有条件的企业品牌化连锁化发展。深化家政服务业提质扩容"领跑者"行动。健全家政服务业信用体系，加强信用监管。实施"家政兴农"行动，带动农村劳动力从事家政服务，扩大服务供给。推动举办家政领域展览会，促进全产业链融合创新发展。支持家政、养老、托幼、物业等业态融合创新，推进家政服务进社区。鼓励发展家庭管家等高端家政服务。

（三）加快培育新型消费

12. 支持线上线下商品消费融合发展

加快传统线下业态数字化改造和转型升级，发展在线定制等线上服务。依法规范平台经济发展，推动平台规则公开透明。丰富 5G 网络和千兆光网应用场景，加快研发超高清视频、虚拟现实、可穿戴设备、智能家居、智能教学助手、医疗机器人等智能化产品。支持自动驾驶、无人配送等技术应用。拓展无接触式消费体验，鼓励布局建设智慧超市、智慧商店、智慧餐厅、智慧驿站、智慧书店。

13. 培育"互联网+社会服务"新模式

做强做优线上学习服务，打造在线和线下相结合的职业技能培训模式，提高农村学校在线教育覆盖面。积极发展"互联网+医疗健康"服务，有序推进分时段预约诊疗、电子处方流转、药品网络销售等服务发展，将符合条件的互联网医疗服务项目按程序纳入医保支付范围。深入发展在线文娱，支持打造线上演播、数字艺术、沉浸式体验等新业态。鼓励发展"云旅游"等智慧旅游新模式。培育智能体育大赛品牌，丰富在线赛事活动，支持社会力量建设智能健身房、开发在线健身课程。

14. 促进共享经济和新个体经济发展

进一步支持网约车、共享住宿、无接触配送等共享资源的商业模式创新，推动共享经济规范有序健康发展。支持社交电商、网络直播等多样化经营模式，鼓励发展基于知识传播、经验分享的创新平台。支持线上多样化社交、短视频平台规范有序发展。

（四）大力倡导绿色低碳消费

15. 积极发展绿色低碳消费市场

推动电商平台扩大绿色产品销售。建立健全绿色产品标准、标识、认证等体系，开展绿色产品评价。大力推广新能源汽车和新能源、清洁能源船舶。鼓励绿色电力交易，制定促进各类电力用户购买绿色电力的激励措施，推动高载能企业和行业优先使用绿色电力。健全强制报废制度和废旧家电等耐用消费品回收处理体系，加快构建废旧物资循环利用体系，加强废纸、废塑料、废旧轮胎、废金属、废玻璃、废旧农膜等再生资源回收利用，提升资源产出率。

16. 倡导节约集约的绿色生活方式

持续开展"全国低碳日"等活动，提高全社会绿色低碳意识。深入开展节约型机关、绿色家庭、绿色学校、绿色社区、绿色商场等创建行动。发展城市公共交通，完善城市慢行交通系统，加快推动城市公交、出租、物流、环卫等公共领域车辆和公务用车电动化，大力提升公共汽电车、轨道交通在机动化出行中的占比。推广应用绿色建材。大力推进低（无）挥发性有机物（VOCs）含量产品生产消费。持续推进过度包装治理，推动生产经营者遵守限制商品过度包装的强制性标准。

四、优化投资结构，拓展投资空间

（一）加大制造业投资支持力度

17．引导各类优质要素向制造业集聚

鼓励企业应用先进适用技术、加强设备更新和新产品规模化应用。加快推进科创板、创业板等多层次资本市场体系建设。引导金融机构按照风险可控、商业可持续原则，创新金融产品服务，调整优化融资结构，支持制造业高质量发展。持续实施制造业人才规划指南，加大制造业专业技术人才、经营管理人才和技术技能人才的培养培训力度。加强制造业投资的用地、用能等要素保障。

（二）持续推进重点领域补短板投资

18．加快交通基础设施建设

推进国家综合立体交通网主骨架建设，加强中西部地区、沿江沿海战略骨干通道建设。加快国家铁路网建设，基本贯通"八纵八横"高速铁路主通道，加快普速铁路建设和既有铁路改造升级，支持重点城市群率先建成城际铁路网，支持重点企业、港口、物流中心铁路专用线建设和使用。完善公路网骨干线路，加快省际间国家高速公路和普通国道瓶颈路段建设。稳妥推进民用机场建设，提升国际和区域枢纽机场保障能力和服务水平，积极推进支线机场和通用机场建设，推动打造京津冀、长三角、粤港澳大湾区、成渝世界级机场群。发挥水运比较优势，在津冀沿海、长三角、粤港澳大湾区推动构建世界级港口群，支持建设国际航运中心，推进西部陆海新通道高质量建设，研究平陆运河等水系连通工程建设，提升内河港口专业化、集约化水平，加快长江等内河高等级航道网建设。提高超大城市中心城区轨道交通密度，完善城市路网。

19．加强能源基础设施建设

完善电网主网架布局和结构，有序建设跨省跨区输电通道重点工程，积极推进配电网改造行动和农村电网巩固提升工程。推广煤炭清洁高效利用技术，统筹推进现役煤电机组灵活性提升、超低排放、供热和节能改造。推动建设一批绿色转型高质量发展煤炭基地，坚持上大压小、增优汰劣，优化煤炭产能结构，不断提高供给质量。提高煤炭铁路运输能力。加快全国干线油气管道建设，集约布局、有序推进液化天然气接收站和车船液化天然

气加注站规划建设。持续提高清洁能源利用水平，建设多能互补的清洁能源基地，以沙漠、戈壁、荒漠地区为重点加快建设大型风电、光伏基地，有序推进氢能基础设施建设，因地制宜发展生物质能、地热能、海洋能应用。推动构建新型电力系统，提升清洁能源消纳和存储能力。有序推进北方地区冬季清洁取暖。

20．加快水利基础设施建设

推进黄河古贤水利枢纽等工程前期工作，加快建设引江济淮、滇中引水等跨流域跨区域水资源配置工程，推动南水北调东中线后续工程建设，实施一批对区域发展具有重要作用的引调水工程。加快解决防洪薄弱环节，提高流域防洪减灾能力，加快病险水库除险加固，推进堤防、控制性枢纽和蓄滞洪区等工程建设。加强水土保持和河湖整治，提高水生态环境保护治理能力，科学推进水土流失综合治理，继续推进地下水超采治理。加大农业农村水利基础设施建设力度。提高农村供水保障水平。加强节水基础设施建设。

21．完善物流基础设施网络

实施国家物流枢纽组网工程，稳步推进一批国家物流枢纽建设，推进铁路（高铁）快运物流基地建设，科学有序推进专业性货运枢纽机场布局建设。深化多式联运示范工程建设和应用，完善集疏运体系，推进多式联运转运设施建设。优化以综合物流园区、专业配送中心、末端配送网点为支撑的商贸物流设施网络，鼓励三四线城市建设区域性仓储物流集散中心。推进国家骨干冷链物流基地布局建设，提升冷链物流规模化、集约化、网络化发展水平，加快实施农产品产地仓储保鲜冷链物流设施建设工程。

22．加大生态环保设施建设力度

建设一批大宗固体废弃物综合利用示范基地。补齐医疗废物、危险废物收集处置设施短板，建设危险废物风险防控技术中心和特殊危险废物集中处置中心。全面推进垃圾中转站、垃圾处理厂、规模化养殖场恶臭治理设施建设。实施重要生态系统保护和修复重大工程、重有色金属矿区历史遗留废物整治工程，加强大江大河和重要湖泊湿地生态保护治理和水生生物多样性保护，加强珍稀濒危水生生物保护，修复关键栖息地。加快沿海、内河老旧船舶更新改造。建设促进提高清洁能源利用水平、降低二氧化碳排放的生态环保设施。

23．完善社会民生基础设施

改善疾控机构基础设施设备条件，加快建设国家医学中心和区域医疗中心，改善县级医院和各级妇幼保健机构基础设施条件，加强中西部地区乡镇卫生院、村卫生室等基础设施和服务能力建设，地方可因地制宜加强护理院（中心、站）、康复医院建设。实施教育提质扩容工程，聚焦普惠性幼儿园、义务教育、普通高中教育和高质量职业教育、高等教育，着力改善办学条件。增加普惠性养老和医养结合服务设施，建设婴幼儿照护和未成年人保护服务机构及设施。提升图书馆、文化馆等县级公共文化设施水平，加强广播电视传输覆盖设施、基层防灾减灾基础设施建设，推进应急广播体系建设。加强旅游信息基础设施、旅游集散中心、游客服务中心等建设，完善旅游配套设施和服务设施，推进旅游厕所革命，强化智慧景区建设，提升旅游服务品质。增加全民健身场地设施供给，持续改善群众身边健身设施。建设国家步道体系，推动体育公园、户外运动公共服务设施等建设，鼓励利用工业厂房、商业用房、仓储用房等既有建筑及屋顶、地下室等空间建设改造成体育设施。

24．加快补齐市政基础设施短板

加强城市内涝治理，系统建设"源头减排、管网排放、蓄排并举、超标应急"的城市排水防涝工程体系，有条件的地方积极推进海绵城市建设。加强供水、供气、供热等市政基础设施建设，加快城市管道老化更新改造。加强城镇污水和垃圾收集处理体系建设，推进城镇污水管网全覆盖。实施智能化市政基础设施建设和改造行动。

（三）系统布局新型基础设施

25．加强新型基础设施建设

加快构建全国一体化大数据中心体系，布局建设国家枢纽节点和数据中心集群。加快5G 网络规模化部署。加快千兆光网建设，扩容骨干网互联节点，新设一批国际通信出入口，全面推进互联网协议第六版（IPv6）商用部署。加快运用 5G、人工智能、大数据等技术对交通、水利、能源、市政等传统基础设施的数字化改造。实施中西部地区中小城市基础网络完善工程。推动物联网全面发展，打造支持固移融合、宽窄结合的物联接入能力。实施智能网联汽车示范应用工程，创建车联网先导区。支持有条件的地方建设区域性创新高地，优化提升产业创新基础设施。建设一批具有重要研究价值、特定学科领域的重大科技基础设施。

五、推动城乡区域协调发展，释放内需潜能

（一）推进以人为核心的新型城镇化

26. 推进农业转移人口市民化

深化户籍制度改革，合理确定城市落户条件。健全以公民身份证号码为标识、与居住年限等条件相挂钩的基本公共服务提供机制。完善财政转移支付与农业转移人口市民化挂钩相关政策。建立农村产权流转市场体系，健全农户农村土地承包权、宅基地使用权、集体收益分配权市场化退出机制和配套政策，依法保障进城落户农民相关权益。

27. 培育城市群和都市圈

优化提升京津冀、长三角、珠三角、成渝、长江中游等城市群，发展壮大山东半岛、粤闽浙沿海、中原、关中平原、北部湾等城市群，培育发展哈长、辽中南、山西中部、黔中、滇中、呼包鄂榆、兰州—西宁、宁夏沿黄、天山北坡等城市群。依托辐射带动能力较强的中心城市，提高通勤圈协同发展水平，鼓励都市圈社保和落户积分互认、教育和医疗资源共享，培育发展一批同城化程度高的现代化都市圈。推进超大特大城市瘦身健体，有序疏解中心城区一般性制造业、区域性物流基地、专业市场等功能和设施，以及过度集中的公共服务资源。推动大中小城市协调发展，完善大中城市宜居宜业功能，支持培育新生中小城市。合理确定城市规模、人口密度、空间结构。

28. 推进以县城为重要载体的城镇化建设

顺应县城人口流动趋势和发展分化态势，立足县域主体功能定位、区位条件和产业基础，因地制宜、精准施策，尽力而为、量力而行，选择一批条件好的县城重点发展，防止人口流失县城盲目建设。夯实县城产业发展基础，完善县城市政公用设施，健全县城公共服务体系，改善县城生态环境质量，推进县乡村功能衔接互补。按照区位条件、资源禀赋、发展基础，分类引导小城镇发展。

29. 加快推进城镇老旧小区改造等建设

建立政府与居民、社会力量合理共担改造资金的机制，完善老旧小区配套设施和市政基础设施，力争基本完成 2000 年底前建成的需改造城镇老旧小区改造任务。改造提升城市存量片区功能，基本完成大城市老旧厂区改造，改造一批大型老旧街区，因地制宜改造

一批城中村。

（二）积极推动农村现代化

30．实施乡村建设行动

综合考虑村庄演变规律、集聚特点、现状分布，结合农民生产生活半径，合理确定村庄布局和规模。推动市政公用设施向郊区乡村和规模较大中心镇延伸，完善乡村水、电、路、气、邮政通信、网络、广播电视、物流、消防等基础设施，发展安全坚固、功能现代、成本经济、风貌乡土、绿色低碳的新型农房，继续做好农村清洁供暖改造、危房改造，推进绿色建材下乡。实施数字乡村建设行动。实施山洪地质灾害民居搬迁避让工程。加强村级综合服务设施建设，推进一站式便民服务。推进城乡基本公共服务标准统一、制度并轨，增加农村教育、医疗、养老、文化、运输等服务供给。加快推进农村人居环境整治提升，因地制宜推进农村改厕、生活垃圾处理和污水治理、村容村貌提升、乡村绿化美化，建设美丽宜居村庄。加大农村地区文化遗产和重要农业文化遗产保护力度。

31．完善乡村市场体系

加强农产品产地市场体系建设，深入实施"互联网+"农产品出村进城工程。改造提升乡镇商贸网点，打造"多站合一、一站多能"的村级商贸服务网点。推动农村节能家电等消费，促进农村品质消费、品牌消费。建立健全乡村旅游服务标准。加快乡镇影院建设。持续依法打击假冒伪劣产品，规范农村市场秩序。

32．丰富乡村经济形态

推动种养加结合和产业链再造，提高农产品加工业和农业生产性服务业发展水平，推动文化产业赋能乡村振兴，壮大休闲农业、乡村旅游、民宿经济等特色产业，提升农产品品牌化水平，带动特色产业发展。发展新型农村集体经济，完善利益联结机制，让农民更多分享产业增值收益。持续推进秸秆综合利用，完善收储运体系。健全农村产权交易、检验检测认证等平台和智能标准厂房等设施。推进现代农业产业园区、农业产业强镇、优势特色产业集群和国家农村产业融合发展示范园建设。支持农业产业化龙头企业创新发展、做大做强，组织开展"万企兴万村"行动。开展农业现代化示范区创建，探索差异化、特色化农业现代化发展模式，带动县域经济整体提升。

33．健全城乡融合发展体制机制

加快推进国家城乡融合发展试验区改革，统筹相关资金支持农业农村发展，将农业农村领域符合条件的公益性建设项目纳入地方政府债券支持范围。保障设施农业和乡村产业发展合理用地需求，完善金融支农激励机制，鼓励将符合法律规定、产权清晰的农村资产纳入抵押担保融资范围，发展农业保险，允许入乡就业创业人员在原籍地或就业创业地落户并享受相关权益。

（三）优化区域经济布局

34．依托区域重大战略打造内需新增长级

加快推动京津冀协同发展，紧抓疏解北京非首都功能"牛鼻子"，实施一批标志性疏解项目，高标准高质量建设雄安新区，基本建成轨道上的京津冀。全面推动长江经济带高质量发展，大力推进城镇污水垃圾处理、化工污染治理、农业面源污染治理、船舶污染治理、尾矿库污染治理"4+1"工程，实施好长江十年禁渔，持续深化绿色发展示范，建立健全生态产品价值实现机制。支持香港、澳门更好融入国家发展大局，积极稳妥推进粤港澳大湾区建设，完善国际科创中心"两廊两点"架构体系，深化通关模式改革，加快推进市场一体化，深入推动粤港澳重大合作平台建设。提升长三角一体化发展水平，加快基础设施互联互通和公共服务便利共享，推进生态环境共保联治。扎实推进黄河流域生态保护和高质量发展，协调上中下游共抓大保护，统筹沿黄河县城和乡村建设，打造具有国际影响力的黄河文化旅游带。

35．推动区域协调发展完善内需增长空间格局

推进西部大开发形成新格局，推动东北振兴取得新突破，开创中部地区崛起新局面，鼓励东部地区加快推进现代化，支持特殊类型地区加快发展。完善和落实主体功能区制度，逐步形成城市化地区、农产品生产区、生态功能区三大空间格局。健全区际利益补偿机制和生态保护补偿制度，完善区域合作与利益调节机制，推动区域间加强生态环境保护领域的合作与共享，支持流域上下游、粮食主产区主销区、资源输出地输入地之间开展多种形式的利益补偿。建立健全巩固拓展脱贫攻坚成果长效机制，完善农村低收入人口和欠发达地区帮扶机制，实现巩固拓展脱贫攻坚成果同乡村振兴有效衔接。

六、提高供给质量，带动需求更好实现

（一）加快发展新产业新产品

36．实现科技高水平自立自强

以国家战略性需求为导向推进创新体系优化组合，加快构建以国家实验室为引领的战略科技力量。瞄准人工智能、量子信息、集成电路、生命健康、脑科学、生物育种、深地深海等前沿领域，实施一批具有前瞻性、战略性的国家重大科技项目。

37．壮大战略性新兴产业

围绕新一代信息技术、生物技术、新材料、新能源、高端装备、新能源汽车、绿色环保、海洋装备等关键领域，5G、集成电路、人工智能等产业链核心环节，推进国家战略性新兴产业集群发展工程，实施先进制造业集群发展专项行动，培育一批集群标杆，探索在集群中试点建设一批创新和公共服务综合体。

38．加强创新产品应用

完善激励和风险补偿机制，推动首台（套）装备、首批次材料等示范应用。建立重要产品快速审评审批机制。

39．加快推动数字产业化和产业数字化

培育壮大人工智能、大数据、区块链、云计算、网络安全、超高清视频、虚拟现实等新兴数字产业，在智能交通、智慧物流、智慧能源、智慧医疗、智慧健康养老等重点领域开展数字化试点示范，大力发展第三方大数据服务产业。推进产业数字化转型，实施"上云用数赋智"行动，推动建设一批数字化转型促进中心，降低企业数字化转型成本。加大中小企业特别是制造业中小企业数字化赋能力度。建设若干国际水准的工业互联网平台，深化研发设计、生产制造等环节数字化应用。推进服务业数字化转型，积极推进数字商务建设，培育众包设计、智慧物流、智慧零售等新增长点。加快发展智慧农业，推进农业生产经营和管理服务数字化改造。

40．激发人才创新活力

完善人才评价和激励机制，健全以创新能力、质量、实效、贡献为导向的科技人才评价体系。选好用好领军人才和拔尖人才，赋予更大技术路线决定权和经费使用权。实施知

识更新工程、技能提升行动，壮大高水平工程师和高技能人才队伍。推动职业教育专业升级和数字化改造，培养培训一大批"数字工匠"。

（二）积极促进传统产业改造提升

41．大力发展现代农业

优化农业生产区域布局，建设优势农产品产业带和特色农产品优势区，推进粮经饲统筹、农林牧渔协调，优化种植业结构，实施化肥农药减量行动。加强耕地保护和质量建设，以永久基本农田、粮食生产功能区和重要农产品生产保护区为重点，推进高标准农田建设。实施国家黑土地保护工程，稳步推进东北黑土地保护性耕作行动计划。推进大中型灌区续建配套和现代化改造，提升精细化管理水平。推动畜牧业转型升级，发展标准化规模养殖，推进畜禽养殖废弃物资源化利用，因地制宜实施种养结合。推进水产绿色健康养殖，加快推动深远海养殖产业发展，规范有序发展海洋渔业。加强大中型、智能化、复合型农业机械研发应用。强化动物疫病风险防控，健全农作物病虫害防治体系，提升农业抗风险能力。

42．加快传统制造业转型升级

推动船舶与海洋工程装备、先进轨道交通装备、先进电力装备、工程机械、高端数控机床、医药及医疗设备等产业创新发展。改造提升传统产业，推动石化、钢铁、有色、建材等原材料产业结构调整，扩大轻工、纺织等优质产品供给，加快化工、造纸、有色等重点行业企业改造升级。深入实施工业互联网创新发展行动计划，一体化推进网络、平台、安全体系建设，打造基于工业互联网的新型应用模式和产业生态。加快实施智能制造和绿色制造工程，开展智能制造试点示范行动，建设智能制造示范工厂，培育智能制造先行区。

43．优化区域产业产能布局

优化石化化工等重要基础性产业规划布局，严格控制建设高耗能、高排放项目。完善产业结构调整指导目录、西部地区鼓励类产业目录等，支持引导中西部和东北地区依托资源要素禀赋，在充分考虑资源环境承载能力基础上承接国内产业梯度转移。加强对重大生产力布局的统一规划和宏观指导，防止盲目投资和重复建设。

（三）持续推动生产性服务业向高端延伸

44．发展服务型制造

深入推进现代服务业和先进制造业融合发展试点，引导和支持制造业企业从主要提供"产品"向提供"产品+服务"转变。鼓励制造业企业发展个性化定制服务、全生命周期管理、网络精准营销和在线支持服务等。支持有条件的企业由提供设备向提供系统集成总承包服务转变，由提供产品向提供整体解决方案转变。

45．支持服务业向制造端延伸

大力发展面向制造业的信息技术服务，提高重点行业信息应用系统的方案设计、开发、综合集成能力。鼓励互联网等企业发展在线定制等创新模式，创新业务协作流程和价值创造模式。加快发展研发设计、技术转移、创业孵化、科技咨询等科技服务业，发展壮大供应链管理、第三方物流、节能环保、融资租赁、人力资源服务、售后服务、品牌建设等服务业，提高对制造业转型升级的支撑能力。

（四）着力加强标准质量品牌建设

46．健全产品和服务标准体系

建立健全全国统一的强制性国家标准体系。加强绿色食品、有机农产品和地理标志农产品认证管理，优化完善地理标志保护标准体系。健全智能家电、智能家居、可穿戴产品等领域标准体系。继续推进消费品国内外标准接轨工程。健全旅游、养老、家政、商贸流通、文化等服务业标准体系。优化企业标准"领跑者"制度。大力发展先进团体标准，推进团体标准应用示范。

47．持续提高产品和服务质量

大力实施质量提升行动，加大产品质量监督抽查力度，推动制造业产品"增品种、提品质、创品牌"。积极推广先进质量管理模式，引导企业加强全面质量管理。面向中小企业开展质量基础设施一站式服务。健全质量认证体系，着力发挥强制性产品认证"保安全底线"和自愿性产品认证"拉质量高线"作用，加大高端品质认证制度供给，完善质量认证采信机制。加大缺陷产品调查力度，推进缺陷消费品召回常态化。健全主要消费品质量安全追溯体系，实现来源可查、去向可追、责任可究。实施优质服务标识管理制度，完善质量统计监测体系。

48．深入实施品牌发展战略

持续办好中国品牌日活动，传播品牌发展理念，凝聚品牌发展共识，宣传推介国货精品，在市场公平竞争、消费者自主选择中培育更多享誉世界的中国品牌，加快建设品牌强国。培育和发展中华老字号和特色传统文化品牌，健全集体商标、证明商标注册管理制度，加强农产品商标及地理标志商标的注册和保护，打造一批特色鲜明、竞争力强、市场信誉好的区域品牌。

七、健全现代市场和流通体系，促进产需有机衔接

（一）提升要素市场化配置水平

49．推动劳动力要素有序流动

建立协调衔接的劳动力、人才流动政策体系和交流合作机制，健全统一规范的人力资源市场体系。制修订国家职业标准，推进学历证书和职业技能等级证书互通衔接。完善全国统一的社会保险公共服务平台，推动社保关系转移接续。进一步推动医保服务便民高效，加快全国统一的医保信息平台落地应用，加快推进基本医疗保险关系转移接续和门诊费用异地就医结算服务。

50．推动经营性土地要素市场化配置

健全城乡统一的建设用地市场，统一交易规则，纳入自然资源资产交易平台，完善城乡基准地价、标定地价的制定与发布制度，逐步形成与市场价格挂钩的动态调整机制。完善年度新增建设用地总量调控制度，健全重大项目用地保障机制，实施城乡建设用地增存挂钩。加快培育发展建设用地二级市场，推动不同产业用地类型合理转换，探索增加混合产业用地供给。

51．完善知识、技术、数据要素配置机制

深入开展赋予科研人员职务科技成果所有权或长期使用权试点，完善职务科技成果转化激励政策和科研人员职务发明成果权益分享机制。加大科研单位改革力度，支持科研事业单位试行更灵活的编制、岗位、薪酬等管理制度。建设国家知识产权和科技成果产权交易机构，在全国范围内开展知识产权转让、许可等运营服务。推动健全知识产权质押融资市场化风险分担机制，完善知识产权质押信息平台。建立数据资源产权、交易流通、跨境

传输、安全防护等基础制度和标准规范。

（二）加快建立公平统一市场

52. 完善公平竞争的市场秩序

在要素获取、准入许可、经营运行、标准制定、招投标、政府采购等方面，对各类所有制企业平等对待。健全公平竞争审查机制，强化公平竞争审查刚性约束。加强和改进反垄断和反不正当竞争执法。

53. 加快构建全国统一大市场

落实"全国一张清单"管理模式，严禁各地区各部门自行发布具有市场准入性质的负面清单，建立覆盖省市县三级的市场准入隐性壁垒台账。推进能源、铁路、电信、公用事业等行业竞争性环节市场化改革。深化公共资源交易平台整合共享，开展招标投标领域改革创新试点，健全招标投标法律法规和制度规则。推进企业开办标准化、规范化、便利化。

（三）建设现代流通体系

54. 优化现代商贸体系

发展高水平商品交易市场，推动消费品骨干市场转型升级，完善农产品现代流通设施。提升城乡商贸设施水平，改善商业综合体、商务区、步行街等消费聚集区设施条件。建立完善农村商业体系。推动传统零售业创新转型。合理配置社区菜店、超市、连锁便利店等设施，打造"一刻钟"便民生活圈。

55. 发展现代物流体系

加快构建以国家物流枢纽为核心的骨干运行网络，完善区域分拨配送服务网络，优化城市物流配送网络，发展城乡高效配送。加快补齐农村物流发展短板，促进交通、邮政、商贸、供销、快递等存量农村物流资源融合和集约利用，打造一批公用型、共配型物流基础设施，提升农村物流服务效能。推动联运转运设施、场站合理布局建设，积极发展公铁水联运、江海联运和铁路快运。优化国际海运航线，强化国际航空货运网络，巩固提升中欧班列等国际铁路运输组织，推动跨境公路运输发展，支持优化海外仓全球布局，加快构建高效畅通的多元化国际物流干线通道。

八、深化改革开放，增强内需发展动力

（一）完善促进消费的体制机制

56．持续释放服务消费潜力

持续推进教育、科技、文化、卫生、体育等领域事业单位改革，将从事生产经营活动的事业单位及能够分离的生产经营部门逐步转化为企业。建立健全养老机构分类管理制度，加快推进公办养老机构开展公建民营。将更多公共服务项目纳入政府购买服务指导性目录，加大政府购买力度。

57．加强消费者权益保护

制定消费者权益保护法实施条例，健全消费者公益诉讼制度，探索建立消费者集体诉讼制度。建立假冒伪劣产品惩罚性巨额赔偿制度。健全产品伤害监测、产品质量担保等制度，完善多元化消费维权机制和纠纷解决机制。简化小额消费争议处理程序。严格食品药品监管，强化重点商品和服务领域价格监管。

（二）推进投融资体制改革

58．加大对民间投资支持和引导力度

发挥政府资金引导带动作用，引导民间资本参与新型基础设施、新型城镇化、交通水利等重大工程和补短板领域建设。支持民营企业开展基础研究和科技创新、参与关键核心技术研发和国家重大科技项目攻关。完善民营企业参与国家重大战略实施机制。鼓励和引导非国有资本投资主体通过参股控股、资产收购等多种形式，参与国有企业改制重组。

59．优化投资审批和监督管理

规范有序推广企业投资项目承诺制、区域评估、标准地改革等投资审批创新经验，加强投资决策与规划和用地、环评的制度衔接，提高投资项目前期工作效率。贯彻落实《政府投资条例》和《企业投资项目核准和备案管理条例》，完善投资法规制度和执法机制。建立健全投资审批数据部门间共享机制，推动投资审批权责"一张清单"、审批数据"一体共享"、审批事项"一网通办"。加强投资项目特别是备案类项目的事中事后监管。

60．健全投资项目融资机制

在试点基础上，有序推动基础设施领域不动产投资信托基金（REITs）健康发展，有

效盘活存量资产，形成投资良性循环。规范有序推进政府和社会资本合作（PPP）。健全政府性融资担保体系。加大金融机构对生态环保、城乡基础设施建设、科技创新等领域重大项目和工程的资金支持力度。增强资本市场对实体经济的融资功能，提高直接融资特别是股权融资比重。合理扩大债券融资规模，进一步发展企业债券、公司债券、非金融企业债务融资工具、项目收益债等，推进债券市场互联互通。

（三）优化营商环境激发市场活力

61．深化"放管服"改革

深化行政审批制度改革和商事制度改革，持续打造宽松、便捷的市场准入环境。深化"证照分离"改革，着力推动照后减证、并证。推进行政许可实施规范化标准化，推广告知承诺制等模式。完善工业产品准入制度和企业资质资格认定事项。加快建立全方位、多层次、立体化监管体系，实现事前事中事后全链条全领域监管。加快推进政务服务标准化规范化便利化，大力推进"互联网+政务服务"。在全国范围内扩大简易注销登记适用范围，建立企业破产案件简化审理模式，开展个人破产制度改革试点。完善并严格执行抽查事项清单，推进部门联合"双随机、一公开"监管常态化。健全对新业态的包容审慎监管制度。完善营商环境评价体系，健全营商环境评价长效机制。

62．健全现代产权制度

完善平等保护产权的法律法规体系，加强对非公有制经济财产权的法律保护。完善产权执法司法保护制度，完善涉企产权保护案件申诉、复查、再审等机制。对故意侵害知识产权，情节严重的，依法执行侵权惩罚性赔偿制度，建立健全专利、商标等无形资产评估管理体系。持续深化农村集体产权制度改革，完善农村集体产权确权和保护制度，加强农村土地经营权流转规范管理和服务。

63．完善社会信用体系

健全社会信用法律法规和政策体系，建立健全以信用为基础的新型监管机制。依法依规健全守信激励和失信惩戒机制。推广信用承诺制度。依法依规加强信用信息归集、共享、公开、应用，建立公共信用信息同金融信息共享整合机制，推广惠民便企信用产品与服务。

（四）发挥对外开放对内需的促进作用

64. 高质量共建"一带一路"

推进已签文件落实见效，推动与更多国家商签投资保护协定、避免双重征税协定等。推进基础设施互联互通，打造国际陆海贸易新通道。推进中欧班列安全稳定高质量发展。有序推动重大合作项目建设。深化经贸投资务实合作，推进国际产能合作，共同拓展第三方市场，积极发展丝路电商。

65. 持续提升利用外资水平

健全外商投资准入前国民待遇加负面清单管理制度，扩大鼓励外商投资范围，全面深入落实准入后国民待遇。优化外商投资服务，加强外商投资促进和保护。支持外资企业扩大中高端制造、高新技术、传统制造转型升级、现代服务业等领域和中西部地区投资，鼓励外资企业设立研发中心和参与承担国家科技计划项目。

66. 打造高水平、宽尺度、深层次的开放高地

发挥京津冀、长三角、粤港澳大湾区等地区先导示范效应，打造面向东北亚、中亚、南亚、东南亚的沿边开放合作门户。赋予自由贸易试验区更大改革自主权，积极复制推广制度创新成果。稳步推进海南自由贸易港建设，有序实现货物贸易"零关税"、服务贸易"既准入又准营"，推进贸易投资自由化便利化，全面推行"极简审批"投资制度。创新提升国家级新区和开发区，促进综合保税区高水平开放。

67. 稳步推进多双边贸易合作

实施自由贸易区提升战略，做好《区域全面经济伙伴关系协定》（RCEP）生效后实施工作，推动商签更多高标准自由贸易协定和区域贸易协定，积极推进加入《全面与进步跨太平洋伙伴关系协定》（CPTPP）和《数字经济伙伴关系协定》（DEPA）工作。促进我与周边国家地区农业、能源、服务贸易、高新技术等领域合作不断深化。落实促进外贸发展的财税政策。

68. 扩大重要商品和服务进口

支持国内产业转型升级需要的技术、设备及零部件进口，鼓励研发设计、节能环保、环境服务等生产性服务进口。扩大与人民生活密切相关的优质商品、医药产品等进口。支持边境贸易创新发展。持续办好中国国际进口博览会、中国进出口商品交易会、中国国际

服务贸易交易会、中国国际消费品博览会等。

九、扎实推动共同富裕，厚植内需发展潜力

（一）持续优化初次分配格局

69．提升就业质量增加劳动者劳动收入

坚持经济发展就业导向，完善高校毕业生、农民工等重点群体就业支持体系，支持吸纳就业能力强的服务业、中小微企业和劳动密集型企业发展，鼓励增加高质量就业的技能密集型企业发展，落实完善促进创业带动就业、多渠道灵活就业的政策措施。规范劳务派遣用工行为，保障劳动者同工同酬。加快提升劳动者技能素质，深入实施职业技能提升行动和重点群体专项培训计划，统筹各级各类职业技能培训资金，创新使用方式。鼓励企业开展岗位技能提升培训，建设一批公共实训基地，推动培训资源共建共享。统筹用好公益性岗位，着力帮扶符合条件的残疾人、零就业家庭成员等困难群体就业。

70．提高劳动报酬在初次分配中的比重

完善企业薪酬调查和信息发布制度，健全劳动者工资决定、合理增长和支付保障机制，健全最低工资标准调整机制。大力推广以工代赈方式。推进根治拖欠农民工工资工作，切实维护农民工劳动报酬权益。

71．健全各类生产要素参与分配机制

健全知识、技术、数据等各类生产要素由市场评价贡献、按贡献决定报酬的体制机制。鼓励符合条件的企业用足用好股权、期权等各类中长期激励工具，有效激励包括科研人员在内的企业关键岗位核心人才。完善股票发行、退市、信息披露等制度，推动资本市场规范健康发展。创新更多适应家庭财富管理需求的金融产品，进一步丰富资产管理产品，增加居民投资收益。提高农民土地增值收益分享比例。

72．扩大中等收入群体规模

提高高等教育质量，拓宽市场化、社会化就业渠道，提升高校毕业生就业质量。加大培养力度，建立健全激励机制，提高技术技能人才待遇水平。改善营商环境，减轻税费负担，提供更多市场化金融服务，促进中小企业主和个体工商户稳定经营、持续增收，支持灵活就业人员勤劳致富。健全公共服务体系，合理减轻中等收入群体负担。实施高素质农

民培育计划。

（二）逐步健全再分配机制

73．加大财税制度对收入分配的调节力度

研究完善综合与分类相结合的个人所得税制度。优化财政支出结构，做好基本民生支出保障。完善转移支付制度，加大对财政困难地区支持力度。

74．健全社会保障制度

实现企业职工基本养老保险全国统筹，推动基本医疗保险、失业保险省级统筹，巩固完善工伤保险省级统筹。推进基本养老保险由制度全覆盖到法定人群全覆盖。发展企业年金、职业年金，规范发展第三支柱养老保险。完善基本医疗保险制度，健全重特大疾病医疗保险和救助制度，支持商业健康保险发展。做好灵活就业人员参加社会保险工作，逐步放开灵活就业人员在就业地参加基本养老、基本医疗保险的户籍限制。稳步建立长期护理保险制度。健全社会保障待遇调整机制。健全分层分类的社会救助体系，构建综合救助格局。完善帮扶残疾人、孤儿等社会福利制度。

（三）重视发挥第三次分配作用

75．发展慈善事业和志愿服务

完善慈善褒奖制度，引导支持有意愿有能力的企业和社会群体积极参与公益慈善事业。规范培育发展慈善组织，落实公益性慈善捐赠税收优惠政策。加强对慈善组织和活动的监督动的监督管理，提高公信力和透明度。健全志愿服务体系和激励保障机制，壮大志愿者队伍，搭建更多志愿服务平台，全面提升志愿服务水平。

十、提升安全保障能力，夯实内需发展基础

（一）保障粮食安全

76．推进粮食稳产增产

深入实施藏粮于地、藏粮于技战略，坚持最严格的耕地保护制度，严守耕地红线和永久基本农田控制线，稳定粮食播种面积、巩固提升粮食产能，坚决遏制耕地"非农化"、严格管控"非粮化"，稳定农业基本盘，确保稳产保供。推进合理布局，主产区、主销

区、产销平衡区都要保面积、保产量，完善粮食生产支持政策。实施重要农产品保障战略。建设国家粮食安全产业带。

77．健全粮食产购储加销体系

落实粮食安全党政同责要求。深化粮食等重要农产品收储制度改革，加快培育多元市场购销主体，科学确定粮食储备规模、结构、布局，完善粮食储备管理体制和运行机制。加强粮食、棉、糖等重要农产品仓储物流设施建设，合理布局区域性农产品应急保供基地。深入推进优质粮食工程，加快构建现代化粮食产业体系。持续倡导节粮减损。

78．推进种业振兴

大力实施现代种业提升工程，推进国家农作物、畜禽、海洋和淡水渔业等种质资源库建设。对育种基础性研究以及重点育种项目给予长期支持，开展农业种源关键核心技术攻关，实施农业生物育种重大科技项目，推进育种联合攻关。在尊重科学、严格监管的前提下，有序推进生物育种产业化应用。建设现代化农作物制种基地、国家畜禽核心育种场和水产供种繁育基地，建立健全商业化育种体系。

（二）强化能源资源安全保障

79．增强国内生产供应能力

加大油气勘探开发投入，保持原油和天然气稳产增产。做好煤制油气战略基地规划布局和管控。加大重点勘查区、重要矿集区、资源集中区和重要找矿远景区找矿力度，延长矿山服务年限。

（三）推动应急管理能力建设

80．加强应急物资保障体系建设

强化公共卫生、灾害事故等领域应急物资保障，完善中央、省、市、县、乡五级应急物资储备网络。完善国家级应急物资储备库，升级地方应急物资储备库和救援装备库，中央应急物资储备向中西部地区和灾害多发易发地区倾斜。提高应急物资技术质量标准，加大科技含量高、存储时间长、适用范围广的物资研发和储备。优化重要应急物资产能区域布局，实施应急产品生产能力储备工程，引导企业积极履行社会责任建立必要的产能储备，建设区域性应急物资生产保障基地，完善国家应急资源管理平台。

81．加强应急救援力量建设

实施应急救援中心工程，建设 6 个国家区域应急救援中心。完善航空应急救援体系。加强国家综合性消防救援队伍建设，强化救援装备、技术支撑及综合保障，推进新型装备研发配备，强化应急管理装备技术支撑，推动救援队伍能力现代化。强化危险化学品、矿山、道路交通等重点领域生命防护，完善配套应急处置设施，提高安全生产重大风险防控能力。

82．推进灾害事故防控能力建设

实施自然灾害防治技术装备现代化工程、自然灾害监测预警信息化工程，提升自然灾害防治能力，提高洪涝干旱、森林草原火灾、地质灾害、气象灾害、地震等自然灾害防御工程标准。提升能源基础本质安全水平，有效防范化解油气管道人员密集型高后果区泄露、油气开采井喷失控和硫化氢中毒风险。优化国土空间防灾减灾救灾设施布局，推进公共基础设施安全加固，加快构建城乡应急避难场所体系。加快构建灾害事故监测预警体系和应急通信体系。发展巨灾保险。

关于巩固回升向好趋势加力振作工业经济的通知

工业和信息化部　国家发展和改革委员会　国务院国资委

工信部联运行〔2022〕160 号

二〇二二年十一月二十一日

工业是经济增长的主体和引擎，振作工业经济是稳住经济大盘的坚实支撑。为深入贯彻党的二十大精神，认真落实党中央、国务院关于当前经济工作的决策部署，加快推动国务院扎实稳住经济一揽子政策和接续政策落地见效，巩固工业经济回升向好趋势，更好发挥稳住经济大盘"压舱石"作用，现将有关事项通知如下。

一、总体要求

坚持以习近平新时代中国特色社会主义思想为指导，深入贯彻落实党的二十大精神，坚持稳中求进工作总基调，完整、准确、全面贯彻新发展理念，加快构建新发展格局，着力推动高质量发展，全面落实"疫情要防住、经济要稳住、发展要安全"的要求，扛牢稳住经济大盘的政治责任，抓住当前经济恢复的重要窗口期，把稳住工业经济摆在更加突出位置，强化目标导向、问题导向、结果导向，压实主体责任，集聚各方力量，着力扩需求、促循环、助企业、强动能、稳预期，确保 2022 年四季度工业经济运行在合理区间，保持制造业比重基本稳定，为 2023 年实现"开门稳"、加快推进新型工业化打下坚实基础。

——坚持聚焦重点、加力提效。紧密衔接已出台的各项稳增长政策措施，保持政策的连续性、稳定性，聚焦重点领域和薄弱环节精准加力，形成政策叠加组合效应，推动工业经济加快恢复。

——坚持因地制宜、分业施策。支持有条件的地区特别是工业大省、重点行业和大型企业力争完成全年预期目标，为稳定全国工业经济挑大梁；其他面临困难的地区、行业和企业，要着力攻坚克难，全力以赴稳增长。

——坚持立足当前、兼顾长远。着重解决当前工业经济运行中存在的突出困难和问题，力争取得最好结果，并用好产业结构调整有利时机，补短板、锻长板、强基础，推动制造业高质量发展。

——坚持底线思维、安全发展。更好统筹发展和安全，做好各类重大风险挑战应对预案，切实保障能源原材料安全和重点产业链供应链稳定，提高防范化解重大风险能力，牢牢把握经济安全和发展主动权。

二、多措并举，夯实工业经济回稳基础

巩固工业经济回升向好趋势，着力点在政策落实。要坚持系统观念、综合施策，以有力政策举措有效解决面临的突出问题，确保工业经济运行在合理区间。

（一）加快推动重大项目建设形成实物工作量

用好政策性开发性金融工具、设备更新改造再贷款和贴息、制造业中长期贷款等政策工具，加快"十四五"相关规划重大工程项目和各地区重大项目建设，协同做好用地、用能等要素保障，力争早开工、早见效。修订《工业企业技术改造升级投资指南》，实施工业企业技术改造升级导向计划，引导企业开展新一轮技术改造和设备更新投资。推动政府投资基金落实国家战略，扩大项目投资。

（二）深挖市场潜能扩大消费需求

进一步扩大汽车消费，落实好 2.0 升及以下排量乘用车阶段性减半征收购置税、新能源汽车免征购置税延续等优惠政策，启动公共领域车辆全面电动化城市试点。加快邮轮游艇大众化发展，推动内河船舶绿色智能升级。持续开展消费品"三品"全国行系列活动，加快创建"三品"战略示范城市创建，开展家电下乡和以旧换新活动，组织"百企千品"培优工程，打造中国消费名品方阵。实施原材料"三品"行动，指导地方开展绿色建材下乡活动。开展信息消费+乡村振兴系列活动，规范发展线上经济，引导电商平台和线下零售商开展促销活动，推动释放消费潜力。

（三）稳定工业产品出口

确保外贸产业链稳定，指导各地建立重点外贸企业服务保障制度，及时解决外贸企业的困难问题，在生产、物流、用工等方面予以保障。提升港口集疏运和境内运输效率，确保进出口货物快转快运。落实好稳外贸政策措施，进一步加大出口信用保险支持力度，抓实抓好外贸信贷投放。加快推动通过中欧班列运输新能源汽车和动力电池，支持跨境电商、海外仓等外贸新业态发展。推动各地积极利用外经贸发展专项资金等现有渠道，支持中小微企业参加境外展会扩大订单。办好第 132 届中国进出口商品交易会（广交会）线上展，扩大参展企业范围，延长线上展示时间，进一步提高成交实效。

（四）提升产业链供应链韧性和安全水平

各地要严格执行疫情防控"九不准"要求，指导企业建立闭环生产方案和应急处置预案，做好生产物资储备、员工到岗、生活和防疫物资供应相关工作，保障人流、物流畅通。建立应对重大突发事件冲击常态化稳定产业链供应链协调机制，聚焦重点区域、重点行业、重点企业，加强区域间、上下游联动，"点对点""一对一"帮助龙头企业和关键节点企业解决堵点卡点问题，保障重点企业稳定生产、重点产业链供应链稳定畅通。深入实施产业基础再造工程，加强关键原材料、关键软件、核心基础零部件、元器件供应保障和协同储备，统筹推动汽车芯片推广应用、技术攻关、产能提升等工作，进一步拓展供应渠道。充分发挥煤电油气运保障工作部际协调机制作用，加强资源统筹协调，制定能源保供应急预案，指导地方优化有序用电措施，保障电力电煤供应安全，满足工业发展合理用能需求。

（五）持续壮大新动能

深入实施先进制造业集群发展专项行动，聚焦新一代信息技术、高端装备、新材料、新能源等重点领域，推进国家级集群向世界级集群培育提升。启动创建国家制造业高质量发展试验区，构建一批各具特色、优势互补、结构合理的区域增长极。加强新技术新产品的推广应用，推动新一代信息技术与制造业深度融合，构建新一代信息技术、人工智能、生物技术、新能源、高端装备、工业软件、绿色环保等一批新的增长引擎，大力发展新产业、新业态、新模式。加快发展数字经济，打造具有国际竞争力的数字产业集群。深入实施智能制造工程，开展智能制造试点示范行动，加快推进装备数字化，遴选发布新一批服务型制造示范，加快向智能化、绿色化和服务化转型。深入开展工业互联网创新发展工程，实施 5G 行业应用"十百千"工程，深化"5G+工业互联网"融合应用，加快 5G 全连接工厂建设，推动各地高质量建设工业互联网示范区和"5G+工业互联网"融合应用先导区。落实 5G 扬帆应用行动计划，深入推进 5G 规模化应用。

三、分业施策，强化重点产业稳定发展

巩固工业经济回升向好趋势，重点在行业。要统筹推进强基础、补短板、锻长板、育集群、建生态各项工作，深入推动产业基础高级化、产业链现代化，促进重点产业高端化智能化绿色化发展。

（六）推动原材料行业提质增效

聚焦产业基础好、比较优势突出、技术领先的行业细分领域或重点产品，发挥产业链龙头企业引领带头作用，支持形成一批石化化工、钢铁、有色金属、稀土、绿色建材、新材料产业集群。落实落细工业领域以及石化化工、钢铁、有色金属、建材等重点行业碳达峰实施方案，健全绿色制造体系，加快节能降碳装备技术推广应用。做好大宗原材料保供稳价，完善大宗原材料供给"红黄蓝"预警机制，下达化肥最低生产计划，灵活运用国家储备开展市场调节，促进价格运行在合理区间。提升战略性资源供应保障能力，进一步完善废钢、废旧动力电池等再生资源回收利用体系，研究制定重点资源开发和产业发展总体方案，开展光伏压延玻璃产能预警，指导光伏压延玻璃项目合理布局。加快国内（重点）铁矿石项目建设，推进智能矿山建设。优化布局建设国家新材料重点平台，深化实施首批次应用保险补偿机制，加快促进一批重点新材料产用衔接和市场应用推广。

（七）巩固装备制造业良好势头

打好关键核心技术攻坚战，提高大飞机、航空发动机及燃气轮机、船舶与海洋工程装备、高端数控机床等重大技术装备自主设计和系统集成能力。实施重大技术装备创新发展工程，做优做强信息通信设备、先进轨道交通装备、工程机械、电力装备、船舶等优势产业，促进数控机床、通用航空及新能源飞行器、海洋工程装备、高端医疗器械、邮轮游艇装备等产业创新发展。发挥新能源汽车产业发展部际协调机制作用，突破关键核心技术，构建新型产业生态，完善基础设施建设，推动新能源汽车产业高质量可持续发展。组织农机装备补短板行动，一体化推动生产推广应用。加快能源电子产业发展，推动智能光伏创新发展和行业应用，完善光伏、锂电等综合标准化技术体系。优化实施首台（套）重大技术装备、重点新材料首批次保险补偿试点政策，深入开展政府采购支持首台（套）试点，推动首台（套）、首批次等创新产品研发创新和推广应用。

（八）促进消费品行业稳定恢复

深入实施增品种、提品质、创品牌"三品"战略，编制《升级和创新消费品指南》，促进产品迭代更新。抓紧制定发布地方特色食品产业培育、推动生物制造发展等政策文件，加快制修订家用电器、婴童用品、电动自行车等重点产品强制性国家标准。推动医药等重点产业链补短板，加快关键原辅料、设备配件和生产工艺研发攻关，促进集群化发展。支持纺织服装行业绿色化发展，加大再生纤维制品宣传推广力度，稳住轻工、纺织等劳动密集型产品出口，促进传统行业平稳运行。

四、分区施策，促进各地区工业经济协同发展

巩固工业经济回升向好趋势，关键在地方。各地要结合自身实际，加强央地联动、区域协作，充分发挥区位优势和比较优势，推动区域工业经济协调发展。

（九）东部工业大省主动发挥稳经济关键支撑作用

东部工业大省产业基础好、市场规模大、外资外贸占比高、带动性强，要勇挑大梁，推动工业经济加快恢复和高质量发展，为全国工业经济稳定增长多作贡献。大力发展高端制造业，培育壮大新兴产业，着力强化数字赋能，推进绿色低碳转型，塑造制造业高质量发展新优势。强化创新引领和产业转型，支持建设培育一批国家级产业技术创新平台、制造业创新中心、工业设计中心。深化"放管服"改革，扩大高水平开放，更大激发市场活力和社会创造力。强化与资源富集区、成本优势区等区域分工协作，推动部分产业向中西部和东北地区转移，增强全国工业经济弹性和韧性。

（十）中西部地区努力巩固较快增长态势

能源原材料大省要着力稳生产增效益，巩固较快增长势头。受电力短缺影响较大省份要对照增长目标，抓紧谋划用电高峰后的追平补齐措施。支持中西部承接产业转移，在有基础优势的地区，通过中央企业投资、国家产业转移基金重点支持等方式，促进西部地区转型升级，加快培育发展特色产业和集群。进一步优化西部地区营商环境，在满足产业、能源、碳排放等政策的条件下，支持符合生态环境分区管控要求和环保、能效、安全生产等标准要求的高载能行业向西部清洁能源优势地区集聚。

（十一）东北地区推动全面振兴取得新突破

东北地区要加快推进产业转型升级，充分发挥装备制造、能源原材料、农业及农产品加工等产业优势，大力推进技术创新，加快培育一批战略性新兴产业，积极发展生产性服务业。积极支持驻东北地区中央企业发展，防止因人才流失和人员老化导致创新能力减弱，确保重点产业链供应链稳定安全。不断完善有利于民营经济发展的经济社会环境，提高对资本和人才的吸引力。

五、分企施策，持续提升企业活力

巩固工业经济回升向好趋势，主体是企业。要充分发挥不同规模、不同所有制企业的积极性，激发活力，增强信心，为工业经济稳定恢复提供有力支撑和保障。

（十二）充分发挥大型企业"顶梁柱"作用

大型企业要把稳增长放在更加突出位置，细化落实稳增长目标任务。特别是中央工业企业要发挥好对产业链主体支撑和融通带动作用；要加强生产运行调度，拓展挖潜增利空间，努力多作贡献；要在加快自身发展助力经济大盘稳定的同时，全力做好能源粮食安全托底和保供稳价，推动能源、物流和新型基础设施建设，释放采购需求；要积极为中小企业供应商提供项目、资金等支持，对中小企业账款"应付尽付、应付快付"，落实 2022年减免房租政策对服务业小微企业和个体工商户房租"应免尽免、应免快免"。

（十三）加力支持中小企业和民营企业专精特新发展

充分发挥各级中小企业协调机制作用，抓好各项惠企政策落实，鼓励地方出台配套举措。加大国家小型微型企业创业创新示范基地和中小企业公共服务示范平台培育力度，加强产业技术基础公共服务平台能力建设投入，深入开展中小企业服务行动，推动优质中小企业对接多层次资本市场，强化对中小企业创业创新活动的支撑。深入实施优质中小企业梯度培育工程，组织开展中小企业数字化赋能专项行动、大中小企业融通创新"携手行动""千校万企"协同创新伙伴行动，大力促进中小企业特色产业集群发展，激发涌现一大批专精特新企业、"小巨人"企业和制造业单项冠军企业。扎实开展防范和化解拖欠中小企业账款专项行动、涉企违规收费专项整治，抓好减轻企业负担综合督查发现问题整改，努力为中小企业和民营企业发展营造良好环境。

（十四）强化对外资企业的服务保障

建立健全与外资企业的常态化交流机制，强化用工、用能、物流等生产要素保障，积极协调解决合理需求，确保企业稳定生产和正常经营。指导外资企业落实好疫情防控工作指南，进一步便利外资企业商务、技术人员及家属出入境。鼓励和支持外资企业加大在华高新技术、中高端制造、传统制造业转型升级等领域的投资，支持外资企业在华设立研发中心和参与承担国家科技计划项目。强化制造业重大外资项目服务保障，推动相关项目尽快落地。持续优化营商环境，提升知识产权保护水平和数据治理水平。

六、保障措施

巩固工业经济回升向好趋势，良好机制是保障。要锚定稳经济一揽子政策和接续政策措施，以及振作工业经济系列政策，细化配套措施，实化工作举措，努力为工业稳增长提供坚实的政策保障。

（十五）强化责任形成合力

各有关方面要坚决把思想和行动统一到党的二十大精神上来，统一到党中央对当前经济形势的重大判断和对下半年经济工作的决策部署上来，强化责任担当，积极主动作为，推动工业经济持续稳定增长。各地有关部门要充分发挥工业稳增长协调机制作用，加强组织领导，挖掘政策潜力，完善配套措施，狠抓政策落实，促进本地区工业经济平稳运行。各有关部门要结合职能职责，积极推出有利于促进工业经济平稳增长的政策举措，推动政策精准发力，进一步释放政策效应。

（十六）加大政策扶持力度优化发展环境

落实落细国务院稳住经济一揽子政策和接续政策，用足用好制造业留抵退税、研发费用加计扣除、制造业专项贷款等财税金融政策。加强产业政策与金融政策协同，发挥产融合作平台作用，综合运用信贷、债券、基金、保险、专项再贷款等各类金融工具，促进集成电路、新能源汽车、生物技术、高端装备、绿色环保等重点产业创新发展。用好小微企业融资担保降费奖补资金，扩大政府性融资担保业务规模。鼓励地方安排中小企业纾困专项资金，对符合条件的企业给予资金支持。深入开展促进中小企业发展环境第三方评估。

（十七）完善监测调度和督导激励机制

聚焦重点地区、行业、企业和园区，完善不同频次监测调度机制，加强苗头性问题预警和分析研判，做好政策储备。组织开展"工业稳增长和转型升级成效明显市（州）"申报，对稳增长取得突出成效的地区在工作中给予优先支持。充分发挥制造业高质量发展指标体系的引导性作用，定期通报各地工业生产、效益、投资和制造业增加值比重等指标数据，加强目标管理和进度督促，推动各地采取有力措施促进工业经济平稳增长。大力挖掘各地工业稳增长典型案例，总结提炼和积极推广可借鉴的经验和做法，发挥好示范引领作用，进一步坚定信心、提振预期。

助力中小微企业稳增长调结构强能力若干措施

国务院促进中小企业发展工作领导小组办公室

工信部企业函〔2023〕4号

二〇二三年一月十一日

为深入贯彻党的二十大精神，落实中央经济工作会议决策部署，帮助中小微企业应对当前面临的困难，进一步推动稳增长稳预期，着力促进中小微企业调结构强能力，制定以下措施。

一、进一步推动稳增长稳预期

（一）强化政策落实和支持力度

深入落实减税降费、稳岗返还等政策，切实推动已出台政策措施落地见效。结合实际优化调整 2022 年底到期的阶段性政策。加强中小微企业运行监测，及时掌握中小微企业面临的困难问题，进一步研究提出有针对性的政策措施。（财政部、税务总局、人力资源社会保障部、工业和信息化部等部门会同各地方按职责分工负责）

（二）加大对中小微企业的金融支持力度

用好支小再贷款、普惠小微贷款支持工具、科技创新再贷款等货币政策工具，持续引导金融机构增加对中小微企业信贷投放。推动金融机构增加小微企业首贷、信用贷、无还本续贷和中长期贷款，推广随借随还贷款模式，推动普惠型小微企业贷款增量扩面。（人民银行、银保监会按职责分工负责）

（三）促进产业链上中小微企业融资

选择部分具备条件的重点产业链、特色产业集群主导产业链，开展"一链一策一批"中小微企业融资促进行动，深化产融对接和信息共享，鼓励银行业金融机构在风险可控前提下，制定专门授信方案，高效服务链上中小微企业，促进产业与金融良性循环。（工业和信息化部、人民银行、银保监会按职责分工负责）

（四）有效扩大市场需求

支持中小企业设备更新和技术改造，参与国家科技创新项目建设，承担国家重大科技战略任务。将政府采购工程面向中小企业的预留份额阶段性提高至 40%以上政策延续到 2023 年底。落实扩大汽车、绿色智能家电消费以及绿色建材、新能源汽车下乡等促消费政策措施。持续开展消费品"三品"（新品、名品、精品）全国行系列活动，举办第三届中国国际消费品博览会，开展国际消费季、消费促进月等活动。鼓励大型企业和平台机构发布面向中小微企业的采购清单，开展跨境撮合活动，为中小微企业开拓更多市场，创造更多商机。（发展改革委、财政部、工业和信息化部、科技部、商务部、国资委等部门按职责分工负责）

（五）做好大宗原材料保供稳价

推动建立原材料重点产业链上下游长协机制，实现产业链上下游衔接联动，保障链上中小微企业原材料需求。强化大宗原材料"红黄蓝"供需季度预警，密切监测市场供需和价格变化，灵活运用国家储备开展市场调节。强化大宗商品期现货市场监管，打击囤积居奇、哄抬价格等违法违规行为，坚决遏制过度投机炒作。（发展改革委、工业和信息化部、市场监管总局、证监会按职责分工负责）

（六）加大公共服务供给和舆论宣传引导

健全国家、省、市、县四级中小企业服务体系，发挥社会化公共服务机构作用。深入推进"一起益企"中小企业服务行动和中小企业服务月活动，为中小微企业提供更加优质、精准的政策宣传解读、咨询、培训和技术等服务。充分发挥"中小企助查 APP"等数字化平台作用，提供个性化政策匹配服务，提高惠企政策的知晓率、惠及率和满意率。加强先进典型宣传，讲好中小企业发展故事，深入开展中小企业发展环境第三方评估，形成有利于中小微企业健康发展的良好氛围。（工业和信息化部、中央宣传部、商务部按职责分工负责）

（七）强化合法权益保护

强化落实支持中小微企业发展的有关法律制度，依法保护产权和知识产权。严格执行《保障中小企业款项支付条例》，落实机关、事业单位、大型企业逾期未支付中小微企业账款信息披露制度，强化监管，加强投诉处理。深入开展涉企违规收费整治，建立协同治理和联合惩戒机制，坚决查处乱收费、乱罚款、乱摊派。（工业和信息化部、市场监管总局、发展改革委、财政部、国资委、商务部等部门会同各地方按职责分工负责）

二、着力促进中小微企业调结构强能力

（八）加大专精特新中小企业培育力度

健全优质中小企业梯度培育体系，建立优质中小企业梯度培育平台，完善企业画像，加强动态管理。整合各类服务资源，完善服务专员工作机制，支持创新专属服务产品，开展个性化、订单式服务，"一企一策"精准培育，着力提升培育质效。中央财政通过中小企业发展专项资金继续支持专精特新中小企业高质量发展和小微企业融资担保业务降费奖补。到2023年底，累计培育创新型中小企业15万家以上、省级专精特新中小企业8万家以上、专精特新"小巨人"企业1万家以上。（工业和信息化部、财政部按职责分工负责）

（九）促进大中小企业融通创新

深入实施大中小企业融通创新"携手行动"，围绕重点产业链举办"百场万企"大中小企业融通创新对接活动，引导大企业向中小企业开放创新资源和应用场景。分行业分地区开展大中小企业供需对接活动，着力提升产业链供应链韧性和安全水平。推动中小微商贸企业创特色、创品质、创品牌，促进商贸企业以大带小、协同发展。（工业和信息化部、国资委、科技部、商务部、全国工商联按职责分工负责）

（十）促进科技成果转化和中小企业数字化转型

实施科技成果赋智中小企业专项行动，搭建创新成果转化平台，解决中小企业技术创新需求，建立完善中小企业科技成果评价机制，促进科技成果转化，提升中小微企业核心竞争力。深入实施数字化赋能中小企业专项行动，中央财政继续支持数字化转型试点工作，带动广大中小企业"看样学样"加快数字化转型步伐。推动工业互联网平台进园区、进集群、进企业。（工业和信息化部、财政部、科技部、商务部按职责分工负责）

（十一）提升中小企业质量标准品牌水平

实施质量标准品牌赋值中小企业专项行动，开展可靠性"筑基"和"倍增"工程，持续推进"计量服务中小企业行""小微企业质量管理体系认证提升行动"等活动，提高中小企业质量工程技术能力和质量管理能力。支持中小企业牵头或参与国内外标准编制，推广运用先进标准，提升中小企业标准化能力。为中小企业提供品牌创建与培育、咨询评估、品牌保护等服务，实施"千企百城"商标品牌价值提升行动，提高中小企业品牌建设能力。（工业和信息化部、市场监管总局、知识产权局、商务部按职责分工负责）

（十二）加强知识产权运用和保护

组织开展知识产权创新管理相关国际标准实施试点，推广企业知识产权合规管理相关国家标准，发布中小企业知识产权运用工作指引，指导中小企业加强知识产权管理。深入推进专利开放许可试点工作，做好许可使用费估算指引、许可后产业化配套服务。加大中小企业知识产权保护力度，完善知识产权纠纷多元化解决机制，加强知识产权纠纷行政裁决、调解和仲裁工作，开展维权援助公益服务。（知识产权局、工业和信息化部按职责分工负责）

（十三）加大人才兴企支持力度

深入实施中小企业经营管理领军人才培训，优化中小企业职称评审工作，支持符合条件的专精特新"小巨人"企业备案设立博士后科研工作站。深入开展"千校万企"协同创新伙伴行动，择优派驻一批博士生为企业提供技术服务，实施"校企双聘"制度，遴选一批专家教授担任专精特新中小企业技术、管理导师，为企业提供"一对一"咨询指导等服务，吸引更多高校毕业生到中小微企业创新创业。（工业和信息化部、教育部、人力资源社会保障部按职责分工负责）

（十四）加大对优质中小企业直接融资支持

支持专精特新中小企业上市融资，北京证券交易所实行"专人对接、即报即审"机制，加快专精特新中小企业上市进程。发挥国家中小企业发展基金、国家科技成果转化引导基金的政策引导作用，带动更多社会资本投早投小投创新。（证监会、工业和信息化部、科技部、财政部按职责分工负责）

（十五）促进中小企业特色产业集群高质量发展

加强政策引导和资源统筹，构建中小企业特色产业集群梯度培育体系，壮大集群主导产业，促进集群内中小微企业专精特新发展。组织服务机构、行业专家进集群开展咨询诊断服务活动，打通产业链上下游生产资源与优质服务资源渠道，提升集群服务能力。2023年培育 100 家左右国家级中小企业特色产业集群。（工业和信息化部负责）

各有关部门、各地方要按照党中央、国务院决策部署，充分发挥各级促进中小企业发展工作协调机制作用，建立横向协同、纵向联动的工作机制，强化组织领导，凝聚工作合力，进一步帮助中小微企业稳定发展预期、增强发展信心，共同助力中小微企业稳增长调结构强能力，实现高质量发展。

中小企业数字化转型指南

工业和信息化部

工信厅印发〔2022〕33 号

二〇二二年十一月三日

当前，世界经济数字化转型成为大势所趋。中小企业是实体经济的重要组成部分，也是产业数字化转型的重点和难点。为贯彻落实党中央、国务院关于加快数字化发展的决策部署，以数字化转型推动中小企业增强综合实力和核心竞争力，特制定《中小企业数字化转型指南》（以下简称《指南》）。

一、总则

（一）适用对象

中小企业数字化转型遵循"从易到难、由点及面、长期迭代、多方协同"的思路。《指南》主要面向中小企业、数字化转型服务供给方和地方各级主管部门。《指南》旨在助力中小企业科学高效推进数字化转型，提升为中小企业提供数字化产品和服务的能力，为有关负责部门推进中小企业数字化转型工作提供指引。

（二）实施原则

坚持企业主体，效益优先。中小企业需参考与发展需求相适配的内容，用好市场资源和公共服务，因"企"制宜推进数字化转型。适时评估转型成效，优化转型规划实践，以数字化转型促进提质、增效、降本、降耗、绿色和安全发展。

坚持应用牵引，供需互促。中小企业数字化转型服务供给方主体应聚焦中小企业特征及需求，研制小型化、快速化、轻量化、精准化（"小快轻准"）产品，围绕"评估、规划、实施、优化"全流程提供专业化服务，基于应用反馈提升产品服务供给水平。

坚持政府引导，协同联动。充分发挥有为政府作用，加强政策支持、资源统筹和管理服务，因地制宜构建中小企业数字化转型生态，深化产学研用金等多方主体协同创新，推动形成促进中小企业数字化转型的工作合力。

二、增强企业转型能力

（一）开展数字化评估

结合《中小企业数字化水平评测指标》等标准规范，中小企业与数字化转型服务商、第三方评估咨询机构等开展合作，评估数字化基础水平和企业经营管理现状，构建评估指标数据管理机制，支撑转型需求分析和转型成效评估。评估可获得的人力、物力和财力等内部资源和市场化服务资源，以及所在地区、所处行业或领域的数字化转型相关政策和公共服务资源。评估研产供销服等环节转型的潜在价值和可行性，明确数字化转型优先级，定期结合企业发展实际调整转型策略，有效确保数字化转型投入产出比。

（二）推进管理数字化

实施企业数字化转型"一把手"负责制，构建与数字化转型适配的组织架构，制定绩效管理、考核方案和激励机制等配套管理制度。定期组织企业经营管理者和一线员工参加数字化培训，深化数字化转型认知，提升数字素养和技能。引导业务部门和技术部门加强沟通协作，形成跨部门数字化转型合力。有条件的企业可探索设立专门的数字化转型部门。应用财务流程自动化、协同办公平台、标准化人力资源管理产品等，实现财务、办公、人力资源等管理环节数字化转型，提升企业管理精细化水平。应用工业互联网平台推动各环节数据综合集成、可视化和智能分析，优化企业经营管理决策。

（三）开展业务数字化

应用订阅式产品服务，推动研发设计、生产制造、仓储物流、营销服务等业务环节数字化，降低一次性投入成本。使用 SaaS 化的计算机辅助设计（CAD）、计算机辅助工程（CAE）等工具开展数字化研发设计，发展众包设计和协同研发等新模式，提升研发设计效能。应用云化制造执行系统（MES）和高级计划与排程（APS）等数字化产品，优化生产制造资源配置，实现按需柔性生产。应用仓库管理（WMS）、订单管理（OMS）、运输管理（TMS）等解决方案和无人搬运车（AGV）、自主移动机器人（AMR）等硬件，使用第三方物流平台，推动仓储物流环节数字化。开展产品全生命周期管理，构建产品数字镜像，提升产品数据管理水平，发展基于数字化产品的增值服务，拓展业务范围，创新盈利模式。

（四）融入数字化生态

应用产业链供应链核心企业搭建的工业互联网平台，融入核心企业生态圈，加强协作配套，实现大中小企业协同转型。应用行业龙头企业输出的行业共性解决方案，加速提升自身数字化水平。基于园区/产业集群开展网络化协作，发展订单共享、设备共享、产能协作和协同制造等新模式，弥补单个企业资源和能力不足。积极接入园区/产业集群的数字化创新网络，利用共性技术平台开展协同创新。积极对接中小企业公共服务平台等载体，参加政策宣贯、供需对接、咨询诊断、人才培训等活动。

（五）优化数字化实践

联合数字化转型服务商或第三方评估咨询机构等开展转型成效评估，重点开展业务环节数字化水平评估和企业经营管理水平行业横向和纵向对比分析，从生产效率、产品质量、绿色低碳等方面评估企业转型价值效益。结合现阶段企业内外部数字化转型资源，制定调整下一阶段数字化转型策略，选择与下一转型阶段相匹配的数字化产品和服务，提升转型策略与发展现状的适应性。

三、提升转型供给水平

（一）增强供需匹配度

互联网平台企业和数字化转型服务商等供给方主体，聚焦中小企业数字化共性需求，研发即时沟通、远程协作、项目管理、流程管理等基础数字应用。遵循"大企业建平台、中小企业用平台"思路，大型企业打造面向中小企业需求的工业互联网平台，输出成熟行业数字化转型经验，带动产业链供应链上下游中小企业协同开展数字化转型。细分行业数字化转型服务商研发推广具备行业特性的产品服务。低代码服务商持续提升产品的可拓展性，帮助业务人员自主高效构建数字化应用，满足即时个性化需求。

（二）开展全流程服务

数字化转型服务商、互联网平台企业、工业互联网平台企业等通过线上线下结合方式，展示场景融合应用和转型方法路径，增强中小企业数字化转型意识和意愿。数字化转型服务商和第三方评估机构等主体，聚焦中小企业个性化转型需求，帮助中小企业制定数字化转型策略。电信运营商、智能硬件企业、数字化转型服务商等帮助中小企业开展网络建设、硬件改造连接和软件应用部署等，开展配套数字技能培训。基于中小企业阶段性转型需求，数字化转型服务商整合生态资源，为中小企业匹配与现阶段需求适配的产品和服务，推动中小企业转型逐步深入。

（三）研制轻量化应用

数字化转型服务商聚焦中小企业转型痛点难点，提供"小快轻准"的产品和解决方案。研发推广低代码产品服务，助力中小企业自行创建、部署、使用和调整数字化应用，提升中小企业二次开发能力和需求响应能力。发展订阅式软件服务，有条件的数字化转型服务商可面向中小企业提供免费试用版服务，探索发展以数字化转型收益支付服务费用等方式，降低中小企业数字化转型顾虑和成本。工业互联网平台企业汇聚工业 APP，沉淀工业技术、知识和经验，建设工业 APP 商店，加速工业 APP 交易流转应用。

（四）深化生态级协作

工业互联网平台、数字化转型服务商和大型企业等各方主体，推动产业链供应链上下游企业业务协同、资源整合和数据共享，助力中小企业实现"链式"转型。大型企业搭建或应用工业互联网平台，面向上下游中小企业开放订单、技术、工具、人才、数据、知识等资源，探索共生共享、互补互利的合作模式。工业互联网平台、数字化转型服务商和金融机构加强合作，开展物流、资金流和数据流等交叉验证，创新信用评估体系和风险控制机制，提升中小企业融资能力。

四、加大转型政策支持

（一）加强转型引导

实施中小企业数字化转型促进工程，深入开展大中小企业"携手行动"，推动产业链供应链上下游、大中小企业融通创新。加强中小企业数字化转型相关政策衔接，落实工信部和财政部联合开展的中小企业数字化转型试点等工作，结合当地实际出台配套措施，加强分类指导和跟踪服务，确保政策落地见效。有条件的地方可探索分行业分领域推动中小企业数字化转型。

（二）加大资金支持

按照"企业出一点、平台让一点、政府补一点"的思路，降低中小企业数字化转型门槛，有条件的地方可鼓励平台减免转型共性需求支出。发挥地方政府专项资金作用，支持对中小企业转型带动作用明显的"链主"企业和转型成效突出的"链星"中小企业。鼓励金融机构研制面向中小企业数字化转型的专项产品服务，设立中小企业数字化转型专项贷款，拓宽中小企业转型融资渠道。

（三）推广试点应用

结合当地重点行业和关键领域，遴选中小企业数字化转型试点示范，培育推广中小企业数字化转型案例标杆，鼓励中小企业"看样学样"。支持专精特新中小企业开展数字化转型，发挥引领示范作用带动更多中小企业数字化发展。培育和遴选一批可复制的产业链供应链上下游协同转型的典型模式，推广大中小企业融通创新模式，有效支撑产业链供应链补链固链强链。

（四）完善配套服务

构建完善中小企业数字化转型公共服务体系，加强中小企业数字化转型公共服务平台建设，提升政策宣传、诊断评估、资源对接、人才培训、工程监理等公共服务能力。组织开展中小企业数字化转型"问诊"服务，组织专家深入中小企业一线开展"入驻式"诊断服务。支持职业院校、大型企业等建设数字人才实训基地，提升中小企业数字人才供给。

（五）优化发展环境

加大工业互联网、人工智能、5G、大数据等新型基础设施建设力度，优化中小企业数字化转型外部环境。建设完善地方营商环境评估体系，将中小企业数字化转型成效纳入考核范围。开展中小企业数字化转型相关会议和活动，营造良好发展氛围。发挥政府引导基金作用，带动社会资本支持中小企业数字化转型服务商做大做强。基于地方中小企业数字化转型实际，优化财税金融、人才培引等政策措施，稳定中小企业转型政策预期。

数字化助力消费品工业"三品"行动方案

（2022—2025 年）

工业和信息化部　商务部　国家市场监督管理总局
国家药品监督管理局　国家知识产权局
二〇二二年六月三十日

消费品工业增品种、提品质、创品牌"三品"战略实施以来，核心竞争力和创新能力持续增强，产品供给能力和对需求适配性稳步提升。为推进数字化助力消费品工业深入实施"三品"战略，更好满足和创造消费需求，增强消费拉动作用，促进消费品工业加快迈上中高端，制定本方案。

一、总体要求

（一）指导思想

以习近平新时代中国特色社会主义思想为指导，深入贯彻党的十九大和十九届历次全会精神，立足新发展阶段，完整、准确、全面贯彻新发展理念，把握数字化发展新机遇，以消费升级为导向，以数字化为抓手，以场景应用为切入点，聚焦消费品工业研发设计、生产制造、经营管理、公共服务等关键环节，强化数字理念引领和数字化技术应用，统筹推进数据驱动、资源汇聚、平台搭建和产业融合，释放数字技术对行业发展的放大、叠加、倍增作用，推动消费品工业"三品"战略迈上新台阶，更好满足人民对美好生活的向往。

（二）主要目标

到 2025 年，消费品工业领域数字技术融合应用能力明显增强，培育形成一批新品、名品、精品，品种引领力、品质竞争力和品牌影响力不断提升。

——创新能力显著增强。新一代数字技术与消费品工业融合发展更加深入，技术基础进一步夯实，企业经营管理数字化普及率、企业数字化研发设计工具普及率、应用电子商务的企业比例均超过 80%，智慧设计、柔性制造、供应链协同等关键环节的集成创新和融合应用能力大幅增强，消费品工业数字化转型进展加快。

——供给水平明显提高。以企业为主体的技术创新体系进一步健全，产品供给日益丰富，质量与性能持续提升，消费品领域新品、精品、名品不断涌现，在纺织服装、家用电器、食品医药、消费电子等行业培育 200 家智能制造示范工厂，打造 200 家百亿规模知名品牌，产品服务质量和客户满意度持续提升。

——发展生态持续优化。推进以点带面、示范引领、整体提升，创建 50 个数字化转型成效显著、特色鲜明、辐射力强的"三品"战略示范城市。平台化设计、个性化定制、网络化协同、服务化延伸等公共服务能力稳步增强，培育 50 个数字化服务平台，推广 300 个示范带动作用强的应用场景典型案例。

二、重点任务

（一）数字化助力"增品种"

1. 推出更多创新产品，顺应消费升级趋势

加强产业链协同创新，强化数据要素价值，推动企业运用数字化手段提升知识产权创造、运用、保护和管理水平。发挥龙头企业、创新平台、研究机构积极作用，加快行业数字化转型，实现信息、知识和创新资源的集聚共享利用。深化新一代信息技术创新应用，围绕健康、医疗、养老、育幼、家居等民生需求大力发展"互联网+消费品"，加快绿色、智慧、创新产品开发，以优质供给助力消费升级。

专栏1　创新能力提升工程

产业链协同创新。支持具有生态主导力的龙头企业打造国家物联网标识管理与公共服务平台、工业互联网平台和工业互联网标识解析二级节点，促进产业链上下游企业数据互通、资源互享和业务互联，高效开展关键技术协同创新、特色资源发掘利用、新品种开发和产业化应用，提升产业链协同创新水平，推动上下游产业集群发展。

知识产权服务平台建设。支持在服装、家纺、家用电器、酿酒、钟表、眼镜等行业建立基于区块链和人工智能技术的知识产权服务平台，面向设计师、品牌商等提供外观设计专利检索、版权登记、版权存证、盗版监测、侵权取证、法律维权、推广交易等"一站式"服务。

智能产品开发。充分运用大数据、云计算、人工智能等技术，精准挖掘消费者需求，以技术推动产品创新，以需求带动产业革新，开发更多智能家电、智慧家居、服务机器人、可穿戴设备、适老化产品等智能终端新品。

---

2. 推广数字化研发设计，促进产品迭代更新

持续推进消费品领域工业设计中心、创意设计集聚区建设，汇聚行业研发设计资源，提升行业数字化设计水平。鼓励开发应用具有自主知识产权的设计工具和工业软件，推动建立创意设计工艺、图案、素材数据库，推广应用众包设计、协同设计、云设计、用户参与设计等新模式。建设多方参与、合作共赢的数字化智慧设计公共服务平台，实现设计工具、模型、人才的网络化汇聚和共享共用。

专栏 2　数字化设计能力提升工程

设计工具与设计软件开发推广。大力推广 CAD、CAE、CAPP 等计算机辅助设计工具。建设设计知识库和工艺知识库，构建覆盖大数据存储、集成、分析和管理的开发与应用环境，实现工业设计技术、经验与知识的模型化和标准化，广泛开发推广设计软件。

智慧设计与仿真优化。在印染、皮革、印刷、涂装等行业推广智能配方管理系统，优化原料选择和配方设计。支持家用电器、消费电子、家具、家装材料、轻纺机械等行业应用三维建模、模拟仿真、虚拟测试等技术，开展产品设计、功能开发、工艺优化和测试场景应用。

数字化设计公共服务平台建设。汇集产业通用数字技术、专业设计软件和设计师资源，建立具有云端化、智能化、集成化等特征的数字化设计公共服务平台，加强设计与产品需求对接，支持用户参与设计。

---

3. 推进个性化定制和柔性生产，重塑产品开发生产模式

推动建立生产端和消费端数据链路，促进工业互联网与消费互联网互联互通，着力发展协同制造、共享制造、众包众创新模式。支持服装家纺、家用电器、家具、家装材料、特色食品、洗涤用品等行业优势企业基于消费数据采集分析，挖掘用户个性化需求，构建消费驱动型组织模式，开展个性化定制和柔性生产，实现供需高效对接和精准交付。加强数据整合分析、模型库共享与供应商协同，加快培育个性化定制企业和公共服务平台，实现数字化手段对产品消费的赋能、赋值、赋智。

4. 推动数字化绿色化协同发展，扩大绿色消费品供给

推进产品绿色设计与制造一体化，鼓励开发应用节能降耗关键技术和绿色低碳产品，深化产品研发设计和生产制造过程的数字化应用，提升行业绿色制造和运维服务水平。完善绿色产品标准、认证、标识体系，加快推进绿色产品市场供应。积极拓展绿色消费场景，鼓励发展基于"互联网+""智能+"的回收利用与共享服务新模式，赋能行业绿色转型发展效能提升。

专栏3　数字化绿色化协同能力提升工程

绿色低碳产品推广。鼓励企业按照全生命周期理念开展产品绿色设计，促进绿色低碳技术创新，加强绿色设计关键技术应用，在节能家电、高效照明、环保家具、纤维制品等领域推广200种绿色低碳产品，提升绿色消费体验，不断提升资源环境效益。

绿色制造水平提升。以数据为驱动推进化纤、印染、皮革、造纸、电池、医药、家具、家装材料、洗涤用品等行业绿色改造提升，推广应用200种绿色工艺技术，推进能源管理体系建设，实现资源能源动态监测和优化管理。

资源利用效率提升。应用物联网、大数据和云计算等技术对产品的生产消费和回收利用开展信息采集、数据分析和流向监测，提升纺织服装、家用电器、家具、塑料制品、玻璃制品、造纸、电池等行业资源利用效率。

（二）数字化助力"提品质"

5. 加大数字化改造力度，赋能企业提质增效

推动行业加快数字化改造，引导企业聚焦关键生产运维环节，打造研发设计、生产管控、设备运维、远程服务、供应链管理等数字化场景。推动企业加快智能化升级，推广应用工业APP、智能传感器、机器视觉、自动化控制等关键技术和核心装备，提升现代化管理水平、安全生产保障能力和资源配置效率。在服装家纺、家用电器、家具、家装材料、皮革造纸、食品医药等行业，加快培育智能制造示范工厂，实现全生命周期质量管控和产销用协同发展。

6. 加强追溯体系建设，助力提振消费信心

面向食品医药等消费品行业，加快推动质量追溯体系建设，推动实现产品源头追溯、一码到底、物流跟踪、责任认定和信用评价。鼓励企业利用现代化信息技术开展原材料供应、产品生产、消费营销等环节数字化溯源，通过高效整合利用质量追溯数据，实现行业监测调度和消费者权益维护。积极建设产品质量追溯公共服务平台，提升社会公众认知度，发挥数字化溯源提振消费信心的倍增效应。

专栏4　质量管控能力提升工程

质量管理数字化。引导企业加强生产制造关键装备数字化改造，推广应用质量管理系统（QMS），开展数字化质量验评、质量控制、质量巡检、质量改进等，实现精细化质量管控，持续提升产品质量。

智能在线监测、检测。在纺织、服装、家用电器、家具、家装材料、洗涤用品、食品、医药等行业推广应用机器视觉等技术和智能检测装备，实现产品质量智能在线监测、分析和结果判定，降低不合格品率。

设备远程运维和预测维护。在化纤、包装印刷、原料药、食品等行业，推广设备在线运行监测、预测性维护，降低设备故障率，保障生产质量。提升家电行业和消费类电子行业基础产品可靠性稳定性水平，加强整机产品可靠性标准、产品可靠性设计和试验检测评价技术攻关。

产品全生命周期质量追溯。推动婴幼儿配方乳粉、肉制品、白酒等企业开展质量追溯体系建设，推广 GS1 编码体系，加强原材料、生产、营销环节数字化溯源，强化全生命周期质量协同管控，提供信息查询服务，提振消费信心。

7.加深智慧供应链管理，提升产业链协同效率

支持企业加快人机智能交互、工业机器人、智慧物流等技术装备应用，推动实现研发、采购、生产、营销、物流等关键环节的数据集成和信息共享，提升供应链一体化管控水平。鼓励企业加强与供应链伙伴、平台服务商开展业务协作和资源共享，积极开展协同采购、协同制造、协同配送，提升供应链协同管理水平，营造供应链数字化生态圈。面向重点消费品行业，打造数据互联互通、信息可信交互、生产深度协同、资源柔性配置的智慧供应链服务体系。

专栏5　智慧供应链管理能力提升工程

龙头企业供应链改造升级。推动企业建设可视化、移动化、智能化供应链管理体系，通过信息集成、移动互联等方式，实现从交易撮合、下单、生产到成品入库、成品发货、物流追踪等供应链业务流程线上化，提高产能利用率，降低库存水平。

智慧供应链服务平台建设。面向重点行业产业集群和专业市场，建设供应链协同服务平台，汇聚供应链各方海量信息数据，依托平台实现上下游供需智能匹配、产品全生命周期可视跟踪、全链条质量协同管控、集采集销等服务，提升供应链协同效率和质量。

数字化供应链标准研制。制定推广数字化供应链体系架构、成熟度模型、管理指南、共享标准等，组织开展数字化供应链等级评价，鼓励企业供应链体系向销售渠道延伸。以标准引领企业研发供应链数字化工具和解决方案，加快企业构建供应链体系，提升供应链数字化管理能力。

（三）数字化助力"创品牌"

8.借力数字技术打造知名品牌

推动企业创新生产服务和商业模式，通过线上线下融合实现全域营销，支持开展品牌价值评价和专业化服务。加快推进产品设计、文化创意、技术创新与品牌建设融合发展，将中华文化元素有效融入中国品牌，深度挖掘品牌文化价值内涵，探索开展企业品牌价值评价。鼓励优势企业整合国内外资源，支持跨境电商开展海外营销推广，巩固增强中国品牌国际竞争力。

9.借势数字变革培育新锐精品

在确保数据安全、保护用户隐私的前提下，推动企业运用数字营销网络和数据挖掘分析手段构建用户画像和需求预测模型，培育一批时代元素强、引导时尚消费的专精特新品牌。鼓励企业加快推进智慧商店建设，打造沉浸式、体验式、互动式消费场景，满足多层次多样化消费需求。指导企业加强精细化运营管理，利用数字化方式开展品牌建设，实现品牌精准定位，提升品牌感知质量和社会价值。

10.借助数字服务塑造区域品牌新优势

推动创意设计园区、创新创业基地、品牌孵化平台等利用数字化手段，加大设计、营销、咨询、策划和数字化转型评估诊断的公共服务供给，为品牌建设提供良好生态环境。依托产业联盟、行业机构、龙头企业围绕优势产业，突出主导产品和区域特色，完善产业结构配套，打造竞争力强、美誉度高的区域品牌，推动商标、地理标志与特色产业发展有机融合，提升区域品牌影响力和产品附加值。

专栏6　品牌培育能力提升工程

强化品牌数字化管理能力。支持企业提升数据管理、数据分析能力，优化品牌管理流程，实现线上线下协同，培育和创造管理先进、品质优良、品牌卓著的消费品一流企业。

提升区域品牌影响力。围绕产业聚集区，支持发挥地方政府及区域公共服务机构作用，打造产业链上下游中小企业品牌联合体，突出地理标志产品、主导产品，鼓励符合条件的消费品产业园区创建"全国质量品牌提升示范区"。组织展览展销、线上线下推广活动，加大优质特色消费品宣传，提升区域品牌知名度。

国潮品牌创新发展。挖掘中国文化、中国记忆、中华老字号等传统文化基因和非物质文化遗产，加强新生消费群体消费取向研究，创新消费场景，推进国潮品牌建设。依托跨境电商扩大品牌出海，开拓多元化市场。

三、保障措施

（一）加强组织实施

建立由相关部门、行业组织、重点企业、科研院所等有关方面共同参与的工作机制，加强部门协同和央地联动，深入开展"三品"战略示范城市创建，统筹推动公共服务平台建设、应用场景典型案例推广、行业知名品牌培育等重点任务，确保各项工作落实到位。

（二）强化政策支持

利用现有资金渠道支持企业实施数字化助力"三品"行动，鼓励地方立足实际制定相应配套政策，支持企业开展创新能力提升和数字化改造。发挥国家产融合作平台作用，引导金融机构为消费品企业提供精准有效支持。鼓励各类平台、机构对中小企业实行一定的服务费用减免，减少企业数字化转型投入。

（三）推动标准引领

充分发挥科研院所、标准化技术组织的专业优势，加快实施"三品"标准推进工程，健全数字化助力"三品"战略实施标准体系。指导企业严格执行消费品领域强制性国家标准，鼓励企业执行推荐性国家标准和行业标准，鼓励社会团体制定严于国家标准和行业标准的先进团体标准，支持企业参与国际标准制定与转化。

（四）加快人才培养

鼓励相关高校、科研院所、行业组织、重点企业利用建设实训基地、共建实验室、举办高级研修班等方式，推进数字化设计、数字化管理、数字化营销等复合型人才的培养。支持行业组织开展数字化助力"三品"创新创业、技术技能大赛。

（五）加大宣传力度

组织"三品"全国行系列主题活动，支持开展数字化改造和创新能力评估，总结推广先进经验和典型成效，加快构建品牌竞争力评价体系。在国家级展会、博览会上开设专题展区，积极展示"三品"工作典型成果。支持行业组织、地方政府开展创新产品、强企榜单发布，多渠道加大宣传力度，营造良好舆论氛围。

关于加快推进废旧纺织品循环利用的实施意见

国家发展和改革委员会　商务部　工业和信息化部

发改环资〔2022〕526号

二〇二二年三月三十一日

我国是全球第一纺织大国,纺织纤维加工总量占全球的 50%以上。随着人均纤维消费量不断增加,我国每年产生大量废旧纺织品。废旧纺织品循环利用对节约资源、减污降碳具有重要意义,是有效补充我国纺织工业原材料供应、缓解资源环境约束的重要措施,是建立健全绿色低碳循环发展经济体系的重要内容。为进一步加快推进废旧纺织品循环利用,构建资源循环型产业体系和废旧物资循环利用体系,提高资源利用效率,推动生态文明建设,制定本实施意见。

一、总体要求

(一)指导思想

以习近平新时代中国特色社会主义思想为指导,全面贯彻党的十九大和十九届历次全会精神,深入贯彻习近平生态文明思想,立足新发展阶段,完整、准确、全面贯彻新发展理念,构建新发展格局,以提高废旧纺织品循环利用率为目标,着力打通回收、交易流通、精细分拣、综合利用等关键环节堵点、痛点,强化全链条管理,完善标准体系,加强行业监管,推动形成政府引导、市场化运作、全社会广泛参与的废旧纺织品循环利用体系。

(二)工作原则

——政府引导、市场运作。发挥政府引导作用,完善政策措施,加大扶持力度。进一步突出市场导向,激发各类市场主体活力,持续提高全社会参与废旧纺织品循环利用的积极性。

——系统推进、重点突破。加快建立健全废旧纺织品循环利用体系,全链条发力。以废旧制式服装为重点,率先突破,逐步推动废旧纺织品循环利用行业发展壮大。

——创新引领、规模利用。充分发挥科技的引领和支撑作用,推进关键技术研发应用,加快绿色回收模式和利用方式创新,推动废旧纺织品规模化、高值化循环利用。

——提质增效、规范发展。推进小散项目整合，提高废旧纺织品循环利用技术装备水平，规范循环利用经营活动，积极培育骨干企业，推动行业集聚化、规范化发展。

（三）主要目标

到 2025 年，废旧纺织品循环利用体系初步建立，循环利用能力大幅提升，废旧纺织品循环利用率达到 25%，废旧纺织品再生纤维产量达到 200 万吨。到 2030 年，建成较为完善的废旧纺织品循环利用体系，生产者和消费者循环利用意识明显提高，高值化利用途径不断扩展，产业发展水平显著提升，废旧纺织品循环利用率达到 30%，废旧纺织品再生纤维产量达到 300 万吨。

二、推进纺织工业绿色低碳生产

（四）推行纺织品绿色设计

鼓励纺织企业开展绿色设计，提高纺织品易拆解、易分类、易回收性。制定纺织品材质分类指南，鼓励生产企业依据指南在纺织品上设置包含面料材质信息的可视化标签或可机读无线射频识别标签，提高废旧纺织品分拣效率和准确性。

（五）鼓励使用绿色纤维

鼓励纺织企业优先使用绿色纤维原料，加强绿色产品标准、认证、标识体系建设。引导支持纺织企业特别是品牌企业使用再生纤维及制品，提高再生纤维的替代使用比例，促进废旧纺织品高值化利用。有序推进生物基纤维及制品的研发、生产和应用，突出生物基纤维可自然降解优势。

（六）强化纺织品生产者社会责任

鼓励企业落实中国纺织服装企业社会责任管理体系（CSC9000T），提高纤维材料资源化利用水平。引导有关机构和企业研究制定废旧纺织品循环利用目标及路线图，积极推进废旧纺织品循环利用。支持有关机构和企业研究废旧纺织品资源价值核算方法和评价指标，逐步构建支撑再生纺织品生态价值的市场机制。

三、完善废旧纺织品回收体系

（七）完善回收网络

推动合理设置废旧纺织品专用回收箱或相关设施，打通回收箱进社区、进机关、进商场、进校园的壁垒，提高回收箱体覆盖率，鼓励引导回收企业向三四线及以下城市下沉布局。结合农村实际，探索推进农村废旧纺织品回收。结合废旧物资循环利用体系建设，合理布局建设分拣中心和资源化利用分类处理中心，及时精细化分拣和分类处理废旧纺织品。

（八）拓宽回收渠道

积极发展互联网+回收，促进线上线下融合发展。充分利用生活垃圾分类系统收集废旧纺织品。探索一袋式上门回收、毕业季进校园等新型回收模式。培育回收龙头企业，建立重点联系企业制度，加强废旧纺织品回收行业调查，引领行业规范发展。鼓励有关行业协会和企业建设废旧纺织品回收及资源化利用信息化平台，整合废旧纺织品来源和数量、利用去向和方式等信息，提高信息透明度，增强公众参与废旧纺织品循环利用积极性。

（九）强化回收管理

规范回收主体及回收行为，打击违法违规回收行为和不规范生产经营活动，杜绝劣币驱逐良币现象。对违法违规填埋、焚烧废旧纺织品等行为依法予以处理，涉嫌犯罪的移送公安机关依法查处。指导行业协会加强废旧纺织品回收利用数据统计分析。

四、促进废旧纺织品综合利用

（十）规范开展再利用

按照节约经济、绿色低碳原则，有序推动旧衣物交易。制修订旧衣物清洗、消毒标准及技术规范，完善卫生防疫要求和市场交易管理规范。加强旧衣物卫生防疫监管，规范交易市场和平台，打击假冒伪劣、以次充好等欺诈行为。引导旧衣物出口规范化，出口企业要依法如实向海关申报，确保旧衣物清洗、消毒等符合进口国（地区）有关要求，树立良好国际形象。鼓励企业和居民通过慈善组织向有需要的困难群众依法捐赠合适的旧衣物。

（十一）促进再生利用产业发展

扩大废旧纺织品再生利用规模，加强纺织工业循环利用废旧纺织品，推动废旧纺织品再生产品在建筑材料、汽车内外饰、农业、环境治理等领域的应用，鼓励将不能再生利用的废旧纺织品规范开展燃料化利用。推动废旧纺织品再生利用产品高值化发展，支持废旧纺织品利用企业研发生产高附加值产品。鼓励利用企业加强与回收企业衔接，延伸产业链，开展兼并重组，培育具有产业链领导力的龙头企业。强化行业监管和整治，惩处违法违规经营活动和环境违法行为。

（十二）实施制式服装重点突破

将废旧军服、警服、校服等制式服装作为废旧纺织品循环利用的突破口，推行绿色设计、使用绿色纤维，选择重点领域和重点区域，加大支持力度，组织有能力的企业开展废旧制式服装循环利用试点，优化集中循环利用技术路径和市场化机制，提高统一着装部门、行业制服工装、校服的循环利用率。

五、加强支撑保障

（十三）完善标准规范

完善废旧纺织品回收、消毒、分拣和综合利用等系列标准，建立健全废旧纺织品循环利用标准体系。修订《纤维制品质量监督管理办法》《再加工纤维质量行为规范》《絮用纤维制品通用技术要求》等标准规范文件。推动落实《循环再利用化学纤维（涤纶）行业规范条件》，提高以废旧纺织品为原料的再生涤纶产量，开展规范公告工作，促进循环再利用涤纶行业高质量发展。

（十四）加快科技创新

将废旧纺织品循环利用关键技术纳入国家重点研发计划，依托骨干企业，加快突破一批废旧纺织品纤维识别、高效分拣、混纺材料分离和再生利用重点技术及装备。鼓励企业与高等院校、专业科研机构等开展产学研合作，加快推动先进适用技术装备研发和产业化应用。

（十五）强化政策扶持

落实资源综合利用税收优惠政策，支持废旧纺织品循环利用。在依法合规、风险可控的前提下，为废旧纺织品循环利用企业提供信贷产品和服务，支持符合条件的废旧纺织品循环利用企业发行绿色债券。加大对废旧纺织品循环利用的支持力度，鼓励有条件的地方对废旧纺织品循环利用予以资金支持。

六、强化组织实施

（十六）加强统筹协调

各地发展改革部门要会同工业和信息化、商务、教育、科技、公安、民政、财政、自然资源、生态环境、住房和城乡建设、农业农村、卫生健康、海关、税务、市场监管、机关事务管理等部门，切实履行职责，按照职能分工，建立责任明确、协调有序、监管有力的工作协调机制，强化政策联动，统筹推动本地区废旧纺织品循环利用，确保取得工作实效。

（十七）强化典型引领

结合废旧物资循环利用体系重点城市建设，支持大中型城市率先建立废旧纺织品循环利用体系，探索高效循环利用模式，促进产业集聚发展，形成规模效益。培育废旧纺织品循环利用骨干企业，支持重点支撑项目建设，发挥引领带动作用。编制典型城市和骨干企业实践案例，及时总结推广经验做法，促进废旧纺织品循环利用产业高质量发展。

（十八）做好宣传引导

通过多种形式宣传废旧纺织品循环利用，加强再生纺织品优质宣传。鼓励党政机关和学校、医院等公共机构使用废旧纺织品再生制品。开展废旧纺织品循环利用进校园、进社区等宣教和实践活动。将废旧纺织品循环利用纳入节能环保宣传主题活动，倡导简约适度、绿色低碳的生活方式。开展知名品牌使用再生纤维联合倡议活动，鼓励行业内企业开展创新设计大赛等推广活动，营造全社会共同参与废旧纺织品循环利用的良好氛围。

工业领域碳达峰实施方案（节选）

工业和信息化部　国家发展和改革委员会　生态环境部

二〇二二年七月七日

为深入贯彻落实党中央、国务院关于碳达峰碳中和决策部署，加快推进工业绿色低碳转型，切实做好工业领域碳达峰工作，根据《中共中央　国务院关于完整准确全面贯彻新发展理念做好碳达峰碳中和工作的意见》和《2030 年前碳达峰行动方案》，结合相关规划，制定本实施方案。

一、总体要求

（一）指导思想

以习近平新时代中国特色社会主义思想为指导，全面贯彻党的十九大和十九届历次全会精神，深入贯彻习近平生态文明思想，按照党中央、国务院决策部署，坚持稳中求进工作总基调，立足新发展阶段，完整、准确、全面贯彻新发展理念，构建新发展格局，坚定不移实施制造强国和网络强国战略，锚定碳达峰碳中和目标愿景，坚持系统观念，统筹处理好工业发展和减排、整体和局部、长远目标和短期目标、政府和市场的关系，以深化供给侧结构性改革为主线，以重点行业达峰为突破，着力构建绿色制造体系，提高资源能源利用效率，推动数字化智能化绿色化融合，扩大绿色低碳产品供给，加快制造业绿色低碳转型和高质量发展。

（二）工作原则

统筹谋划，系统推进。坚持在保持制造业比重基本稳定、确保产业链供应链安全、满足合理消费需求的同时，将碳达峰碳中和目标愿景贯穿工业生产各方面和全过程，积极稳妥推进碳达峰各项任务，统筹推动各行业绿色低碳转型。

效率优先，源头把控。坚持把节约能源资源放在首位，提升利用效率，优化用能和原料结构，推动企业循环式生产，加强产业间耦合链接，推进减污降碳协同增效，持续降低单位产出能源资源消耗，从源头减少二氧化碳排放。

创新驱动，数字赋能。坚持把创新作为第一驱动力，强化技术创新和制度创新，推进重大低碳技术工艺装备攻关，强化新一代信息技术在绿色低碳领域的创新应用，以数字化智能化赋能绿色化。

政策引领，市场主导。坚持双轮驱动，发挥市场在资源配置中的决定性作用，更好发挥政府作用，健全以碳减排为导向的激励约束机制，充分调动企业积极性，激发市场主体低碳转型发展的内生动力。

（三）总体目标

"十四五"期间，产业结构与用能结构优化取得积极进展，能源资源利用效率大幅提升，建成一批绿色工厂和绿色工业园区，研发、示范、推广一批减排效果显著的低碳零碳负碳技术工艺装备产品，筑牢工业领域碳达峰基础。到 2025 年，规模以上工业单位增加值能耗较 2020 年下降 13.5%，单位工业增加值二氧化碳排放下降幅度大于全社会下降幅度，重点行业二氧化碳排放强度明显下降。

"十五五"期间，产业结构布局进一步优化，工业能耗强度、二氧化碳排放强度持续下降，努力达峰削峰，在实现工业领域碳达峰的基础上强化碳中和能力，基本建立以高效、绿色、循环、低碳为重要特征的现代工业体系。确保工业领域二氧化碳排放在 2030 年前达峰。

二、重点任务

（四）深度调整产业结构

推动产业结构优化升级，坚决遏制高耗能高排放低水平项目盲目发展，大力发展绿色低碳产业。

1. 构建有利于碳减排的产业布局

贯彻落实产业发展与转移指导目录，推进京津冀、长江经济带、粤港澳大湾区、长三角地区、黄河流域等重点区域产业有序转移和承接。落实石化产业规划布局方案，科学确定东中西部产业定位，合理安排建设时序。引导有色金属等行业产能向可再生能源富集、资源环境可承载地区有序转移。鼓励钢铁、有色金属等行业原生与再生、冶炼与加工产业集群化发展。围绕新一代信息技术、生物技术、新能源、新材料、高端装备、新能源汽车、绿色环保以及航空航天、海洋装备等战略性新兴产业，打造低碳转型效果明显的先进制造业集群。（国家发展改革委、工业和信息化部、生态环境部、国务院国资委、国家能

源局等按职责分工负责）

2.坚决遏制高耗能高排放低水平项目盲目发展

采取强有力措施，对高耗能高排放低水平项目实行清单管理、分类处置、动态监控。严把高耗能高排放低水平项目准入关，加强固定资产投资项目节能审查、环境影响评价，对项目用能和碳排放情况进行综合评价，严格项目审批、备案和核准。全面排查在建项目，对不符合要求的高耗能高排放低水平项目按有关规定停工整改。科学评估拟建项目，对产能已饱和的行业要按照"减量替代"原则压减产能，对产能尚未饱和的行业要按照国家布局和审批备案等要求对标国内领先、国际先进水平提高准入标准。（国家发展改革委、工业和信息化部、生态环境部等按职责分工负责）

3.优化重点行业产能规模

修订产业结构调整指导目录。严格落实钢铁、水泥、平板玻璃、电解铝等行业产能置换政策，加强重点行业产能过剩分析预警和窗口指导，加快化解过剩产能。完善以环保、能耗、质量、安全、技术为主的综合标准体系，严格常态化执法和强制性标准实施，持续依法依规淘汰落后产能。（国家发展改革委、工业和信息化部、生态环境部、市场监管总局、国家能源局等按职责分工负责）

4.推动产业低碳协同示范

强化能源、钢铁、石化化工、建材、有色金属、纺织、造纸等行业耦合发展，推动产业循环链接，实施钢化联产、炼化一体化、林浆纸一体化、林板一体化。加强产业链跨地区协同布局，减少中间产品物流量。鼓励龙头企业联合上下游企业、行业间企业开展协同降碳行动，构建企业首尾相连、互为供需、互联互通的产业链。建设一批"产业协同"、"以化固碳"示范项目。（国家发展改革委、工业和信息化部、国务院国资委、国家能源局、国家林草局等按职责分工负责）

（五）深入推进节能降碳

把节能提效作为满足能源消费增长的最优先来源，大幅提升重点行业能源利用效率和重点产品能效水平，推进用能低碳化、智慧化、系统化。

（六）积极推行绿色制造

完善绿色制造体系，深入推进清洁生产，打造绿色低碳工厂、绿色低碳工业园区、绿色低碳供应链，通过典型示范带动生产模式绿色转型。

1. 建设绿色低碳工厂

培育绿色工厂，开展绿色制造技术创新及集成应用。实施绿色工厂动态化管理，强化对第三方评价机构监督管理，完善绿色制造公共服务平台。鼓励绿色工厂编制绿色低碳年度发展报告。引导绿色工厂进一步提标改造，对标国际先进水平，建设一批"超级能效"和"零碳"工厂。（工业和信息化部、生态环境部、市场监管总局等按职责分工负责）

2. 构建绿色低碳供应链

支持汽车、机械、电子、纺织、通信等行业龙头企业，在供应链整合、创新低碳管理等关键领域发挥引领作用，将绿色低碳理念贯穿于产品设计、原料采购、生产、运输、储存、使用、回收处理的全过程，加快推进构建统一的绿色产品认证与标识体系，推动供应链全链条绿色低碳发展。鼓励"一链一策"制定低碳发展方案，发布核心供应商碳减排成效报告。鼓励有条件的工业企业加快铁路专用线和管道基础设施建设，推动优化大宗货物运输方式和厂内物流运输结构。（国家发展改革委、工业和信息化部、生态环境部、交通运输部、商务部、国务院国资委、市场监管总局等按职责分工负责）

3. 打造绿色低碳工业园区

通过"横向耦合、纵向延伸"，构建园区内绿色低碳产业链条，促进园区内企业采用能源资源综合利用生产模式，推进工业余压余热、废水废气废液资源化利用，实施园区"绿电倍增"工程。到 2025 年，通过已创建的绿色工业园区实践形成一批可复制、可推广的碳达峰优秀典型经验和案例。（国家发展改革委、工业和信息化部、生态环境部、国家能源局等按职责分工负责）

4. 促进中小企业绿色低碳发展

优化中小企业资源配置和生产模式，探索开展绿色低碳发展评价，引导中小企业提升碳减排能力。实施中小企业绿色发展促进工程，开展中小企业节能诊断服务，在低碳产品开发、低碳技术创新等领域培育专精特新"小巨人"。创新低碳服务模式，面向中小企业打造普惠集成的低碳环保服务平台，助推企业增强绿色制造能力。（工业和信息化部、生态环境部等按职责分工负责）

5. 全面提升清洁生产水平

深入开展清洁生产审核和评价认证，推动钢铁、建材、石化化工、有色金属、印染、造纸、化学原料药、电镀、农副食品加工、工业涂装、包装印刷等行业企业实施节能、节水、节材、减污、降碳等系统性清洁生产改造。清洁生产审核和评价认证结果作为差异化政策制定和实施的重要依据。（国家发展改革委、工业和信息化部、生态环境部等按职责分工负责）

（七）大力发展循环经济

优化资源配置结构，充分发挥节约资源和降碳的协同作用，通过资源高效循环利用降低工业领域碳排放。

（八）加快工业绿色低碳技术变革

推进重大低碳技术、工艺、装备创新突破和改造应用，以技术工艺革新、生产流程再造促进工业减碳去碳。

1. 推动绿色低碳技术重大突破

部署工业低碳前沿技术研究，实施低碳零碳工业流程再造工程，研究实施氢冶金行动计划。布局"减碳去碳"基础零部件、基础工艺、关键基础材料、低碳颠覆性技术研究，突破推广一批高效储能、能源电子、氢能、碳捕集利用封存、温和条件二氧化碳资源化利用等关键核心技术。推动构建以企业为主体，产学研协作、上下游协同的低碳零碳负碳技术创新体系。（国家发展改革委、科技部、工业和信息化部、生态环境部、国家能源局等按职责分工负责）

2. 加大绿色低碳技术推广力度

发布工业重大低碳技术目录，组织制定技术推广方案和供需对接指南，促进先进适用的工业绿色低碳新技术、新工艺、新设备、新材料推广应用。以水泥、钢铁、石化化工、电解铝等行业为重点，聚焦低碳原料替代、短流程制造等关键技术，推进生产制造工艺革新和设备改造，减少工业过程温室气体排放。鼓励各地区、各行业探索绿色低碳技术推广新机制。（国家发展改革委、科技部、工业和信息化部、生态环境部等按职责分工负责）

3. 开展重点行业升级改造示范

围绕钢铁、建材、石化化工、有色金属、机械、轻工、纺织等行业，实施生产工艺深度脱碳、工业流程再造、电气化改造、二氧化碳回收循环利用等技术示范工程。鼓励中央企业、大型企业集团发挥引领作用，加大在绿色低碳技术创新应用上的投资力度，形成一批可复制可推广的技术经验和行业方案。以企业技术改造投资指南为依托，聚焦绿色低碳

编制升级改造导向计划。（国家发展改革委、科技部、工业和信息化部、生态环境部、国务院国资委、国家能源局等按职责分工负责）

（九）主动推进工业领域数字化转型

推动数字赋能工业绿色低碳转型，强化企业需求和信息服务供给对接，加快数字化低碳解决方案应用推广。

1. 推动新一代信息技术与制造业深度融合

利用大数据、第五代移动通信（5G）、工业互联网、云计算、人工智能、数字孪生等对工艺流程和设备进行绿色低碳升级改造。深入实施智能制造，持续推动工艺革新、装备升级、管理优化和生产过程智能化。在钢铁、建材、石化化工、有色金属等行业加强全流程精细化管理，开展绿色用能监测评价，持续加大能源管控中心建设力度。在汽车、机械、电子、船舶、轨道交通、航空航天等行业打造数字化协同的绿色供应链。在家电、纺织、食品等行业发挥信息技术在个性化定制、柔性生产、产品溯源等方面优势，推行全生命周期管理。推进绿色低碳技术软件化封装。开展新一代信息技术与制造业融合发展试点示范。（国家发展改革委、科技部、工业和信息化部等按职责分工负责）

2. 建立数字化碳管理体系

加强信息技术在能源消费与碳排放等领域的开发部署。推动重点用能设备上云上平台，形成感知、监测、预警、应急等能力，提升碳排放的数字化管理、网络化协同、智能化管控水平。促进企业构建碳排放数据计量、监测、分析体系。打造重点行业碳达峰碳中和公共服务平台，建立产品全生命周期碳排放基础数据库。加强对重点产品产能产量监测预警，提高产业链供应链安全保障能力。（国家发展改革委、工业和信息化部、生态环境部、市场监管总局、国家统计局等按职责分工负责）

3. 推进"工业互联网+绿色低碳"

鼓励电信企业、信息服务企业和工业企业加强合作，利用工业互联网、大数据等技术，统筹共享低碳信息基础数据和工业大数据资源，为生产流程再造、跨行业耦合、跨区域协同、跨领域配给等提供数据支撑。聚焦能源管理、节能降碳等典型场景，培育推广标准化的"工业互联网+绿色低碳"解决方案和工业 APP，助力行业和区域绿色化转型。（国家发展改革委、工业和信息化部、国务院国资委、国家能源局等按职责分工负责）

关于健全完善新时代技能人才
职业技能等级制度的意见（试行）

人力资源社会保障部

人社部发〔2022〕14 号

二〇二二年三月二十一日

为贯彻落实习近平总书记关于产业工人队伍建设和技能人才工作的一系列重要指示精神，根据中共中央、国务院关于新时期产业工人队伍建设改革、加强和改进新时代人才工作等有关文件要求，现就健全完善新时代技能人才职业技能等级制度提出如下意见。

一、总体要求

（一）指导思想

以习近平新时代中国特色社会主义思想为指导，全面贯彻党的十九大和十九届历次全会以及中央人才工作会议精神，健全技能人才培养、使用、评价、激励制度，畅通技能人才职业发展通道，提高待遇水平，增强荣誉感获得感幸福感，吸引更多劳动者走技能成才、技能报国之路，缓解技能人才短缺问题，充分发挥技能人才在经济社会高质量发展中的重要作用，为全面建设社会主义现代化国家提供有力的人才和技能支撑。

（二）基本原则

——坚持能力为本。围绕经济社会发展对技能人才的需求，充分发挥评价"指挥棒"作用，引导各级各类职业技能培训机构培训方向，激发技能人才参加职业技能培训的内生动力。

——坚持科学评价。遵循技能人才成长规律，以品德、能力、业绩、贡献为导向，完善职业标准，创新评价方式，规范评价流程，坚持考评结合、逐级认定，客观公正评价。优秀的可越级考评。

——坚持效果导向。聚焦技能人才职业发展中的"天花板"问题，完善职业技能等级（岗位）设置体系，畅通技能人才职业发展通道，延伸拓展其成长进步阶梯，推动形成人人学技能、有技能、长技能、比技能的技能型社会。

——坚持岗位使用。围绕用好用活人才，完善促进技能人才发展的政策措施，营造有利于技能人才成长和发挥作用的制度环境，让更多技能人才立足岗位，钻研技能，执着专注，实现岗位成才。

（三）目标任务

"十四五"期末，在以技能人员为主体的规模以上企业和其他用人单位（以下简称用人单位）中，全面推行职业技能等级认定，普遍建立与国家职业资格制度相衔接、与终身职业技能培训制度相适应，并与使用相结合、与待遇相匹配的新时代技能人才职业技能等级制度。涌现一大批高技能领军人才、大国工匠、能工巧匠，高端带动作用不断增强，引领集聚效应不断扩展，培养造就一支数量充足、结构合理、等级清晰、素质优良的产业工人队伍。

二、健全职业技能等级制度体系

（四）全面推行职业技能等级制度

实行技能人才职业技能等级制度，由用人单位和社会培训评价组织（以下简称社评组织）按照有关规定实施职业技能等级认定，使有技能等级晋升需求的人员均有机会得到技能评价。对关系公共利益或涉及国家安全、公共安全、人身健康、生命财产安全的职业（工种），纳入国家职业资格目录，依法实行职业资格准入，并做好与职业技能等级认定的衔接。

（五）健全技能岗位等级设置

企业根据技术技能发展水平等情况，结合实际，在现有职业技能等级设置的基础上适当增加或调整技能等级。对设有高级技师的职业（工种），可在其上增设特级技师和首席技师技术职务（岗位），在初级工之下补设学徒工，形成由学徒工、初级工、中级工、高级工、技师、高级技师、特级技师、首席技师构成的职业技能等级（岗位）序列。行业企业根据自身特点，考虑历史沿用、约定俗成等因素，对上述技能等级名称可使用不同称谓，并明确其与相应技能等级的对应关系。

（六）完善职业标准体系

建立健全由职业标准、评价规范、专项职业能力考核规范等构成的多层次、相互衔接、国际可比的职业标准体系。以满足人力资源管理需要和职业教育培训、技能评价需要为目标，按照职业标准编制技术规程确定的原则和要求开发职业标准或评价规范，并将职业道德、职业操守和劳模精神、劳动精神、工匠精神等要求纳入其中。对国家确定的职业（工种），各省（区、市）和部门（行业）可依托行业组织、龙头企业和院校等开发职业标准或评价规范。

（七）促进职业发展贯通

以职业分类为基础，统筹规划职业技能等级制度、职称制度、职业资格制度框架，并建立境外职业资格证书认可清单制度，避免交叉重复设置和评价，降低社会用人成本。鼓励专业技术人才参加职业技能评价。探索在数字经济领域促进技术技能人才融合发展。

三、完善职业技能等级认定机制

（八）实行分类考核评价

用人单位和社评组织要根据不同类型技能人才的工作特点，实行分类评价。在统一的职业标准体系框架基础上，对技术技能型人才的评价，要突出实际操作能力和解决关键生产技术难题等要求。对知识技能型人才的评价，要突出掌握运用理论知识指导生产实践、创造性开展工作等要求。对复合技能型人才的评价，要突出掌握多项技能、从事多工种多岗位复杂工作等要求。

（九）采取不同考核评价方式

学徒工的转正定级考核，由用人单位在其跟随师傅学习期满和试用期满后，依据本单位有关要求进行。参加中国特色企业新型学徒制的学员按照培养目标进行考核定级。初级工、中级工、高级工、技师、高级技师等级考核是技能考核评价的主体，由用人单位和社评组织按照职业标准和有关规定进行。鼓励支持采取以赛代评方式，依据职业标准举办的职业技能竞赛按照有关规定对获得优秀等次的选手晋升相应职业技能等级。

首席技师、特级技师是在高技能人才中设置的高级技术职务（岗位），一般应在有高级技师的职业（工种）领域中设立，通过评聘的方式进行，实行岗位聘任制。要稳妥有序开展特级技师、首席技师评聘工作，不搞高级技师普遍晋升。对本意见印发前已开展高级技师以上评审工作的，按照本意见有关要求进行复核确认。

特级技师评聘工作要在工程技术领域先行试点的基础上逐步扩大范围，由省级及以上人力资源社会保障部门指导用人单位制定实施方案，对评审标准、程序、办法和配套措施等作出具体规定。用人单位按照制定方案、组织评审、公示核准、任职聘用等程序组织实施。

首席技师原则上从特级技师中产生。首席技师是在技术技能领域作出重大贡献，或本地区、本行业企业公认具有高超技能、精湛技艺的高技能人才。首席技师评聘工作要在特级技师评聘的基础上先行试点、逐步推开，由省级及以上人力资源社会保障部门、国务院有关行业主管部门指导用人单位实施，采取基层推荐、地方或行业评审、公示核准、用人单位聘任等程序进行。

（十）支持用人单位自主开展职业技能等级认定

用人单位结合生产经营特点和实际需要，按照有关规定自主开展技能人才评价。鼓励用人单位在职业技能等级认定工作初期，广泛开展定级考评，根据岗位条件、职工日常表现、工作业绩等，按照有关规定认定职工相应职业技能等级。用人单位可将职业技能等级认定与岗位练兵、技术比武、技术攻关、揭榜领题等相结合。打破学历、资历、年龄、比例等限制，对技艺高超、业绩突出的一线职工，按照规定直接认定其相应技能等级。被派遣劳动者可在用工单位进行职业技能等级认定。

（十一）推行社会化职业技能等级认定

按照统筹规划、合理布局、严格条件、择优遴选、动态调整的原则，面向社会公开征集遴选社评组织。社评组织根据市场需求和劳动者就业创业需要，依据有关规定，按照客观、公正、科学、规范的原则，面向劳动者开展职业技能等级认定。

（十二）指导技工院校全面开展职业技能等级认定

促进技工院校教学与企业用人需求紧密结合，推行工学一体化技能人才培养模式，加强专业设置与产业需求对接、课程内容与职业标准对接、教学过程与工作过程对接，积极为学生提供职业技能等级认定服务。同时，支持技工院校依托合作企业为学生提供职业技能等级认定服务。加大将技工院校培育为社评组织力度，面向各类就业群体提供职业技能等级认定服务。

四、促进职业技能等级认定结果与培养使用待遇相结合

（十三）充分发挥技能评价对提高培养培训质量的导向作用

要将职业技能等级认定作为引导职业技能培训方向、检验培训质量的重要手段。依据职业标准组织开展各等级职业技能培训，突出能力导向，强化高技能人才培训，促进职业

技能培训与职业技能等级认定有机衔接。推动建立并形成贯穿劳动者学习工作终身、覆盖劳动者职业生涯全程的职业技能培训制度。

（十四）促进职业技能等级认定结果与岗位使用有效衔接

建立评价与使用相结合的机制，评以适用、以用促评。用人单位结合用人需求，根据职业技能等级认定结果合理安排使用技能人才，实现职业技能等级认定结果与技能人才使用相衔接。实行聘期管理制度，健全日常和动态考核制度，在岗位聘用中实现人员能上能下。

（十五）建立与职业技能等级（岗位）序列相匹配的岗位绩效工资制

推动《技能人才薪酬分配指引》落实落地，强化工资收入分配的技能价值激励导向。引导用人单位建立基于岗位价值、能力素质、业绩贡献的工资分配制度，将职业技能等级作为技能人才工资分配的重要参考，突出技能人才实际贡献，通过在工资结构中设置体现技术技能价值的工资单元，或根据职业技能等级设置单独的技能津贴等方式，合理确定技能人才工资水平，实现多劳者多得、技高者多得。

（十六）健全高技能人才激励机制

引导用人单位工资分配向高技能人才倾斜，高技能人才人均工资增幅不低于本单位相应层级专业技术人员和管理人员人均工资增幅。对优秀的高技能人才，可探索实行协议工资、项目工资、年薪制、专项特殊奖励、股权期权激励、技术创新成果入股、岗位分红等激励办法。对在聘的高级工、技师、高级技师在学习进修、岗位聘任、职务职级晋升、评优评奖、科研项目申报等方面，比照相应层级专业技术人员享受同等待遇。聘用到特级技师岗位的人员，比照正高级职称人员享受同等待遇。首席技师薪酬待遇可参照本单位高级管理人员标准确定或根据实际确定，不低于特级技师薪酬待遇。机关事业单位工勤（工勤技能）人员的职业技能等级（岗位）设置和薪酬待遇按照有关规定执行。

五、加强服务监管

（十七）加强组织领导

健全完善职业技能等级制度关系广大技能人才的切身利益，涉及面广，政治性、政策性和技术性都非常强。各级人力资源社会保障部门要充分认识实施职业技能等级制度的重要意义，要从提升技能人才社会地位、巩固党的执政基础、实现人民共同富裕的高度，切实加强组织领导，统筹规划，周密部署，精心组织。要做好推动落实、服务保障、监督检查以及宣传引导等工作。

（十八）健全公共服务体系

按照全覆盖、可及性、便利性的要求，建立健全技能人才评价服务体系。做好评价机构备案服务，公布机构目录并实行动态调整。严格、规范证书（或电子证书）管理。建立完善信息化服务管理系统，面向社会提供技能人才评价机构和证书查询验证服务。加强跨区域职业技能等级认定结果互认，探索职业技能等级认定结果国际互认。

（十九）加强质量督导和监管

建立健全质量监管体系，实现事前事中事后全链条全领域监管。各地要按照属地管理原则，做好技能人才评价工作的综合管理。加强质量督导，采取"双随机、一公开"和"互联网+监管"等方式，加强对用人单位和社评组织及其评价活动的监督管理和指导。健全评价质量评估机制，及时向社会公开评估结果。用人单位和社评组织要落实评价质量管理主体责任，接受同行监督和社会监督。

关于加强新时代高技能人才队伍建设的意见

中共中央办公厅　国务院办公厅

二〇二二年十月

技能人才是支撑中国制造、中国创造的重要力量。加强高级工以上的高技能人才队伍建设，对巩固和发展工人阶级先进性，增强国家核心竞争力和科技创新能力，缓解就业结构性矛盾，推动高质量发展具有重要意义。为贯彻落实党中央、国务院决策部署，加强新时代高技能人才队伍建设，现提出如下意见。

一、总体要求

（一）指导思想

以习近平新时代中国特色社会主义思想为指导，深入贯彻党的十九大和十九届历次全会精神，全面贯彻习近平总书记关于做好新时代人才工作的重要思想，坚持党管人才，立足新发展阶段，贯彻新发展理念，服务构建新发展格局，推动高质量发展，深入实施新时代人才强国战略，以服务发展、稳定就业为导向，大力弘扬劳模精神、劳动精神、工匠精神，全面实施"技能中国行动"，健全技能人才培养、使用、评价、激励制度，构建党委领导、政府主导、政策支持、企业主体、社会参与的高技能人才工作体系，打造一支爱党报国、敬业奉献、技艺精湛、素质优良、规模宏大、结构合理的高技能人才队伍。

（二）目标任务

到"十四五"时期末，高技能人才制度政策更加健全、培养体系更加完善、岗位使用更加合理、评价机制更加科学、激励保障更加有力，尊重技能尊重劳动的社会氛围更加浓厚，技能人才规模不断壮大、素质稳步提升、结构持续优化、收入稳定增加，技能人才占就业人员的比例达到 30%以上，高技能人才占技能人才的比例达到 1/3，东部省份高技能人才占技能人才的比例达到 35%。力争到 2035 年，技能人才规模持续壮大、素质大幅提高，高技能人才数量、结构与基本实现社会主义现代化的要求相适应。

二、加大高技能人才培养力度

（三）健全高技能人才培养体系

构建以行业企业为主体、职业学校（含技工院校，下同）为基础、政府推动与社会支持相结合的高技能人才培养体系。行业主管部门和行业组织要结合本行业生产、技术发展趋势，做好高技能人才供需预测和培养规划。鼓励各类企业结合实际把高技能人才培养纳入企业发展总体规划和年度计划，依托企业培训中心、产教融合实训基地、高技能人才培训基地、公共实训基地、技能大师工作室、劳模和工匠人才创新工作室、网络学习平台等，大力培养高技能人才。国有企业要结合实际将高技能人才培养规划的制定和实施情况纳入考核评价体系。鼓励各类企业事业组织、社会团体及其他社会组织以独资、合资、合作等方式依法参与举办职业教育培训机构，积极参与承接政府购买服务。对纳入产教融合型企业建设培育范围的企业兴办职业教育符合条件的投资，可依据有关规定按投资额的30%抵免当年应缴教育费附加和地方教育附加。

（四）创新高技能人才培养模式

探索中国特色学徒制。深化产教融合、校企合作，开展订单式培养、套餐制培训，创新校企双制、校中厂、厂中校等方式。对联合培养高技能人才成效显著的企业，各级政府按规定予以表扬和相应政策支持。完善项目制培养模式，针对不同类别不同群体高技能人才实施差异化培养项目。鼓励通过名师带徒、技能研修、岗位练兵、技能竞赛、技术交流等形式，开放式培训高技能人才。建立技能人才继续教育制度，推广求学圆梦行动，定期组织开展研修交流活动，促进技能人才知识更新与技术创新、工艺改造、产业优化升级要求相适应。

（五）加大急需紧缺高技能人才培养力度

围绕国家重大战略、重大工程、重大项目、重点产业对高技能人才的需求，实施高技能领军人才培育计划。支持制造业企业围绕转型升级和产业基础再造工程项目，实施制造业技能根基工程。围绕建设网络强国、数字中国，实施提升全民数字素养与技能行动，建立一批数字技能人才培养试验区，打造一批数字素养与技能提升培训基地，举办全民数字素养与技能提升活动，实施数字教育培训资源开放共享行动。围绕乡村振兴战略，实施乡村工匠培育计划，挖掘、保护和传承民间传统技艺，打造一批"工匠园区"。

（六）发挥职业学校培养高技能人才的基础性作用

优化职业教育类型、院校布局和专业设置。采取中等职业学校和普通高中同批次并行招生等措施，稳定中等职业学校招生规模。在技工院校中普遍推行工学一体化技能人才培养模式。允许职业学校开展有偿性社会培训、技术服务或创办企业，所取得的收入可按一定比例作为办学经费自主安排使用；公办职业学校所取得的收入可按一定比例作为绩效工资来源，用于支付本校教师和其他培训教师的劳动报酬。合理保障职业学校师资受公派临时出国（境）参加培训访学、进修学习、技能交流等学术交流活动相关费用。切实保障职业学校学生在升学、就业、职业发展等方面与同层次普通学校学生享有平等机会。实施现代职业教育质量提升计划，支持职业学校改善办学条件。

（七）优化高技能人才培养资源和服务供给

实施国家乡村振兴重点帮扶地区职业技能提升工程，加大东西部协作和对口帮扶力度。健全公共职业技能培训体系，实施职业技能培训共建共享行动，开展县域职业技能培训共建共享试点。加快探索"互联网+职业技能培训"，构建线上线下相结合的培训模式。依托"金保工程"，加快推进职业技能培训实名制管理工作，建立以社会保障卡为载体的劳动者终身职业技能培训电子档案。

三、完善技能导向的使用制度

（八）健全高技能人才岗位使用机制

企业可设立技能津贴、班组长津贴、带徒津贴等，支持鼓励高技能人才在岗位上发挥技能、管理班组、带徒传技。鼓励企业根据需要，建立高技能领军人才"揭榜领题"以及参与重大生产决策、重大技术革新和技术攻关项目的制度。实行"技师+工程师"等团队合作模式，在科研和技术攻关中发挥高技能人才创新能力。鼓励支持高技能人才兼任职业学校实习实训指导教师。注重青年高技能人才选用。高技能人才配置状况应作为生产经营性企业及其他实体参加重大工程项目招投标、评优和资质评估的重要因素。

（九）完善技能要素参与分配制度

引导企业建立健全基于岗位价值、能力素质和业绩贡献的技能人才薪酬分配制度，实现多劳者多得、技高者多得，促进人力资源优化配置。国有企业在工资分配上要发挥向技能人才倾斜的示范作用。完善企业薪酬调查和信息发布制度，鼓励有条件的地区发布分职业（工种、岗位）、分技能等级的工资价位信息，为企业与技能人才协商确定工资水平提供信息参考。用人单位在聘的高技能人才在学习进修、岗位聘任、职务晋升、工资福利等方面，分别比照相应层级专业技术人员享受同等待遇。完善科技成果转化收益分享机制，对在技术革新或技术攻关中作出突出贡献的高技能人才给予奖励。高技能人才可实行年薪制、协议工资制，企业可对作出突出贡献的优秀高技能人才实行特岗特酬，鼓励符合条件的企业积极运用中长期激励工具，加大对高技能人才的激励力度。畅通为高技能人才建立企业年金的机制，鼓励和引导企业为包括高技能人才在内的职工建立企业年金。完善高技能特殊人才特殊待遇政策。

（十）完善技能人才稳才留才引才机制

鼓励和引导企业关心关爱技能人才，依法保障技能人才合法权益，合理确定劳动报酬。健全人才服务体系，促进技能人才合理流动，提高技能人才配置效率。建立健全技能人才柔性流动机制，鼓励技能人才通过兼职、服务、技术攻关、项目合作等方式更好发挥作用。畅通高技能人才向专业技术岗位或管理岗位流动渠道。引导企业规范开展共享用工。支持各地结合产业发展需求实际，将急需紧缺技能人才纳入人才引进目录，引导技能人才向欠发达地区、基层一线流动。支持各地将高技能人才纳入城市直接落户范围，高技能人才的配偶、子女按有关规定享受公共就业、教育、住房等保障服务。

四、建立技能人才职业技能等级制度和多元化评价机制

（十一）拓宽技能人才职业发展通道

建立健全技能人才职业技能等级制度。对设有高级技师的职业（工种），可在其上增设特级技师和首席技师技术职务（岗位），在初级工之下补设学徒工，形成由学徒工、初级工、中级工、高级工、技师、高级技师、特级技师、首席技师构成的"八级工"职业技能等级（岗位）序列。鼓励符合条件的专业技术人员按有关规定申请参加相应职业（工种）的职业技能评价。支持各地面向符合条件的技能人才招聘事业单位工作人员，重视从技能人才中培养选拔党政干部。建立职业资格、职业技能等级与相应职称、学历的双向比照认定制度，推进学历教育学习成果、非学历教育学习成果、职业技能等级学分转换互认，建立国家资历框架。

（十二）健全职业标准体系和评价制度

健全符合我国国情的现代职业分类体系，完善新职业信息发布制度。完善由国家职业标准、行业企业评价规范、专项职业能力考核规范等构成的多层次、相互衔接的职业标准体系。探索开展技能人员职业标准国际互通、证书国际互认工作，各地可建立境外技能人员职业资格认可清单制度。健全以职业资格评价、职业技能等级认定和专项职业能力考核等为主要内容的技能人才评价机制。完善以职业能力为导向、以工作业绩为重点，注重工匠精神培育和职业道德养成的技能人才评价体系，推动职业技能评价与终身职业技能培训制度相适应，与使用、待遇相衔接。深化职业资格制度改革，完善职业资格目录，实行动态调整。围绕新业态、新技术和劳务品牌、地方特色产业、非物质文化遗产传承项目等，加大专项职业能力考核项目开发力度。

（十三）推行职业技能等级认定

支持符合条件的企业自主确定技能人才评价职业（工种）范围，自主设置岗位等级，自主开发制定岗位规范，自主运用评价方式开展技能人才职业技能等级评价；企业对新招录或未定级职工，可根据其日常表现、工作业绩，结合职业标准和企业岗位规范要求，直接认定相应的职业技能等级。打破学历、资历、年龄、比例等限制，对技能高超、业绩突出的一线职工，可直接认定高级工以上职业技能等级。对解决重大工艺技术难题和重大质量问题、技术创新成果获得省部级以上奖项、"师带徒"业绩突出的高技能人才，可破格晋升职业技能等级。推进"学历证书+若干职业技能证书"制度实施。强化技能人才评价规范管理，加大对社会培训评价组织的征集遴选力度，优化遴选条件，构建政府监管、机构自律、社会监督的质量监督体系，保障评价认定结果的科学性、公平性和权威性。

（十四）完善职业技能竞赛体系

广泛深入开展职业技能竞赛，完善以世界技能大赛为引领、全国职业技能大赛为龙头、全国行业和地方各级职业技能竞赛以及专项赛为主体、企业和院校职业技能比赛为基础的中国特色职业技能竞赛体系。依托现有资源，加强世界技能大赛综合训练中心、研究（研修）中心、集训基地等平台建设，推动世界技能大赛成果转化。定期举办全国职业技能大赛，推动省、市、县开展综合性竞赛活动。鼓励行业开展特色竞赛活动，举办乡村振兴职业技能大赛。举办世界职业院校技能大赛、全国职业院校技能大赛等职业学校技能竞赛。健全竞赛管理制度，推行"赛展演会"结合的办赛模式，建立政府、企业和社会多方参与的竞赛投入保障机制，加强竞赛专兼职队伍建设，提高竞赛科学化、规范化、专业化水平。完善并落实竞赛获奖选手表彰奖励、升学、职业技能等级晋升等政策。鼓励企业对竞赛获奖选手建立与岗位使用及薪酬待遇挂钩的长效激励机制。

五、建立高技能人才表彰激励机制

（十五）加大高技能人才表彰奖励力度

建立以国家表彰为引领、行业企业奖励为主体、社会奖励为补充的高技能人才表彰奖励体系。完善评选表彰中华技能大奖获得者和全国技术能手制度。国家级荣誉适当向高技能人才倾斜。加大高技能人才在全国劳动模范和先进工作者、国家科学技术奖等相关表彰中的评选力度，积极推荐高技能人才享受政府特殊津贴，对符合条件的高技能人才按规定授予五一劳动奖章、青年五四奖章、青年岗位能手、三八红旗手、巾帼建功标兵等荣誉，提高全社会对技能人才的认可认同。

（十六）健全高技能人才激励机制

加强对技能人才的政治引领和政治吸纳，注重做好党委（党组）联系服务高技能人才工作。将高技能人才纳入各地人才分类目录。注重依法依章程推荐高技能人才为人民代表大会代表候选人、政治协商会议委员人选、群团组织代表大会代表或委员会委员候选人。进一步提高高技能人才在职工代表大会中的比例，支持高技能人才参与企业管理。按照有关规定，选拔推荐优秀高技能人才到工会、共青团、妇联等群团组织挂职或兼职。建立高技能人才休假疗养制度，鼓励支持分级开展高技能人才休假疗养、研修交流和节日慰问等活动。

六、保障措施

（十七）强化组织领导

坚持党对高技能人才队伍建设的全面领导，确保正确政治方向。各级党委和政府要将高技能人才工作纳入本地区经济社会发展、人才队伍建设总体部署和考核范围。在本级人才工作领导小组统筹协调下，建立组织部门牵头抓总、人力资源社会保障部门组织实施、有关部门各司其职、行业企业和社会各方广泛参与的高技能人才工作机制。各地区各部门要大力宣传技能人才在经济社会发展中的作用和贡献，进一步营造重视、关心、尊重高技能人才的社会氛围，形成劳动光荣、技能宝贵、创造伟大的时代风尚。

（十八）加强政策支持

各级政府要统筹利用现有资金渠道，按规定支持高技能人才工作。企业要按规定足额提取和使用职工教育经费，60%以上用于一线职工教育和培训。落实企业职工教育经费税前扣除政策，有条件的地方可探索建立省级统一的企业职工教育经费使用管理制度。各地要按规定发挥好有关教育经费等各类资金作用，支持职业教育发展。

（十九）加强技能人才基础工作

充分利用大数据、云计算等新一代信息技术，加强技能人才工作信息化建设。建立健全高技能人才库。加强高技能人才理论研究和成果转化。大力推进符合高技能人才培养需求的精品课程、教材和师资建设，开发高技能人才培养标准和一体化课程。加强国际交流合作，推动实施技能领域"走出去""引进来"合作项目，支持青年学生、毕业生参与青年国际实习交流计划，推进与各国在技能领域的交流互鉴。

统计篇

2021 年和 2022 年全球国家及地区 GDP 增长情况

国家及地区	2021 年（%）	2022 年（%）	国家及地区	2021 年（%）	2022 年（%）
美国	5.6	2.0	中国	8.1	3.0
德国	2.7	1.9	印度	9	6.8
法国	6.7	2.6	东盟五国	3.1	5.2
意大利	6.2	3.9	巴西	4.7	3.1
西班牙	4.9	5.2	墨西哥	5.3	3.1
日本	1.6	1.4	沙特阿拉伯	2.9	8.7
英国	7.2	4.1	尼日利亚	3	3.0
加拿大	4.7	3.5	南非	4.6	2.6
俄罗斯	4.5	−2.2			

数据来源：国际货币基金组织。

2022 年国内社会生产销售及消费情况

类别	2022 年累计（万亿元）	同比（%）
国内生产总值	121.0	3.0
其中：第一产业	8.8	4.1
第二产业	48.3	3.8
第三产业	63.9	2.3
社会消费品零售总额	44.0	−0.2
工业增加值	—	3.6

数据来源：国家统计局。

2022 年全国用电情况

指标名称	绝对量（亿千瓦时）	同比（%）
全国全社会用电量	86372	3.6
其中：第一产业用电量	1146	10.4
第二产业用电量	57001	1.2
工业用电量	56000	1.2
第三产业用电量	14859	4.4
城乡居民生活用电量	13366	13.8

数据来源：国家能源局。

2022 年跟踪企业经济指标完成情况汇总

序号	指标名称	同比(%)
1	亏损面	19.86 百分点
2	营业收入	−0.19
3	营业成本	2.47
4	销售费用	19.17
5	管理费用	−1.98
6	财务费用	−11.76
7	其中：利息费用	−0.30
8	利润总额	−35.12
9	亏损企业亏损额	450.00
10	资产总计	1.30
11	负债合计	9.07
12	出口交货值	−6.45

数据来源：中国棉纺织行业协会。

2016～2022 年棉花及化纤短纤产量情况

项目	2016 年	2017 年	2018 年	2019 年	2020 年	2021 年	2022 年
棉花（万吨）	494	605	609	591	592	577	618
粘胶短纤（万吨）	351	364	377	394	379	387	385.3
涤纶短纤（万吨）	915	925	889	1020	1053	1077	1067

数据来源：中国棉纺织行业协会、有关单位会商、中国化学纤维工业协会。

2016～2022 年棉纺织行业纱、布总产量

项目	2016 年	2017 年	2018 年	2019 年	2020 年	2021 年	2022 年
纱（万吨）	1884	1929	1914	1829	1641	1895	1787
布（亿米）	610	610	600	560	460	498	467.5

数据来源：中国棉纺织行业协会。

2016～2022 年棉纺用原料加工量

项目	2016 年	2017 年	2018 年	2019 年	2020 年	2021 年	2022 年
棉纤维（万吨）	715	755	755	690	600	705	660
粘胶短纤（万吨）	305	340	340	345	317	350	340
涤纶短纤（含再生）（万吨）	928	900	885	855	782	865	820
其他（万吨）	30	30	30	30	28	153*	150*

数据来源：中国棉纺织行业协会、中国化学纤维工业协会。

注 带*含直接用于织布的纤维原料。

2021/2022 年全球棉花供需表（12 月）

单位：万吨

国家和地区	期初库存	产量	进口量	消费量	出口量	期末库存
全球	1860.3	2519.8	920.3	2432	919.9	1950
美国	81.6	310	0.2	47.9	266.7	76.2
澳大利亚	105.8	108.9	0	0.2	128.5	90.1
孟加拉国	49.9	3.5	174.2	178.5	0	48.8
巴西	260	283	0.4	69.7	180.7	292.8
中国	812.3	609.6	174.2	772.9	2.8	820.6
印度	187.2	598.8	35.9	500.8	72.9	248.2
巴基斯坦	41.2	80.6	108.9	196	0.7	33.5
土耳其	60.3	106.7	93.6	174.2	15.2	71.2
中亚五国	57.9	108.9	1.7	82.1	32	54.4
越南	22.2	0	143.7	141.5	0	24.6

数据来源：美国农业部。

2021/2022 年世界棉花平衡表

项目	2021/2022 年
起始存量（百万吨）	18.6
产量（百万吨）	25.2
供应（百万吨）	33.5
消耗（百万吨）	24.3
结存量（百万吨）	19.5
存量/用量（%）	80

数据来源：美国农业部。

2022 年中国棉纺织行业景气指数

月份	各分项指数							
	棉纺织景气指数	原料采购指数	原料库存指数	生产指数	产品销售指数	产品库存指数	企业经营指数	企业信心指数
1 月	47.53	52.19	50.44	45.33	47.23	46.68	46.06	49.33
2 月	46.39	48.36	47.68	43.94	49.55	48.22	45.79	45.82
3 月	49.08	53.59	47.76	49.93	48.08	46.67	49.91	44.39
4 月	46.85	48.77	48.01	47.14	46.16	47.12	45.74	45.19
5 月	48.64	51.39	48.46	49.47	48.11	47.73	47.82	46.22
6 月	46.57	47.96	48.46	47.03	45.82	46.47	45.93	43.89
7 月	45.23	43.14	47.27	45.02	43.81	47.89	45.09	45.33
8 月	48.62	47.48	47.6	49.66	47.37	52.31	48.1	46.68
9 月	49.72	49.57	48.83	51.67	48.47	51.64	48.72	46.64
10 月	47.34	47.35	47.37	47.65	46.38	50.24	47.27	44.67
11 月	47.15	45.73	47.63	47.99	45.41	49.29	46.34	47.27
12 月	49.94	51.88	51.25	47.67	49.61	53.03	49.53	50.77

数据来源：中国棉纺织行业协会。

注　中国棉纺织景气指数，是由中国棉纺织行业协会通过对棉纺织企业的月度调查统计汇总、编制而成的指数，涵盖了企业采购、生产、销售、经营等主要环节，用于反映棉纺织行业的运营情况。此指数以 50 作为分界点，当高于 50 时，反映行业形势向好；低于 50 时，则反映行业形势下滑。

风采篇

2022 年中国棉纺织行业协会大事记

一、党政建设

2022 年，在中国纺联党委的指导下，中国棉纺织行业协会（以下简称中棉行协）党支部始终坚持党的全面领导，充分发挥党组织的举旗定向作用。增强"四个意识"、坚定"四个自信"、做到"两个维护"，认真贯彻落实党中央和上级部门的各项精神和指示，制定并执行"第一议题"制度，深入学习领会党的十九届六中全会精神、党的二十大精神与习近平总书记重要讲话精神，认真学习《中共中央关于党的百年奋斗重大成就和历史经验的决议》等文件精神。

积极开展党史学习教育活动，突出学史明理、学史增信、学史崇德、学史力行，做到学党史、悟思想、办实事、开新局，将党的理论与宝贵实践经验融入行业服务工作中。带领干部职工不忘产业报国初心，坚定不移推进纺织"科技、品牌、可持续发展、人才"强国建设，服务发展大局，服务战略需要；牢记强国富民使命，坚定不移推进棉纺织行业"科技、时尚、绿色"的高质量发展。

二、行业调查研究

原料保障平衡方面。2021～2022 年，棉花等原料价格大幅波动，棉纺织企业生产经营风险加大，中棉行协从保障供需稳定棉价角度，向国家相关部门提出多条建议，其中包括建议在合适时机发放棉花进口配额、收放储备棉，以稳定棉价和市场信心；建议调整棉花进口滑准税政策并在棉花价格非理性上涨期间，发布行业预警，提醒企业要根据实际需求，理性购买棉花，高度关注市场风险，关注化学纤维的使用等。

产业安全维护方面。自 2019 年至今，以美国为代表的美西方国家不断炒作所谓"涉疆问题"，通过立法等手段限制新疆棉花及制品进入国际纺织品服装供应链。为应对"涉疆问题"，降低对行业造成的影响，中棉行协按照中国纺联统一部署，完成了大量市场调研、组织协调、信息收集研究和行业发声等工作，先后参与多部委重要座谈会议和调研活动，配合中国纺联完成《"涉疆"工作简报》《国际棉花工业统计》《国际生产成本比较》相关分析报告等 20 余万字的材料，为国家有关部门有效决策提供参考信息。全国"两会"召开期间，中棉行协积极在扩大新疆棉内销等方面，提供信息素材，形成代表委员的最终提案议案，委托代表委员为行业建言发声。

课题研究方面。2022 年，中棉行协结合实地调研和阶段性网络调研，完成了多份行业经济运行报告与 2021 年度《中国棉纺织行业发展研究报告》等重要行业报告，梳理归纳了行业运行情况，对发展热点、焦点问题进行了剖析。参与撰写《新疆维吾尔自治区纺织产业高质量发展指导目录》，为相关产业政策制定与出台提供支撑。完成湖北省马口镇涤纶缝纫线行业咨询报告，加强对特色企业的高质量发展的培育工作。

三、行业交流与技术进步

4 月、11 月，与美国棉花协会合作组织开展了两次线上"棉花应用技术交流研讨会"，就中国棉纺行业技术创新、相关纺纱技术解决方案、最新研究成果等内容进行交流。

6 月，在行业发展低谷期，通过线上方式组织召开"棉纺织企业家恳谈会"，与行业龙头企业代表共同分析、研判当前行业面临的问题，谋划后续举措。在业内获得普遍关注，在稳预期、稳信心方面，起到了应有的作用。

6 月，与中国棉花精英俱乐部在线上共同主办"棉纺织精英高端论坛"，会议以"磨砺聚变　创赢未来——复杂形势下中国纺企如何破局"为主题，共同商讨棉纺织行业市场发展趋势。

9 月，组织召开"棉纺织产业链企业线上座谈会"，就当前企业生产经营情况、"涉疆法案"对棉制品出口和用棉影响、棉花市场价格、新年度产业形势和棉花需求变化等相关意见建议进行交流。

9 月，在浙江杭州召开"2022 年中国棉纺织行业协会色织布分会理事扩大会"，会议对色织布行业总体情况及分会重点工作内容进行了介绍，对当前色织新技术进行了讨论。

9 月，中国棉纺织行业协会信息统计专业委员会通过线上召开专委会会议，探讨了当前棉纺织行业发展运行情况，对专委会近期工作情况和下一步工作计划进行了总结和部署。

11 月，在线上组织召开"悦达·2022 中国棉织产业（盐城）发展大会暨全国浆料和浆纱技术年会、全国牛仔布行业年会"，会议以"绿色减碳与产业可持续"为主题，围绕行业发展、产品创新开发、产业升级、绿色环保上浆、可持续发展等方面进行了交流。

11 月，在线上组织召开"中国棉纺织行业协会第六届第二次理事扩大会暨第六届第三次常务理事会"，会议以"破困境·抓机遇·开新局"为主题，对棉纺织行业高质量发展路径、当前国内外宏观经济走势等内容展开讨论。经线上投票，会议审议通过了理事会工作报告、财务报告、任职变更、关于更好推动棉纺织行业绿色发展的提案以及关于筹建中国棉纺织行业协会喷气涡流纺分会的提案。同期在线上组织召开"中国棉纺织原料产业链大会暨棉纺织百强企业峰会"，会议以"磨砺·挑战·突围"为主题，对纺织业国际贸易投资形势、棉花市场形势、非棉纤维的应用情况等内容进行讨论。

12 月，与中国纺织信息中心、浙江省科协新材料新能源学会联合体主办"全国色纺产业链高质量发展论坛"，就科技、时尚、绿色的色纺新未来展开讨论。

2022 年，中棉行协发布了第十批《绿色制造技术暨创新应用目录》，涵盖 27 项节能减碳技术项目，12 家绿色制造创新型企业。通过技术和项目推广，引导企业将绿色发展落实到位，在行业内起到示范作用。

2022 年，中棉行协高度重视产品开发相关工作，引导企业通过多种途径提高产品核心竞争力。培育了一批专精特新、"小巨人"企业，多家企业获得中国纺联产品开发贡献奖。

2022 年，中棉行协积极推进产学研合作紧密度，促进多家校企成功对接，加快院校科研成果融入企业实际生产中，多个科研项目成果荣获 2022 年度中国纺织工业联合会科技进步奖。

2022 年，中棉行协发布 2022/2023 中国纱线流行趋势，向全行业推荐纱线流行趋势产品 40 个，联合上下游共同打造行业发展风向标，推动纺织产业高质量发展。

2022 年，中棉行协首次开展中国棉织行业创新产品征集活动，累计征集面料产品 100 余个。对棉织面料新材料使用、新技术推广、新工艺研发起到推动作用。

四、信息统计工作

2022 年，中棉行协每月通过协会信息统计平台跟踪填报月报的企业约 260 家，全国重点棉纺织产业集群 15 个左右，合计涵盖产能规模占全国比重约 75%。根据月报产销存等数据进行汇总分析，形成 12 期共 24 篇《中国棉纺织行业月度分析报告》经济指标篇和生产运行篇，为棉纺织行业景气指数制定、行业经济运行分析预判以及政府作出决策参考提供了数据支持。

2022 年，每月采集全国近 500 家次棉纺织企业的调查问卷和月报数据，参考国家制造业 PMI 等指数制定方式，通过对多个主要指标加权计算得出中国棉纺织行业景气指数，并以景气指数为基础形成 12 期《中国棉纺织行业景气报告》，供行业进行分析研究。

2022 年，每两周进行一次棉纺织市场大调查，对全国近 20 个主要棉纺织原料及纱布市场进行调查，了解产业链价格、订单、库存、开机率、利润等情况，汇总完成 24 期《棉纺织市场大调查》，以更具时效性地服务行业。配合中国纺联完成 3 期棉纺织企业复工复产情况调查以及企业和集群纾困举措情况调查并形成报告。

2022 年，收集、汇总、整理企业年报数据，开展 2021 年度棉纺织排名工作，增加了多家大型企业参加排名，企业排名项目包括：百强企业主营业务收入排名，非棉纱（含粘胶纱和涤纶纱）、色纺纱、白坯布、色织布、牛仔布 5 个分项排名，优良成长型企业名单，获得了产业链相关企业及相关部门的高度关注。

2022 年，结合中棉行协信息统计平台报数情况、国家统计局数据和相关协会会商情况，测算完成了 2021 年度行业主要产能、产量、原料加工量等数据，为行业决策提供了依据。根据国家统计局和中国纺织工业联合会要求，对棉纺织产能、产量的相关数据进行核对，并提出相关意见。

五、集群建设工作

2022 年，中棉行协配合中国纺联完成棉纺织产业集群试点地区的确认、调整、服务主体变更等工作，编写棉纺织产业集群发展报告等。经协会推荐，集群中 6 家"先进推进机构"、3 家"先进服务机构"入围 2022 年度中国纺织产业集群试点地区优质服务竞赛优胜者名单。

2022 年，中棉行协深入调研江西奉新县、湖南华容县、江苏湖塘镇、山东郓城县等棉纺织产业集群地区，了解集群发展动态；与集群地政府积极互动，山东临清市、郓城县、夏津县集群领导及企业家来访与中国纺联领导座谈交流，参加聊城市专题推介会、新野县数字经济研讨会等集群地活动；鼓励集群创建绿色园区，引导有条件的集群企业带头创建绿色工厂；广泛开展集群企业新疆棉消费量、碳排放等专题调查，定期发布集群市场动态信息。

六、行业标准化建设与知识产权工作

2022 年，中棉行协共完成了 22 项行业标准和 23 项团体标准审稿工作，团体标准工作的开展解决了部分新产品无标可依的问题。

2022 年，共有 4 项国家标准完成立项，并将同步制定外文版标准，迈出了棉纺织标准国际化的第一步。

2022 年，中棉行协积极参与 GB 1103 棉花标准的修订，代表行业提出修改意见，新标准将增加企业一直呼吁的短纤维率指标。

2022 年，中棉行协作为发起单位之一，与中国棉花协会共同发起"中国棉花"可持续发展标准项目，提升国棉话语权。

2022 年，为完善安全生产方面的标准，针对企业遇到的粉尘防爆检查问题，积极与标准起草方沟通，推进相关标准的修订工作，以期能从根本上解决问题。

2022 年，中棉行协参与并组织企业编制《棉纺织行业绿色工厂评价要求》、《绿色设计产品》的"色纺纱、牛仔面料、棉纱线、棉机织物"等绿色标准，强化行业绿色标准支撑。

2022 年，中棉行协积极开展企业专利申报跟踪汇总分析工作，组织企业申报国家及中国纺联专利奖，2022 年协会报送国家知识产权局的专利中有一项获得"中国专利优秀奖"。

七、社会责任建设

2022 年，中棉行协推动行业积极承担社会责任，将为行业、为社会办实事的服务精神融入绿色发展、人本责任、品牌建设等方面工作中。

绿色发展方面。2022 年，中棉行协发布了第十批《绿色制造技术暨创新应用目录》，涵盖 27 项节能减碳技术项目，12 家绿色制造创新型企业，引导企业将绿色发展落实到位，通过业内推介起到引领示范作用；指导培育会员企业创建国家级、省级绿色工厂，出具第三方评价报告，充分发挥协会的专业性、权威性；辅导企业申报绿色产品、绿色设计示范企业，免费为企业提供节能诊断服务，公正客观地对企业的节能减排和绿色发展情况进行全方位梳理。

人本责任方面。2022 年，中棉行协联合一批国内重点企业完成了《棉纺织行业职业技能培训教材》编印工作;与多部门先后共同举办了 2022 年棉纺织行业"金蓝领网络大学堂""中国棉纺织行业技能人才提升工程"线上培训、第六期全国纺织复合人才培养工程培训班、《中国纺织服装企业社会与环境尽责管理指南》培训工作;组织棉纺织企业职工参与全国纺织行业职业技能等级认定考评员及职业技能竞赛裁判员培训;积极配合政府部门以及中国纺联有关部门,参与第十六届高技能人才评选表彰,纺织行业年度创新人物、全国优秀纺织企业家和优秀青年企业家推荐等活动。

品牌建设方面。中棉行协继续打造中国棉纺织行业精品、特色产品基地品牌和中国棉纺织行业推荐产品品牌,为企业提供产品开发与宣传推广等多方位服务,全面提升产品盈利能力,助力企业产品创新和品牌建设,推进行业标杆的示范作用。

八、成就与荣誉

2022 年,经过全体员工的共同努力,中棉行协荣获 2022 年中国纺联先进单位称号。

弘扬党的二十大精神　创建新时代基层党组织

中国棉纺织行业协会党支部委员会

2022 年，中国棉纺织行业协会党支部（以下简称中棉行协党支部）按照中国纺织工业联合会党委统一部署，落实"第一议题制度"和"三会一课"制度，全面加强党的理论知识学习，深入贯彻落实党的十九届六中全会精神、二十大精神，坚持以习近平新时代中国特色社会主义思想为指引，开展了内容丰富形式多样的主题党日活动。发挥党员干部的能动性和先进性，以党建促业务，以业务强党建，做实做好行业服务工作，确保协会每一项工作不走样、不跑偏。与此同时，积极推进支部标准化、规范化建设，努力将支部建设成为党的坚实战斗堡垒。

一、落实"第一议题制度"，强化理论武装，筑牢思想意识

在学习党的二十大精神、十九届六中全会精神的过程中，深刻领会当前我国发展正处于百年未有之大变局时期，切实加强党员的思想教育是做好行业服务工作的前提。2022年，支部党员参加理论学习的出勤率 100%，参与集体学习研讨累计 10 次。

（一）深入学习习近平新时代中国特色社会主义思想，学习宣传贯彻党的十九届六中全会精神

根据中国纺联党委工作安排，支部全体党员通过读原文、看视频、谈体会等方式，学习和领悟习近平新时代中国特色社会主义思想和党的十九届六中全会精神，将党史学习教育走深走实。重点学习了《中共中央关于党的百年奋斗重大成就和历史经验的决议》及辅导读本、《习近平经济思想学习纲要》，观看了《学习领会党的十九届六中全会精神公开课"两个确立"具有决定性意义》视频资料。全体党员参加了国资委行业协会学习贯彻党的十九届六中全会精神网络培训班。通过学习，回顾了三个历史决议通过的历史背景和重要意义，了解了新时期中国面临的挑战和机遇，更加深刻认识到党的十九届六中全会对于推动全党统一思想、统一意志、统一行动，团结带领全国各族人民在新时代更好地坚持和发展中国特色社会主义方面发挥了十分重要的作用。

（二）认真学习贯彻党的二十大精神

党的二十大召开以来，在中国纺联党委的统一部署下，支部围绕学习宣传贯彻党的二十大精神为重点，制定了支部工作方案，以集体学习、专题讨论、自学打卡等多种形式，深入领会党的二十大精神。组织全体党员、职工居家观看党的二十大开、闭幕式，观看习近平总书记在党的二十大上作的报告；组织参加国资委行业协会学习贯彻党的二十大精神网络培训班；组织参加党的二十大精神宣讲会；支部书记在支部内进行宣讲，带领协会全体党员、职工学习党的二十大精神，协会领导班子成员结合工作谈学习心得体会。学习党的二十大精神，让每一位党员、职工深刻领悟"两个确立"的决定性意义，坚决做到"两个维护"，以中国式现代化全面推进中华民族伟大复兴为使命任务，不断增强"四个意识"、坚定"四个自信"、做到"两个维护"。

二、党建引领促行业发展，充分落实开展党建"双创"活动

（一）党建促业务，保障行业平稳运行

发挥党建引领作用，以习近平新时代中国特色社会主义思想为指导，做好协会各项服务行业的工作，全面推进我国棉纺织行业高质量发展。

1.加强行业基础研究与统计工作

掌握行业实际情况，才能准确有效服务企业、保障行业平稳运行。尽管 2022 年协会实地调研频次下降，但贯穿全年的企业与集群数据跟踪、行业景气问卷调查、细分市场大调查等工作有条不紊地进行，为协会开展产业研究、市场分析提供了一手的、真实的数据，也为政府决策、市场预警、企业风险研判提供信息支持。2022 年，协会编写完成了《棉纺织行业"十四五"发展指导意见》《新疆维吾尔自治区纺织产业高质量发展指导目录》；作为中国纺联应对涉疆问题工作小组成员单位，配合完成了《"涉疆"工作简报》《国际棉花工业统计》《国际生产成本比较》相关分析报告，累计20余万字。

2.推动原料保障，维护产业安全

棉纺织行业对于原料的依赖度较高，原料质量、供需等的稳定性是保障行业健康运行的前提。2022 年，除保持与国内外棉花供应端的友好协作外，协会积极开拓市场，推动如普通粘胶、莱赛尔、聚乳酸纤维等纤维供应商与纺纱、织造生产企业之间开展技术创新、产品开发等方面的交流与合作，得到了企业的认可与欢迎。

3. 加快推进行业智能制造进程

一直以来，协会致力于推进行业智能化进程以及提高智能装备覆盖率，不断加强纺织装备、配件等在纺纱织造领域的技术突破与创新，协会积极开展产学研合作，形成专题研究小组，组织技术交流、制定行业标准并形成相关专利等。2022 年，协会积极推动喷气涡流纺技术创新、节能减排技术推广应用等。

4. 强化棉纺织产品高质量发展

产品才是硬实力，协会十分重视纱线、面料产品的开发与应用推广，鼓励引导企业加大研发投入，优化产品结构，如增加功能性、差异化产品，应用绿色、环保、可循环等原料，提高产品附加值，提升企业抗风险能力。2022 年，协会继续打造纱、布产品品牌，发布纱线流行趋势，开展创新型面料征集以及上下游协同开发等活动。

5. 引导行业绿色可持续发展

协会围绕行业绿色生产开展了一系列工作，积极推进构建绿色制造体系，包括绿色工厂、绿色供应链、绿色原料、绿色产品、节能减排技术等。协会是工信部批准的"绿色工厂"第三方评价机构之一，指导企业创建绿色工厂，开发绿色设计产品，加快行业绿色产品标准的制定。2022 年，协会指导多家会员企业绿色工厂的申报工作，成效显著。

6. 强化行业技能人才队伍建设

当前，党和国家重视技能人才的培养，大力弘扬劳模精神、工匠精神等社会风尚和精益求精的敬业风气。2022 年，协会组织专家编写《棉纺织行业职业技能培训教材》，与中国财贸轻纺烟草工会联合举办 2022 年棉纺织行业"金蓝领网络大学堂"，策划开展"中国棉纺织行业技能人才提升工程"线上培训活动，微信公众号专栏宣传全国纺织技术能手，并积极配合政府以及中国纺联相关部门，参与高技能人才等的推荐工作。

7. 推动内外贸一体化

为适应国内大循环为主体、国内国际双循环相互促进的新发展格局，2022 年，协会积极参与工信部开展的"优供给促升级"活动，配合有关部委开展内外贸一体化工作，配合中国纺联产业集群工作委员会开展集群调研、信息交流、发展诊断等工作。此外，协会积极培育、吸收有优势、有特色的集群地区，优化资源统筹管理，帮助建立区域品牌，形成区域影响力。受国际环境影响，国内企业走出去步伐放缓，协会与海外中资企业密切保持联系，每周发布海外棉纺织市场观察，对于有"走出去"计划的企业，协会提供相关咨询，推动国内国际市场一体化。

（二）夯实党建工作根基，增强支部战斗力

基层党组织是党坚实的战斗堡垒，堡垒坚固与否，服务行业的战斗力强与否，内部建设是关键。随着支部标准化、规范化建设工作的持续实施，支部"两化"建设有条不紊，工作有亮点、有突破。

1.不断完善和健全支部工作条例

根据支部"两化"建设以及国资委巡视组要求，支部不断完善和健全支部工作条例，并认真贯彻执行。2022年，支部增加了"第一议题制度办法"，修订了支部委员会组织结构，补充完善了"三重一大"工作制度，支部书记履行第一责任人职责，其他领导班子成员履行"一岗双责"。根据中国纺联党委要求，开展了清查整治突出问题、规范党务工作，对整顿软弱涣散情况进行了摸排，对落实巡视整改意见进行自查，对协会舆论阵地意识形态问题进行了自查自纠。

2.认真落实"三会一课"制度

支部坚决贯彻落实"三会一课"制度，保证党的组织履行职能、发挥核心作用，提高基层党组织的战斗力。全年，支部围绕"学习习近平新时代中国特色社会主义思想""学习《习近平谈治国理政》""学习《习近平经济思想学习纲要》""学习党的第十九届六中全会精神""学习党的二十大精神"等主题，累计召开12次支部委员会会议，9次全体党员大会，主题党日活动12次，累计开展60次党小组会议，组织参加党员领导干部讲党课4次。

3.不断加强党员队伍建设

支部党员发展、培养与管理工作是关键，牢牢把增强党员党性修养、提高政治素质、切实履行党员义务放在首位。支部有支委5名，根据业务部门成立了5个党小组。35～45岁的党员接近40%，60%的党员取得了正（副）高级工程师职称。2022年，支部有两名同志完成了预备党员转正，接受3名发展对象为预备党员。截至目前，协会内党员（含预备党员、发展对象）占比接近90%。全年认真做好党费收支台账、经费管理等工作。2022年，支部党员贺文婷同志积极投身社区防疫志愿者队伍中，发挥出一名党员的先锋模范作用。

4. 开好组织生活会、专题民主生活会

2022 年初，支部组织召开了 2021 年度组织生活会，开展民主评议党员，会上主要党员领导干部对照《中国共产党章程》《中国共产党支部工作条例（试行）》等规定，联系实际进行党性剖析，查找问题，同时提出了改进措施，其他党员包括党员领导干部均在党小组组织生活会上开展了批评与自我批评。根据中国纺联党委要求，支部开展了党史专题民主生活会，中国纺联党委派党委委员、督导员到会指导，协会领导班子、支部委员参加。

5. 发挥协会窗口功能，宣传行业动态

2022 年，支部利用协会微信平台、网站、宣传展板、学习书柜，宣传协会党建活动、会员企业党支部动态二十余次；2022 年开通协会微信视频号，宣传行业两会代表委员、技能人才、绿色生态发展、高质量发展等内容，得到了行业内的关注和支持。

（三）丰富主题党日活动，创建积极活泼的党内氛围

2022 年，支部主题党日活动与业务工作更加融合，组织开展了有意义且有趣味的活动，其中有多次是以党小组为主体，与兄弟单位开展的党建共建活动。

组织了"学习《第十九届中央纪委第六次全体会议公报》"的主题党日活动，认真研读《第十九届中央纪委第六次全体会议公报》，观看《百年记忆》纪录片，多次召开党员大会强调党风廉政建设和风险防范。

组织开展"唱响冬奥会，一起向未来""庆祝建党 101 周年""深入学习《习近平经济思想学习纲要》""喜迎二十大 重温党史""喜迎党的二十大""学习习近平总书记有关讲话"等主题党日活动，赴圆明园遗址公园、中国共产党历史展览馆等红色教育基地感受历史痕迹、感悟党的发展历程，也通过集中学习，读原著、学原文、悟原理，领会重要会议、文件精神以及习近平总书记的重要讲话精神。

组织开展"行业热点学习交流"系列主题党日活动，其中与工信部规划司、消费品司，中国纺联党委第六联合党支部等共同开展的党建交流，研讨新疆棉问题；与中国化学纤维工业协会、通用技术中纺院开展党建共建活动，交流纤维发展、技术与产品标准建设等问题；与中棉集团党支部交流原料市场供需问题，与武汉裕大华公司交流企业绿色发展规划等。参与了中国纺联党委第六联合党支部开展的"行业热点学习活动之辩论赛"主题党日活动。

组织支部内的青年代表参与中国纺联党委、团委、工会组织的活动。如参加党委"纪念'七一'主题党日活动",参观马骏烈士纪念馆,为烈士敬献鲜花,瞻仰。参加中国纺联团委"开年第一课",青年代表分享了《最美奋斗者——赵梦桃》;参加主题团课活动,观看"庆祝中国共青团成立 100 周年大会";参加"喜迎二十大,永远跟党走,奋进新征程"主题教育网络培训班,参与"学习党的二十大精神"大型网络知识竞赛。组织全体党员、职工参加健步走活动。

三、全面从严治党,继续做好党风廉政建设

2022 年,党风廉政建设是党建工作重点,支部强调党员的工作与生活作风并重,以身作则,时刻警惕,防范风险,不断完善支部纪检监察工作制度。

1. 认真学习贯彻落实国资委行业协会党建工作会议精神

支部书记是党风廉政建设的第一责任人,要做党风廉政建设的带头人,加强学习教育和警示,防范风险。

2. 认真学习领会习近平总书记关于巡视整改工作的重要指示精神

从意识形态工作责任制落实情况、机制建设、内容管理、阵地管理、人员管理等方面,进行梳理,结合工作实际,聚焦协会舆论阵地意识形态问题,不断加强政治意识,提高政治站位,进一步促进宣传工作质量的有效提升。

3. 严格遵守积极落实"三重一大"制度

根据中国纺联党委要求,凡属重大决策、重要干部任免、重要项目安排和大额度资金的使用,经集体讨论作出决定。积极推动协会重大问题民主决策、科学决策。

4. 定期完成支部内廉政监督和审查工作

全年按照中国纺联纪委要求,在春节、五一、端午、中秋、国庆等重要节假日及时提醒全体党员并传达重要的文件,引导党员干部以身作则,弘扬新风正气,涵养家风文化,培育优良家风,带头勤俭文明过节,及时上报协会内部廉政监督和审查情况,经查,全体党员干部无违反八项规定、领导干部无违规收受礼品礼金的情况。

5. 继续做好领导干部报告个人有关事项报告制度

对照中国纺联党委《关于领导干部报告个人有关事项的规定》,认真做好协会领导班子成员个人事项申报工作,加强对领导干部的管理和监督。

6.严格遵守规范领导干部参加活动取酬

按照《关于规范中纺联领导干部参加各种活动取酬的规定》，及时填写《领导干部参加活动备案表》，防止滋生腐败，建设廉洁的干部队伍，营造风清气正的政治环境。

四、结语

在当前的环境下，行业协会党建工作应该充分认清国内经济发展趋势，以习近平新时代中国特色社会主义思想为指导，全面贯彻落实党的二十大精神，结合行业实际，早研判早规划，扎实推进我国棉纺织行业的中国式现代化，坚持稳中求进，加快适应新发展格局，推动行业的高质量发展。中国棉纺织行业党支部将紧密围绕中国纺织工业联合会党委的部署，加强党员和职工队伍建设、激发行业发展活力潜力，为全面建设社会主义现代化国家，建设科技、绿色、时尚纺织行业做出新贡献。

2023/2024 中国纱线流行趋势推荐产品

序号	产品名称	企业名称	原料及规格
1	转杯纺再生古棉聚酯纤维混纺纱	河南锦胜纺织有限公司	转杯纺再生古棉/涤纶 80/20 10~32 英支
2	海洋再生聚酯纤维纱线	吴江京奕特种纤维有限公司	100%海洋再生涤纶 30 英支
3	赛络紧密纺循环再利用再生纤维素纤维高支纱	林茨(南京)粘胶丝线有限公司	赛络紧密纺 FINEX 粘胶 60 英支
4	赛络紧密纺亚麻再生纤维素纤维混纺纱	河南平棉纺织集团股份有限公司	亚麻/环保粘胶 55/45 15 英支
5	赛络紧密纺再生纤维素纤维棉混纺本色纱	南通华强布业有限公司	赛络紧密纺 环保粘胶/棉 60/40 32 英支
6	降耗节水牛仔色纺纱	百隆东方股份有限公司	ECOINDIGO™牛仔纱线
7	聚乳酸混纺色纺纱	沛县新丝路纺织有限公司	赛络紧密纺 粘胶/聚乳酸/精梳棉 50/30/20 40 英支
8	生物基尼龙混纺色纺纱	汶上如意技术纺织有限公司	棉/生物基尼龙/莱赛尔 40/30/30 16~50 英支
9	纯棉抑菌抗病毒纱线	利泰醒狮（太仓）控股有限公司	100% 改性抑菌棉 20~60 英支
10	微纳米镶嵌纺功能性纱线	魏桥纺织股份有限公司	转杯纺 3~32 英支；环锭纺 21~140 英支
11	抑菌防螨棉纱线	江苏悦达棉纺有限公司	悦聚纺 精梳棉 60 英支
12	赛络紧密纺汉麻棉混纺纱	际华三五〇九纺织有限公司	赛络紧密纺 汉麻/棉 55/45 32 英支
13	再生胶原蛋白纤维混纺纱	无锡一棉纺织集团有限公司	赛络紧密纺 莫代尔/再生胶原蛋白 90/10 80 英支
14	牛油果纤维混纺纱线	德州彩诗禾纺织有限公司	腈纶/精梳棉/兰精莫代尔/牛油果纤维 40/30/15/15 60 英支
15	莫代尔二醋酸纤维混纺纱	南通双弘纺织有限公司	天丝™莫代尔/二醋酸 70/30 32~40 英支
16	赛络紧密纺腈纶纤维混纺纱	山东超越纺织有限公司	赛络紧密纺 莫代尔/粘胶/膨体腈纶/固体腈纶/羊毛/蚕丝 30/24/20/20/3/3 50 英支
17	锦纶弹性纤维混纺纱线	无锡四棉纺织有限公司	赛络紧密纺 锦纶/弹性纤维 60/40 40 英支

续表

序号	产品名称	企业名称	原料及规格
18	精梳棉/锦纶高强耐磨包芯包缠线	福建新华源科技集团有限公司	精梳棉/锦纶（40旦/12F）50/50 32 英支/2
19	复合捻向纱线	魏桥纺织股份有限公司	100%棉 20~40 英支
20	丝光羊毛复合包芯纱	南通双弘纺织有限公司	羊毛/涤纶长丝 50/50 32 英支；羊毛/锦纶长丝 50/50 32 英支
21	喷气涡流纺再生纤维素纤维聚酯包芯纱	巴州金富特种纱业有限公司	喷气涡流纺 粘胶/PBT(50旦/24F) 25 英支
22	转杯纺棉莱赛尔混纺纱线	浙江九舜纺织有限公司	转杯纺 棉/莱赛尔 63/37 7~32 英支
23	国产莱赛尔纱线	魏桥纺织股份有限公司	10%~100% 莱赛尔 21~120 英支
24	有机棉精梳漂白高强纱	扶沟县昌茂纺织有限责任公司	赛络紧密纺 100%有机棉 40~60 英支
25	莫代尔长绒棉混纺高支纱	德州华源生态科技有限公司	超细旦莫代尔/棉 60/40 140 英支
26	莱赛尔羊毛聚酯混纺纱线	广世纺织（张家港）有限公司	50%~70%莱赛尔纤维，5%~15%超细丝光澳毛，25%~35% PBT 聚酯纤维
27	粗纺砂砾圈圈纱	旷达纤维科技有限公司	PET 3.1NM-18NM
28	变捻纱	山东联润新材料科技有限公司	捻系数 290~680，变捻长度 20~1000，16~60 英支
29	大差异比例 AB 竹节纱	山东联润新材料科技有限公司	AB 差异极限比例 85/15 16~40 英支
30	腈纶多组分混纺色纺纱	沛县新丝路纺织有限公司	赛络紧密纺 腈纶/精梳棉/粘胶/蚕丝/山羊绒 50/22/22/3/3 40 英支

发布单位：中国棉纺织行业协会

2022 年度中国纺织工业联合会科学技术奖

（棉纺织领域）

技术发明奖贰等奖

序号	项目名称	主要完成单位
1	低温反应型卤胺化合物抗菌改性棉织物关键技术研发及其产业化	江南大学、武汉纺织大学、江苏联发纺织股份有限公司、江苏联发高端纺织技术研究院

科技进步奖壹等奖

序号	项目名称	主要完成单位
1	阶梯释捻平衡纱牛仔面料制备关键技术及产业化	广东前进牛仔布有限公司、东华大学、忠华集团有限公司、光山白鲨针布有限公司

科技进步奖贰等奖

序号	项目名称	主要完成单位
1	纯棉特高支纱线高密织物生产关键技术及应用	无锡一棉纺织集团有限公司、江南大学
2	高比例短纤维超柔牛仔纱线关键技术的研发及产业化应用	湖南云锦集团股份有限公司、武汉纺织大学
3	莱赛尔纤维高支、高强化赛络纺包芯纱及织物加工关键技术与产业化	浙江鑫海纺织有限公司、福建新华源纺织集团有限公司、东华大学、福州市佳宇纺织器材有限公司
4	色纺短流程染色与柔性纺纱关键技术及产业化	汶上如意技术纺织有限公司、东华大学、宁夏如意科技时尚产业有限公司、安徽宿州润达纺织（集团）有限公司
5	提高梳理和成纱质量的关键技术及应用	辽东学院、光山白鲨针布有限公司、福建新华源纺织集团有限公司
6	直径及捻度大幅度变化的纱线和产品智能化生产关键技术与产业化	山东联润新材料科技有限公司、江南大学、安踏（中国）有限公司、山东联润色纺科技有限公司

发布单位：中国纺织工业联合会

纺织行业"专精特新"中小企业名单（第三批）

（中棉行协会员企业，排名不分先后）

序号	企业名称	特色产品
1	无锡长江精密纺织有限公司	300 英支纯棉精梳特高支纱
2	江苏海特服饰股份有限公司	长丝喂入磨毛花式纱线
3	江苏鹏翔新材料科技股份有限公司	鹏翔竹节粘胶纱
4	吴江京奕特种纤维有限公司	喷气涡流纺 7.4tex 纯粘胶纱
5	南通双弘纺织有限公司	再生聚酯精梳系列纱线
6	南通华强布业有限公司	精梳棉本色紧密纺纱线
7	浙江三元纺织有限公司	三元环保型四面弹面料
8	青纺联（枣庄）纤维科技有限公司	青纺联多组分功能性纱
9	山东岱银纺织服装研究院有限公司	高强耐磨阻燃防护服面料
10	郑州天启自动化系统有限公司	天启 TIS 系统
11	河南平棉纺织集团股份有限公司	高效短流程精细干纺纯亚麻
12	河南二纺机股份有限公司	飞环棉纺环锭细纱锭子
13	青铜峡市仁和纺织科技有限公司	美肤抑菌天竹纤维纱线

发布单位：中国纺织工业联合会

2022 年度中国纺织工业联合会产品开发贡献奖

（中棉行协会员企业，排名不分先后）

序号	单位
1	百隆东方股份有限公司
2	保山恒丰纺织科技有限公司
3	黑牡丹纺织有限公司
4	山东岱银纺织集团股份有限公司
5	山东正凯新材料股份有限公司
6	苏州世祥生物纤维有限公司
7	新疆东纯兴纺织有限公司
8	杭州福恩纺织有限公司
9	孚日集团股份有限公司
10	愉悦家纺有限公司

发布单位：中国纺织工业联合会

2023 年即将实施的标准

标准编号	标准名称
FZ/T 12012—2023	棉胶纤维涤纶混纺本色纱
FZ/T 12076—2023	棉涤纶低弹丝包芯色纺纱
FZ/T 12077—2023	棉与腈纶混纺色纺纱
FZ/T 12078—2023	胶纤维与腈纶混纺色纺纱
FZ/T 13004—2023	再生纤维素纤维本色布
FZ/T 13058—2023	涤纶本色帆布
FZ/T 13059—2023	涤纶与涤纶工业长丝交织本色帆布

棉纺织行业数字化转型解决方案及应用案例

（第一批）

序号	公司名称	案例名称	应用场景	案例简介
1	魏桥纺织股份有限公司	基于数据流的智能纺纱工厂关键技术与产业化	智能化工厂	项目采用企业自主研发的智能纺织 I 系统，建立了独具魏桥特色的专家知识库、配棉系统、无缝化纤维区域物流系统，做到了全方位立体化的订单管理、实时成本分析和准确成本核算、全流程的质量及设备在线检测与监控，建成了全过程质量可追溯透明工厂，实现了"生产全程自动化""控制系统智能化""在线监测信息化"，基本实现"无人化"生产，整体技术达到国际领先水平
2	吴江京奕特种纤维有限公司	京奕绿色环保互联网工厂	智能化工厂	项目通过智能化设备的应用和信息化手段的运用，实现系统、装备以及工人信息的互联互通，最终做到车间生产过程的实时调度、物流配送的自动化、产品信息的可追溯、车间环境的智能监控、能源消耗的智能监控，大幅提高公司的智能化制造水平
3	浙江金梭纺织有限公司	金梭纺织智能制造项目	智能化工厂	项目在建立一个高效、安全的信息中心的基础上，实施 EMS、ERP，同时引进各类智能化设备（自动穿棕机、自动络筒机等）、智能化配套设施（立体轴库、机械手臂等），在数字化、信息化、智能化基础上建立企业数字大脑中心，打造金梭智能制造工厂
4	铜陵松宝智能装备股份有限公司	络筒托盘式自动供料系统	智能化设备	该设备可实现上料功能、生头功能、投喂功能、多品种功能在自络工序实现管纱自动投送，实现生产过程的自动化、智能化、数字化。同时设备运行时设有附加的在线检测与诊断系统，可实现设备的诊断与报警，并能远程统计与检测
5	安徽凌坤智能科技有限公司	基于移动机器人的纺纱智能物流系统	智能化设备	项目以与纺纱工艺匹配的七款智能移动机器人(棉包智能搬运机器人、棉条筒智能搬运机器人（3 款型号）、磁吸式智能搬运机器人、堆高式智能叉车机器人、棉絮智能清洁机器人)为核心，融合工业物联网、人工智能、机器视觉等先进技术，实现了纺纱车间棉包、棉条筒、管纱料筒和筒纱托盘在各自工序间的智能化流转，使不连续的纺纱工序自动化柔性衔接
6	安普科技有限公司	基于物联网的纺织防火安全系统	智能化设备	项目利用了物联网技术的优势，通过生产现场安装的各种传感器、摄像头及安普系列金属、火花探除设备实时采集纺织企业生产车间的环境数据和设备数据，通过无线网络实现了现场设备与网络云平台系统的通信，为纺织企业提供实时的生产状况；当生产现场出现异常状况时，第一时间进行多种形式报警，为纺织企业做出火灾预警，及时发现生产过程中的隐患，及早处理，减少火灾的发生

续表

序号	公司名称	案例名称	应用场景	案例简介
7	杭州普若威科技有限公司	织鹰视觉验布系统	智能化设备	设备基于深度学习技术，使用大数据驱动的图像分析算法，在GPU强大算力支持下保证计算实时性。整体方案包含高清成像系统，智能背光系统，核心图像分析系统及瑕疵图像可视化系统。实现在验布速度40~60m/min的情况下，对于断经、双纬、百脚等18种常见缺陷检测率达到95%以上。从效率和准确率上都达到甚至超越人工的标准
8	江南大学纺织科学与工程学院	织造车间MES生产管理系统	系统软件	项目通过给织机安装专有的数据采集器，实时采集机台真实数据，拥有全流程生产数据采集、织机了机预测、生产工艺优化、人员机台准确配置等功能，实现企业生产管理的信息化、智能化、可视化
9	青岛宏大纺织机械有限责任公司	青岛宏大远程运维大数据平台	系统软件	平台采用了先进的大数据分析、物联网采集、高可用时序数据库等多项先进技术，构建了十大模块，功能相互补充，全面实现了在线智能检测、远程升级、远程诊断管理、故障预测、设备健康状态评价、纺纱大数据分析等功能
10	中恒大耀纺织科技有限公司	中恒大耀工业互联网及大数据应用平台	系统软件	平台以数字商务为龙头，部署工业互联网SaaS化应用，通过智能化系统集成，实现工业生产调度优化；通过大数据分析算法，实现信息智能感知和业务经营决策；通过端到端云原生安全技术，为企业产销一体化保驾护航
11	河北宏润新型面料有限公司	宏润公司信息化综合解决方案	系统软件	项目采用外购成熟商业软硬件+自主研发相结合的模式，集团自主开发了宏润信息管理系统，构建了原料管理子系统、销售管理子系统、人力资源管理子系统、棉纺成本管理子系统、私有云数据备份系统等模块，并引入泛微OA软件、用友U8财务软件、一卡通软件，实现了企业内部原料、生产、销售、人力资源、财务、物资等方面的全面信息化管理，加强了企业内部协同
12	上海致景信息科技有限公司	飞梭智纱银河纺纱智造管理系统	系统软件	项目通过物联网技术，实时采集设备生产数据、工艺数据、能耗数据、实验室检验数据，实现生产要素的全面数字化，打造纺纱MES，提供纺纱设备联网及生产状态实时监测、效率管理分析、智能工资计算、车间监控、智能排产、质量实时监测、工艺管理等服务
13	上海致景信息科技有限公司	飞梭智纱银河针织/梭织智造管理系统	系统软件	项目基于织造企业MES和ERP管理系统，通过对织造设备联网监控、工艺库化管理、坯布条码化管理、订单实时跟踪等功能，实现从生产控制（计划、制造）、物流管理（分销、采购、库存管理）和财务管理的全链条整合管理，实现织厂全流程数字化管理

发布单位：中国棉纺织行业协会

2022 年度优秀专利授奖名单

专利名称及专利号	专利权人
金奖	
一种变捻纱及其纺纱方法 ZL201910022422.1	山东联润新材料科技有限公司
一种弹性压持式柔顺光洁纺纱装置 ZL201611143430.4	武汉纺织大学
银奖	
一种包芯柔性导线及其制备方法和应用 ZL201811346076.4	魏桥纺织股份有限公司
优秀奖	
一种适于低湿度环境下织造的浆纱方法 ZL201510956479.0	西安工程大学
一种生产段彩粗纱的方法 ZL201410842845.5	浙江华孚色纺有限公司
纤维素纤维筒子纱在线染色彩点纱的制备装置及方法 ZL201910983307.0	鲁泰纺织股份有限公司
一种段彩竹节纱的纺制方法 ZL201310303783.6	百隆东方股份有限公司
一种涡流纺仿麻纱线及其制作方法 ZL201810831811.4	百隆东方股份有限公司

发布单位：中国纺织工业联合会

第十六届全国技术能手

（中棉行协会员企业）

江苏悦达纺织集团有限公司　刘静

发布单位：人力资源社会保障部

国家技能人才培育突出贡献单位

（中棉行协会员企业）

鲁泰纺织股份有限公司

发布单位：人力资源社会保障部

2022 年全国纺织行业创新型班组

（中棉行协会员企业）

序号	企业名称	序号	企业名称
1	石家庄常山北明科技股份有限公司恒盛纺织分公司细纱车间保全工段	10	河南平棉纺织集团股份有限公司新产品研发中心
2	石家庄常山恒新纺织有限公司后纺车间乙班	11	光山白鲨针布有限公司梳理针布创新研发组
3	经纬智能纺织机械有限公司机械制造厂柔性二组	12	平原恒丰纺织科技有限公司设备动力班组
4	黑牡丹纺织有限公司产品开发室	13	际华三五四二纺织有限公司布机车间甲班
5	青岛宏大纺织机械有限责任公司络筒机设计室	14	保山恒丰纺织科技有限公司细纱丙班
6	魏桥纺织股份有限公司孙强科创班	15	咸阳纺织集团有限公司一分厂动力处
7	魏桥纺织股份有限公司技术研发团队	16	咸阳纺织集团有限公司二分厂成品车间甲班分修小组
8	德州华源生态科技有限公司涡流纺保全工段	17	宁夏恒达纺织科技股份有限公司细纱车间操作组
9	德州兴德棉织造有限公司技术创新小组	18	新疆仁和纺织科技有限公司来积鑫劳模创新工作室

发布单位：中国纺织工业联合会

"三友·唐丝" 2022 年中国棉纺织行业营业收入排名

百强企业名单

序号	企业名称	序号	企业名称
1	山东魏桥创业集团有限公司	26	无锡一棉纺织集团有限公司
2	天虹国际集团有限公司	27	孚日集团股份有限公司
3	华孚时尚股份有限公司	28	浙江盛泰服装集团股份有限公司
4	鲁泰集团	29	淄博银仕来纺织有限公司
5	百隆东方股份有限公司	30	德州华源生态科技有限公司（集团）
6	山东如意时尚投资控股有限公司	31	佛山市顺德区前进实业有限公司
7	德州恒丰集团（理事单位）	32	浙江鑫海纺织有限公司（集团）
8	福建新华源纺织集团有限公司	33	浙江七星纺织有限公司（集团）
9	临清三和纺织集团有限公司	34	三阳纺织有限公司
10	福建长源纺织有限公司（集团）	35	江苏天华纱业集团
11	浙江万舟控股集团有限公司	36	忠华集团有限公司
12	利泰醒狮(太仓)控股有限公司	37	江苏悦达纺织集团有限公司
13	江苏联发纺织股份有限公司	38	吴江京奕特种纤维有限公司
14	福建金源纺织有限公司（集团）	39	新疆利华纺织有限公司
15	华芳集团有限公司	40	石家庄常山纺织集团有限责任公司
16	江苏大生集团有限公司	41	江苏省华强纺织有限公司
17	新疆中泰纺织服装集团有限公司	42	黑牡丹（集团）股份有限公司
18	安徽华茂集团有限公司	43	浙江威臣纺织股份有限公司（集团）
19	山东岱银纺织集团股份有限公司	44	江西金源纺织有限公司（集团）
20	湖北孝棉实业集团有限责任公司	45	焦作市海华纺织股份有限公司
21	河南新野纺织集团股份有限公司	46	湖南东信集团有限公司
22	宜宾天之华纺织科技有限公司（集团）	47	浙江金梭纺织有限公司
23	新疆东纯兴纺织有限公司（集团）	48	舞钢市龙山纺织科技有限公司（集团）
24	苏州震纶棉纺有限公司	49	立马纺织集团股份有限公司
25	冠县冠星纺织集团总公司	50	湖北金安纺织集团股份有限公司

续表

序号	企业名称	序号	企业名称
51	西安纺织控股有限责任公司	76	湖南科创纺织股份有限公司
52	江苏泰达控股集团有限公司	77	际华三五四二纺织有限公司
53	河北新大东纺织有限公司	78	浙江文荣纺织有限公司
54	苏州世祥生物纤维有限公司	79	河北宏润新型面料有限公司
55	湖南云锦集团股份有限公司	80	山东联润新材料科技有限公司（集团）
56	邓州市永泰棉纺股份有限公司（集团）	81	芜湖富春染织股份有限公司
57	浙江鑫兰纺织有限公司	82	山东明胜纺织有限公司
58	河南平棉纺织集团股份有限公司	83	常州市武进马杭色织布有限公司
59	宜兴乐祺纺织集团有限公司	84	湖北名仁纺织科技有限公司
60	咸阳纺织集团有限公司	85	武汉裕大华纺织服装集团有限公司
61	杭州宏海纺织有限公司	86	浙江亿骏时尚纺织有限公司（集团）
62	枣庄海扬王朝纺织有限公司	87	佛山市马大生纺织有限公司
63	齐鲁宏业纺织集团有限公司	88	绍兴国周控股集团有限公司
64	北江智联纺织股份有限公司	89	江苏瓯堡纺织染整有限公司
65	南通双弘纺织有限公司	90	湖南科力嘉纺织股份有限公司
66	开平奔达纺织（集团）有限公司	91	江苏裕纶纺织集团有限公司
67	许昌裕丰纺织智能科技集团有限公司	92	佛山市致兴纺织服装有限公司
68	江苏康妮投资有限公司	93	开封市鑫旺棉业有限公司
69	华晨（昌邑）纺织集团	94	帛方纺织有限公司
70	兰溪市裕达纺织有限公司（集团）	95	湖北德永盛纺织有限公司
71	浙江克罗托纺织有限公司	96	尉氏纺织有限公司
72	浙江陆晟纺织有限公司（集团）	97	南阳纺织集团有限公司
73	福建顺源纺织有限公司	98	际华三五零九纺织有限公司
74	江阴美纶纱业有限公司	99	项城市纺织有限公司
75	苏州普路通纺织科技有限公司	100	远纺工业(无锡)有限公司

发布单位：中国棉纺织行业协会

"三友·唐丝" 2022 年中国棉纺织行业优良发展型企业名单

（按企业名称拼音顺序）

序号	企业名称
1	安徽裕华纺织有限公司
2	丹阳市丹盛纺织有限公司
3	福建经纬集团有限公司
4	海宁八方布业有限公司
5	杭州萧山林芬纺织有限公司
6	河南省禹州市神禹纺织有限公司
7	江苏怡人纺织科技股份有限公司
8	江西恒昌棉纺织印染有限公司
9	江阴市广业纺织有限公司
10	辽宁中泽集团朝阳纺织有限责任公司
11	临清市志海纺织有限责任公司
12	南宁锦虹棉纺织有限责任公司
13	南通大富豪纺织科技有限公司
14	山东宏诚集团有限公司
15	山东阳谷顺达纺织有限公司
16	无锡四棉纺织有限公司
17	新疆泰昌实业有限责任公司
18	浙江湖州威达集团股份有限公司
19	浙江瑞域纺织有限公司
20	浙江仕雅达纺织有限公司

发布单位：中国棉纺织行业协会

"三友·唐丝" 2022 年中国非棉纱产品营业收入排名名单

（含粘胶短纤纱、涤纶短纤纱产品排名名单）

序号	企业名称	序号	企业名称
1	新疆中泰纺织服装集团有限公司	21	河南平棉纺织集团股份有限公司
2	福建新华源纺织集团有限公司	22	南宁锦虹棉纺织有限责任公司
3	天虹国际集团有限公司	23	忠华集团有限公司
4	福建长源纺织有限公司（集团）	24	山东岱银纺织集团股份有限公司
5	福建金源纺织有限公司（集团）	25	安徽华茂集团有限公司
6	德州恒丰集团（理事单位）	26	淄博银仕来纺织有限公司
7	宜宾天之华纺织科技有限公司（集团）	27	山东联润新材料科技有限公司
8	苏州震纶棉纺有限公司	28	南通双弘纺织有限公司
9	吴江京奕特种纤维有限公司	29	山东阳谷顺达纺织有限公司
10	苏州世祥生物纤维有限公司	30	湖南东信集团有限公司
11	杭州宏海纺织有限公司	31	新疆泰昌实业有限责任公司
12	德州华源生态科技有限公司（集团）	32	无锡四棉纺织有限公司
13	苏州普路通纺织科技有限公司	33	西安纺织控股有限责任公司
14	福建顺源纺织有限公司	34	江苏悦达纺织集团有限公司
15	江西金源纺织有限公司	35	帛方纺织有限公司
16	新疆东纯兴纺织有限公司（集团）	36	江西恒昌棉纺织印染有限公司
17	江苏大生集团有限公司	37	咸阳纺织集团有限公司
18	湖北名仁纺织科技有限公司	38	兰溪市裕达纺织有限公司（集团）
19	江西华春色纺科技发展有限公司	39	江苏怡人纺织科技股份有限公司
20	齐鲁宏业纺织集团有限公司	40	湖南云锦集团股份有限公司

发布单位：中国棉纺织行业协会

"三友·唐丝" 2022 年中国粘胶短纤纱产品营业收入排名名单

名次	企业名称
1	新疆中泰纺织服装集团有限公司
2	福建新华源纺织集团有限公司
3	福建长源纺织有限公司（集团）
4	苏州震纶棉纺有限公司
5	宜宾天之华纺织科技有限公司（集团）
6	天虹国际集团有限公司
7	吴江京奕特种纤维有限公司
8	苏州世祥生物纤维有限公司
9	杭州宏海纺织有限公司
10	德州恒丰集团（理事单位）
11	新疆东纯兴纺织有限公司（集团）
12	江苏大生集团有限公司
13	苏州普路通纺织科技有限公司
14	德州华源生态科技有限公司（集团）
15	南宁锦虹棉纺织有限责任公司
16	福建顺源纺织有限公司
17	新疆泰昌实业有限责任公司
18	无锡四棉纺织有限公司
19	西安纺织控股有限责任公司
20	山东阳谷顺达纺织有限公司
21	咸阳纺织集团有限公司
22	安徽华茂集团有限公司
23	浙江湖州威达集团股份有限公司
24	江苏悦达纺织集团有限公司
25	南阳纺织集团有限公司
26	无锡一棉纺织集团有限公司
27	南通双弘纺织有限公司
28	江西恒昌棉纺织印染有限公司
29	山东联润新材料科技有限公司
30	湖北孝棉实业集团有限责任公司

发布单位：中国棉纺织行业协会

"三友·唐丝" 2022 年中国涤纶短纤纱产品营业收入排名名单

名次	企业名称
1	福建金源纺织有限公司（集团）
2	天虹国际集团有限公司
3	福建长源纺织有限公司（集团）
4	江西金源纺织有限公司
5	杭州宏海纺织有限公司
6	湖北名仁纺织科技有限公司
7	江西华春色纺科技发展有限公司
8	宜宾天之华纺织科技有限公司（集团）
9	苏州普路通纺织科技有限公司
10	福建顺源纺织有限公司
11	苏州世祥生物纤维有限公司
12	德州华源生态科技有限公司（集团）
13	吴江京奕特种纤维有限公司
14	德州恒丰集团（理事单位）
15	南通双弘纺织有限公司
16	湖南东信集团有限公司
17	兰溪市裕达纺织有限公司（集团）
18	安徽华茂集团有限公司
19	江苏怡人纺织科技股份有限公司
20	石家庄常山纺织集团有限责任公司
21	苏州震纶棉纺有限公司
22	山东岱银纺织集团股份有限公司
23	山东阳谷顺达纺织有限公司
24	南宁锦虹棉纺织有限责任公司
25	南通大富豪纺织科技有限公司
26	河南省禹州市神禹纺织有限公司
27	福建新华源纺织集团有限公司
28	咸阳纺织集团有限公司
29	帛方纺织有限公司
30	丹阳市丹盛纺织有限公司

发布单位：中国棉纺织行业协会

"三友·唐丝" 2022 年中国喷气涡流纺纱产品营业收入排名名单

名次	企业名称
1	宜宾天之华纺织科技有限公司（集团）
2	吴江京奕特种纤维有限公司
3	苏州世祥生物纤维有限公司
4	苏州普路通纺织科技有限公司
5	新疆中泰纺织服装集团有限公司
6	新疆东纯兴纺织有限公司（集团）
7	苏州震纶棉纺有限公司
8	德州华源生态科技有限公司（集团）
9	福建长源纺织有限公司（集团）
10	浙江湖州威达集团股份有限公司

发布单位：中国棉纺织行业协会

"三友·唐丝"2022年中国色纺纱产品营业收入排名名单

名次	企业名称
1	百隆东方股份有限公司
2	华孚时尚股份有限公司
3	江苏天华纱业集团
4	江苏康妮投资有限公司
5	江阴美纶纱业有限公司
6	山东如意时尚投资控股有限公司
7	浙江湖州威达集团股份有限公司
8	山东联润色纺科技有限公司
9	江阴市广业纺织有限公司
10	杭州萧山林芬纺织有限公司

发布单位：中国棉纺织行业协会

"三友·唐丝" 2022 年中国白坯布产品营业收入排名名单

序号	企业名称	序号	企业名称
1	山东魏桥创业集团有限公司	21	杭州宏海纺织有限公司
2	浙江万舟控股集团有限公司	22	华芳集团有限公司
3	临清三和纺织集团有限公司	23	冠县冠星纺织集团总公司
4	浙江七星纺织有限公司（集团）	24	石家庄常山纺织集团有限责任公司
5	浙江鑫海纺织有限公司（集团）	25	吴江京奕特种纤维有限公司
6	浙江威臣纺织股份有限公司（集团）	26	际华三五四二纺织有限公司
7	淄博银仕来纺织有限公司	27	华晨（昌邑）纺织集团
8	浙江克罗托纺织有限公司	28	浙江瑞域纺织有限公司
9	咸阳纺织集团有限公司	29	河南平棉纺织集团股份有限公司
10	河南新野纺织集团股份有限公司	30	际华三五零九纺织有限公司
11	西安纺织控股有限责任公司	31	江苏悦达纺织集团有限公司
12	浙江文荣纺织有限公司	32	孚日集团股份有限公司
13	浙江亿骏时尚纺织有限公司（集团）	33	宜宾天之华纺织科技有限公司（集团）
14	安徽华茂集团有限公司	34	三阳纺织有限公司
15	德州恒丰集团（理事单位）	35	无锡一棉纺织集团有限公司
16	浙江立马云山纺织股份有限公司	36	湖南云锦集团股份有限公司
17	湖北孝棉实业集团有限责任公司	37	山东宏诚集团有限公司
18	江苏大生集团有限公司	38	丹阳市丹盛纺织有限公司
19	浙江仕雅达纺织有限公司	39	帛方纺织有限公司
20	浙江创维纺织有限公司	40	辽宁中泽集团朝阳纺织有限责任公司

发布单位：中国棉纺织行业协会

"三友·唐丝"2022年中国色织布产品营业收入排名名单

名次	企业名称
1	鲁泰集团
2	江苏联发纺织股份有限公司
3	浙江盛泰服装集团股份有限公司
4	常州市武进马杭色织布有限公司
5	张家港广天色织有限公司
6	江苏省华强纺织有限公司
7	江苏瓯堡纺织染整有限公司
8	安徽华茂织染有限公司
9	绍兴国周控股集团有限公司（染纱产业）
10	芜湖富春染织股份有限公司（染纱产业）

发布单位：中国棉纺织行业协会

"三友·唐丝" 2022 年中国牛仔布产品营业收入排名名单

名次	企业名称
1	广东前进牛仔布有限公司
2	黑牡丹（集团）股份有限公司
3	浙江金梭纺织有限公司
4	浙江鑫兰纺织有限公司
5	北江智联纺织股份有限公司
6	佛山市致兴纺织服装有限公司
7	佛山市马大生纺织有限公司
8	山东如意时尚投资控股有限公司
9	河北新大东纺织有限公司
10	枣庄海扬王朝纺织有限公司
11	浙江腾马纺织有限公司
12	宜兴乐威牛仔布有限公司
13	开平奔达纺织（集团）有限公司
14	山东岱银纺织集团股份有限公司
15	海宁八方布业有限公司

发布单位：中国棉纺织行业协会

中国棉纺织行业产业集群地区

截至目前，中国棉纺织行业协会掌握并了解情况的棉纺织产业集群数量30余个，主要以纺纱、白坯、色织（含牛仔）产品为特色，分布在12个省市（自治区、直辖市），其中近70%在东部地区，主要集中在江苏、山东、广东等省份；25%在中部地区，主要集中在河南、湖北等省份；其余在西部地区，分别在新疆维吾尔自治区和四川省。

四川省乐山市市中区

乐山市市中区，古称嘉州，取"郡土嘉美"之意，位于四川盆地西南峨眉山麓，户籍人口64.4万人，常住人口近百万，城镇化率62.4%，是乐山市政治、经济、文化中心。纺织产业是乐山市市中区传统优势产业，截至目前，共有纺织企业42家，喷气织机1700余台、剑杆织机1000余台、纺纱16万锭，年产坯布3亿米，年产值约50亿元，解决周边就业7000余人，产品主要进入江苏、浙江、广东等纺织市场，部分产品远销欧美、南非、印度等多个国家和地区。经过近三十年的发展，市中区已经形成纺纱、坯布、工装面料、功能面料等生产加工完整的产业集群链，工装面料领域在国内行业中具有较高知名度。2021年获得"中国工装面料特色名城"称号。

江西省宜春市奉新县

近年来，奉新县积极探索以产业集聚地为载体的工业发展之路，围绕"大平台、大产业、大项目、大企业"建设，不断完善政府服务体系，优化投资环境，强力实施招商引资、积极承接产业转移，促进纺织产业健康有序发展，先后获得"中国新兴纺织产业基地县""中国棉纺织名城""中国差别化纱线基地县"称号。

经过十余年的发展，奉新县纺织产业由小到大，由弱到强，产业规模不断扩大、龙头企业支撑力强、装备水平不断提升。截至目前，奉新县现有规模以上纺织企业27家，纺纱规模250万锭，年产各类纱线60万吨以上、涤纶短纤20万吨、针织面料3万吨、印染4万吨以上。2020年，奉新县凭借纺织产业特色获评全国消费品工业"三品"战略示范城市（全国8个）以及江西省消费品工业"三品"战略示范试点县。

山东省临清市金郝庄镇

　　金郝庄镇地处山东省西部平原，近年来，通过政府引导、招商引资等途径，不断壮大纺织产业。截至目前，金郝庄镇共有纺织企业50家，全镇纺纱生产能力超过150万纱锭，可生产加工20英支到160英支之间的纯棉纱、涤棉纱、包心纱等各种棉纱，年可生产纱20万吨。"十四五"末，金郝庄镇将有望达到200万纱锭，制衣、袜子加工、床上用品加工等企业初步形成一定规模。纺织产业现已成为金郝庄镇的支柱产业和民生产业，在吸纳社会就业、增加农民收入和推动城镇化发展方面发挥了重要作用。2019年获得"中国棉纺织之乡"称号，2021年获得"中国棉纺名镇"称号。

江苏省响水县小尖镇

　　小尖镇位于响水县中西部，截至目前，全镇色纺企业35家，色纺产业工业产值近7亿元，从业人员3000余人，纺纱规模50余万锭，织机约500台。近年来，小尖镇转变招商引资思路，有效实施"筑巢引凤"；营造人才集聚环境，推进人才兴业战略。政府积极搭建平台，提供优质公共服务；鼓励企业技术创新，激励企业创牌创优；提供技术服务信息，全面推动纺服产业升级；成立中小企业服务中心，为企业提供技术、信息、人才、创业等动态信息。2019年，获得"中国色纺纱特色产品之乡"称号。未来，小尖镇在科学发展观的指导下，进一步统筹规划，运用经济、行政和法律手段进行综合调控，为纺织产业结构调整营造良好的环境，创造健全的产业服务体系；同时，推动企业加快技术改造和技术创新,创新营销模式与合作方式，依靠科技进步和现代信息技术，探求产业化发展之路。

河南省开封市尉氏县

　　河南省中原纺织工业基地位于河南省尉氏县，是2003年经河南省政府批准的八大特色工业基地之一，纺织服装产业是尉氏县的传统支柱产业，起步于20世纪60年代，通过60年的发展，目前已经形成了从原棉、仓储、物流到纺纱、印染、织布、制衣、棉纱产品及服装贸易等完整的生产链条，具有市场成熟、体系完善、规模企业众多、产品种类丰富等优势，2009年获得"河南省知名纺织产业集聚区"的称号，2019年获得"中国绿色高端纯棉纱生产基地县"称号。

　　中原纺织基地内现有纺织服装企业66家，从业人员6000余人，其中规模以上企业36家，拥有纱锭规模120万锭，主要产品现有六大系列近200个品种，以高支纯棉纱为主，拥有纺织产品品牌商标10个，多个品牌获得河南省著名商标品牌荣誉称号，棉纱、服装品牌效应已经初步显现。2022年，尉氏县纺织业实现工业总产值123亿元，利税13亿元，年产棉纱20万吨。

国家级绿色工厂名单（第一至第七批）
（棉纺织行业）

批次	企业名称	省份（自治区）
第一批 （2017年发布）	宁夏如意科技时尚产业有限公司	宁夏
第二批 （2018年发布）	广东溢达纺织有限公司	广东
	阿克苏华孚色纺有限公司	新疆
	洛阳白马集团有限责任公司	河南
第三批 （2018年发布）	黑牡丹纺织有限公司	江苏
	华孚时尚股份有限公司	安徽
	安徽华茂纺织股份有限公司	安徽
	嵊州盛泰色织科技有限公司	浙江
	新疆如意纺织服装有限公司	新疆
第四批 （2019年发布）	鲁泰纺织股份有限公司	山东
	山东华兴纺织集团有限公司	山东
	山东如意科技集团有限公司	山东
	河南平棉纺织集团股份有限公司	河南
	江苏联发纺织股份有限公司	江苏
第五批 （2020年发布）	福建长源纺织有限公司	福建
	魏桥纺织股份有限公司	山东
	际华三五四二纺织有限公司	湖北
	广东前进牛仔布有限公司	广东
	昌吉溢达纺织有限公司	新疆
	韶关市北纺智造科技有限公司	广东
第六批 （2021年发布）	宁夏恒丰纺织科技股份有限公司	宁夏
	安徽翰联色纺股份有限公司	安徽
	山东天虹纺织有限公司	山东
	际华三五零九纺织有限公司	湖北
	宜宾恒丰丽雅纺织科技有限公司	四川
	阿克苏新爵纺织有限责任公司	新疆
	阿拉尔市中泰纺织科技有限公司	新疆
第七批 （2023年发布）	河北新大东纺织有限公司	河北
	武汉裕大华纺织有限公司	湖北
	江苏瓯堡纺织染整有限公司	江苏
	湖南科创纺织有限公司	湖南
	山东岱银纺织集团股份有限公司	山东
	忠华集团有限公司	广东
	福建金源纺织有限公司	福建
	南通双弘纺织有限公司	江苏

中国棉纺织行业协会是在工业和信息化部备案的第三方评价机构，在会员单位中深入开展绿色制造培育、创建和评价工作。在共同努力下，由中棉行协评价的多家棉纺织企业全部创建为"国家级绿色工厂"。中棉行协将继续在行业内开展绿色工厂、产品、园区、供应链的评价、培训等服务工作，为棉纺织企业行业绿色可持续发展做出更大的努力。

侯锋：18611151211（同微信）

马琳：13810048989（同微信）

2022年中国棉纺织行业
"绿色制造创新型棉纺织企业"
（按企业名称拼音排序）

序号	企业名称
1	巴州金富特种纱业有限公司
2	佛山市马大生纺织有限公司
3	广东前进牛仔布有限公司
4	河北宏润新型面料有限公司
5	湖南科力嘉纺织股份有限公司
6	际华三五四二纺织有限公司
7	江苏瓯堡纺织染整有限公司
8	开平奔达纺织有限公司
9	临清三和纺织集团有限公司
10	平原恒丰纺织科技有限公司
11	疏勒如意科技纺织有限公司
12	武汉裕大华纺织有限公司
13	芜湖富春染织股份有限公司

《中国棉纺织行业绿色制造技术暨创新应用目录》（第十批）

（按企业名称拼音排序）

序号	项目名称	项目类型	企业名称
1	低压配电室电源设备升级改造及电网谐波治理	用能设备升级及运行优化控制	巴州金富特种纱业有限公司
2	涡流纺技改	用能设备升级及运行优化控制	巴州金富特种纱业有限公司
3	电解靛蓝染色工艺	工艺流程优化与生产组织改进	佛山市马大生纺织有限公司
4	big-box染色工艺	工艺流程优化与生产组织改进	广东前进牛仔布有限公司
5	低缩后整理工艺	工艺流程优化与生产组织改进	广东前进牛仔布有限公司
6	地热智慧供暖	能源结构调整与能源系统优化	河北宏润新型面料有限公司
7	紧密赛络纺改造	工艺流程优化与生产组织改进	河北宏润新型面料有限公司
8	5万锭智能化、高技术纺纱生产线	用能设备升级及运行优化控制	湖南科力嘉纺织股份有限公司
9	高端针织纱生产线数字化改造项目	用能设备升级及运行优化控制	湖南科力嘉纺织股份有限公司
10	空压机节能降耗系统	能源损失控制与余热余能利用	开平奔达纺织有限公司
11	蒸汽管道新型材料保温技术	能源损失控制与余热余能利用	开平奔达纺织有限公司
12	微波固色法在纤维织物活性染料印花中的应用研究	工艺流程优化与生产组织改进	临清三和纺织集团有限公司
13	改性海藻酸糊料的制备及其在活性印花中的应用	工艺流程优化与生产组织改进	临清三和纺织集团有限公司
14	一种空调水循环利用技术改造	工艺流程优化与生产组织改进	平原恒丰纺织科技有限公司
15	一种空压机和空调室自动降温湿帘装置改造	能源损失控制	平原恒丰纺织科技有限公司
16	清梳联设备与空调除尘联动改造	能源管理体系完善及措施改进	疏勒如意科技纺织有限公司
17	热能再利用项目改造	能源损失控制与余热余能利用	疏勒如意科技纺织有限公司
18	彩色长绒棉筒子纱节能环保染色工艺	工艺流程优化与生产组织改进	芜湖富春染织股份有限公司
19	筒子纱生产线染料溶解系统升级改造	能源损失控制与余热余能利用	芜湖富春染织股份有限公司
20	废水深度脱色处理	能源损失控制与余热余能利用	芜湖富春染织股份有限公司
21	基于夜间无人值守的智能纺纱关键技术创新及应用	工艺流程优化与生产组织改进	武汉裕大华纺织有限公司
22	配电谐波改善	用能设备升级及运行优化控制	武汉裕大华纺织有限公司
23	空压机余热改造	能源损失控制与余热余能利用	武汉裕大华纺织有限公司
24	改善集落方式降低细纱漏抓比例	用能设备升级及运行优化控制	武汉裕大华纺织有限公司
25	印染车间污水处理	污水减排	际华三五四二纺织有限公司
26	退浆机污水余热回收	能源损失控制与余热余能利用	江苏瓯堡纺织染整有限公司
27	纺纱纸管回用技术	资源综合利用	江苏瓯堡纺织染整有限公司

2022年中国棉纺织行业协会活动照片

学习党的二十大精神

学习宣传贯彻党的十九届六中全会精神

学习《习近平经济思想学习纲要》

2021年度组织生活会

党风廉政建设和反腐败工作会议

党史学习教育专题民主生活会

党员领导干部讲党课

"七一"主题党日活动

党建共建活动

第六届第二次理事扩大会

参观党史展览馆

原料产业链大会暨棉纺织百强企业峰会

棉织大会暨浆料浆纱技术年会

色织布分会理事扩大会

棉花应用技术（线上）交流研讨会

棉纺织经营高端论坛

中国棉纺织企业家恳谈会

第六期全国纺织复合人才培养工程
高级培训班

岳阳调研

武汉调研

郓城调研

产品开发专题线上调研